대 시
승 리
불 즈
교 10

대승불교의 아시아

스에키 후미히코 외 저
최연식 역

씨
아이
알

SERIES DAIJŌ BUKKYŌ 10 - DAIJŌ BUKKYŌ NO ASIA

Supervised by TAKASAKI Jikidō

Compiled by KATSURA Shōryū, SAITŌ Akira, SHIMODA Masahiro, SUEKI Fumihiko

Copyright © 2013 by TAKASAKI Jikidō, KATSURA Shōryū, SAITŌ Akira, SHIMODA Masahiro, SUEKI Fumihiko
All rights reserved.

Originally published in Japan by Shunjusha Publishing Company

Korean translation rights arranged with Shunjusha Publishing Company

through BESTUN KOREA AGENCY

Korean translation rights © 2015 CIR Co., Ltd.

iii

머리말

『시리즈 대승불교』도 드디어 마지막 권이 되었다(배본순서와는 다르다). 이 시리즈는 모두 10권이지만 대략 네 개의 그룹으로 나눌 수 있다. 먼저 제1-3권은 총론적인 권으로서, 대승불교란 본래 무엇인가, 어떻게 일어났는가, 또한 그 실천은 어떠한 것인가 등의 전체에 걸친 기본적인 문제들을 논하고 있다. 다음으로 제4-5권은 주요한 초기 대승경전의 사상과 그 전개과정을 검토하고 있다. 그다음의 제6-9권은 대승불교 주요 학파의 사상과 철학을 다루고 있다. 그런 다음에 마지막으로 본권이 오도록 구성되어 있다.

이 시리즈는 인도 대승불교를 중심으로 하면서 동시에 티벳과 동아시아에서의 전개형태도 추적하는 내용으로 하고 있다. 방법은 문헌해독을 기초로 하여 사상을 해명하는 것을 중심으로 하면서, 일본 불교학의 가장 정통적 방법에 따르며 그 최신의 성과를 – 일부 해외의 동향도 포함하여 – 소개하는 것에 중점을 두고 있다. 본 시리즈의 전신이라고 할 수 있는『강좌 대승불교 講座 大乘佛教』전10권(슌주샤 春秋社, 1981-1985)과 비교하면 그 사이 30년 동안 이 분야의 연구가 크게 발전하였음을 알 수 있을 것이다.

다만 불교연구가 그와 같은 문헌적인 사상해명만으로 충분한지에 대해서는 의문이 있다. 특히 문헌중심으로는 불교의 '다테마에'(겉으로 드러내는 공식적인 입장, 명분 – 역자)밖에 파악할 수 없고, 현실에 활동해 온 실태는 이해할 수 없지 않은가 하는 비판이 근래에 강하게 제시되었다. 불교는 단순히 이념에 그치지 않고 현실의 역사 속에서 움직여 왔으며, 또한 현재도 활동하고 있다. 그와 관련되는 영역은 사상만이 아니라 문화의 여러 분야에 폭넓게 미치고 있다. 그들을 종합적으로 해명할 필요가 있다는 것이다.

이와 같은 비판은 적절한 것으로서, 실제 고고학, 역사학, 미술사, 문학사 등의 다양한 분야에서 불교에 대해 연구해 왔다. 특히 여러 지역 불교의 현상을 조사, 해명한 문화인류학은 많은 성과를 내었다. 그와 같은 여러 분야의 성과를 폭넓게 망라한 시리즈로 『신아시아불교사 新アジア仏教史』 전15권(고오세이출판사 佼成出版社, 2010-2011)이 있으며, 나 자신도 편집에 관여하였다.

『시리즈 대승불교』는 이와 같은 학제적 연구동향을 인정하면서도 동시에 그로 인해 문제와 방법이 지나치게 확산될 것을 염려하여 어디까지나 문헌에 기초한 사상해명이라는 종래부터의 불교학 방법론을 불교연구의 핵심으로 삼고자 하였다. 그 점은 일견 보수적으로 보일지도 모르지만 연구의 다양화는 자칫하면 핵심이 없는 확산을 지향하여 초점이 명확하지 않게 될 수 있다. 다시 한 번 핵심적인 불교연구 방법을 재확인하면서 그 의의를 명확하게 하는 것은 대단히 중요한 일이다. 오늘날 인문학의 위기라고 이야기되는 것은 한편으로는 곧바로 결과를 낼 수 있는 응용적 측면을 중시하여 기초가 소홀해진 것에 유래한다. 그 점에서 본 시리즈의 성과는 앞으로도 불교연구의 기초가 될 수 있다고 확신한다.

그렇기는 하지만 단지 기존의 영역에만 있는 것은 연구의 정체를 초래할 수 있다. 적극적으로 주변 분야와 교류하는 것이 불가결하다. 이와 같은 관점에서 제10권은 대승불교와 다른 사상의 교류, 문헌 이외의 방법론의 가능성, 문학과 미술과의 관계 등 대승불교의 문제를 보다 넓은 시야에서 살펴보는 새로운 연구들을 모았다. 그것은 단순히 대승불교의 주변이라는 소극적 이유에서만이 아니다. 오히려 주변

v

적인 시각을 갖는 것은 대승불교 자체에 대한 이해를 크게 바꿀 수 있는 중요한 의미를 갖는다.

이 점에서 우선 주목해야 할 것은 그레고리 쇼펜의 연구이다. 쇼펜은 문헌적 불교연구에서 출발한 연구자이지만 일찍부터 그것의 부족함을 지적하고, 고고학 자료를 종횡으로 구사하여 인도불교의 실태를 해명함으로써 학계에 커다란 충격을 주었다. 본 권의 첫머리에 번역하여 수록한 것은 쇼펜의 저작 중에서도 그 점을 가장 단적으로 논하고 있는 중요한 논문이다. 이 글에서는 고고학 자료를 활용하는 방법론과 함께 그 성과로서 확인된 불상군이 문헌에 나오는 것과는 전혀 다르다는 점도 주목된다. 즉, 죽은 붓다가 계속 살아 있는 장場인 스투파를 중심으로 그 주위에 익명의 인물들의 유골과 뼛가루를 넣은 다수의 작은 스투파가 밀집하고 있는 것이다. 쇼펜은 적절하게 그것을 고야산高野山의 경우와 비교하고 있는데, 대략적으로 이야기하면 인도 이래로 장례 불교적 요소가 현실 불교의 장에서 강하게 작용하였음을 알 수 있다. 기존에는 종종 인도의 본래적 불교는 살아 있는 사람들을 위해 보다 좋은 생활 태도를 가르쳐주는 것이고, 죽은 사람들을 위한 것은 아니라고 주장하면서 일본의 장례 불교를 부정하는 듯한 언설이 제시되어 왔지만 그것은 전혀 실태에 맞는 것이 아님이 명백하게 드러난 것이다. 이것은 불교의 현실을 밑바닥부터 재검토하게 하는 성과로서 주목된다.

본 권에 수록된 다른 논문들도 대단히 자극적이고 신선하다. 대승불교가 힌두교와 관계가 깊었다는 것은 종래부터 이야기되어 왔지만 그 구체적 모습이 반드시 충분히 해명되었던 것은 아니다. 에이노오永の尾의 논문은 의례라는 측면에 착목하여 힌두의 발리와 푸자가 어떻게 불교에 수용되었는지를 밝히고 있다. 종래의

불교연구가 합리적 사상을 중심으로 하였던 것과 달리 비합리적이며 가치가 없다고 생각되어 온 의례가 근래에 주목되고 있다. 의례야말로 합리성으로 해결할 수 없는 신성한 것과 관계 맺는 길이다.

　다음의 다네무라種村의 논문과 다나카田中의 논문은 밀교에 관한 것이다. 밀교가 대승에 포함되는지 아닌지에 대해서는 논의가 갈리고 있지만 적어도 통상의 대승과 이질적인 발상을 갖고 있는 것은 분명하다. 다네무라의 논문은 에이노오의 논문에 이어서 의례적 요소를 강하게 갖는 밀교의 탄트라를 힌두의 시바파 문헌과 비교하고 있다. 이것도 또한 대단히 새롭게 개적되고 있는 영역이다. 밀교는 단순히 언어적 표현만이 아니라 그것으로는 완전하게 파악할 수 없는 세계를 만다라라는 형태로 표현하고 있다. 그것은 이미 문헌학으로는 파악할 수 없으며, 미술사의 영역으로 크게 월경 越境한다. 다나카의 논문은 인도에서 만다라의 전개를 대단히 간결하면서도 명쾌하게 논술하고 있다.

　불교와 이슬람이라고 하면 본래 멀리 떨어져 있는 것처럼 보이며, 인도에서든 중앙아시아에서든 이슬람이 불교를 폭력적으로 멸망시킨 것으로 생각되기 쉽다. 그러나 최근의 치밀한 연구에서는 역으로 불교와 이슬람의 공통성을 지적하면서 불교에서 이슬람으로의 개종을 통하여 평화적으로 이해하였다는 견해가 강하게 제시되고 있다. 호사카保坂의 논문은 이 점을 문헌에 입각하여 명확히 밝히고 있다.

　이상의 논문들이 인도에서의 대승불교의 다면성과 다른 사상과의 교류를 밝힌 것인데 반하여, 오치아이落合의 논문과 이타쿠라板倉의 논문은 중국을 대상으로 한 논문들이다. 오치아이의 논문은 불교의 중국화를 단적으로 보여주는 의경 疑經의 세계를 실제 사례에 입각하여 보여주고 있다. 『비라삼매경 毘羅三昧經』의 터무니 없는 장대한 이야기 세계는 상식적인 불교관을 흩뜨려버리는 것이다.

이타쿠라의 논문은 남송 마원 馬遠의 「선종조사도」를 중심으로 한 중국불교회화의 전개를 다루고 있는데, 동시에 거기에 불교와 궁정의 관계라는 이른바 정치와 종교의 문제가 관련되고 있는 점이 중요하다. 불교는 각각의 지역에서 왕권과 밀접하게 관계 맺으면서 전개되어 왔는데, 사상을 중심으로 하다보면 자칫 그런 측면이 잊히기 쉽다. 왕권과의 관계는 그것만으로 독립된 논문이 필요한 문제이다.

문학의 측면에 관해서는 이시이 石井의 논문이 담당하고 있다. 여기에서는 『유마경』이라는 하나의 텍스트를 경전 그 자체에서 시작하여, 중국과 일본에서 수용 및 영향으로 나아가고, 다시 현대의 가와바타 야스나리 川端康成와 오카모토 가노코 岡本 かの子에까지 미치고 있다. 『유마경』은 동아시아에서 애호되었던 경전인데, 이시이 논문의 해박한 논술을 읽으면 불교와 문학의 관계가 결코 단순한 것이 아니라 복잡하게 뒤얽혀 있음을 알 수 있다.

일본에 관해서는 이야나가 彌永의 논문이 대단히 자극적이다. 종래 불순하고 황당무계하다고 생각되어 온 중세신화가 사실은 풍부한 창작성을 가지고 발전해 왔다는 것이 근래의 연구를 통하여 밝혀지고 있다. 이야나가의 논문은 그와 같은 연구에 기초하면서 동시에 한편으로 인도의 힌두교와의 관계까지 검토하여 밀교에서 히라타 아츠타네 平田篤胤까지의 웅대한 사상사를 그려내고 있다.

마지막의 스에키 末木 논문은 본 시리즈의 마지막에서 다시 한 번 '대승불교'라는 문제 설정 그 자체를 제시하면서, 그것이 근대 일본의 특수상황 속에서 생겨난 것으로서, 과연 그대로 통용되어도 좋은지에 대해 또 다시 문제제기하고 있다.

이상과 같이 본 권은 9권까지의 이른바 '정통적'인 대승불교를 그 주변에서 재검토하여 흔들어 보려는 의욕적인 논문들로 채워져 있다. '대승불교의 아시아'라는 타이틀을 생각하면 조금 더 다른 지역들, 예를 들면 티벳과 부탄, 한국, 몽골, 베트남 등에 대해서도 시야를 넓혔어야 할 것이지만, 오히려 화제가 너무 확산될까 염려되어 이번에는 단념하였다. 본 권에 수록된 논문만으로도 불교연구의 새롭고 매력에 넘치는 영역이 얼마나 많이 개척되고 있는지 그 일단을 살펴볼 수 있을 것이다.

2013년 9월

스에키 후미히코

목

차

제1장

불교문헌학에서 불교고고학으로

인도불교에서 성자 곁의 매장과 붓다의 현존성

그레고리 쇼펜

(발췌번역: 가츠라 쇼류)

여러 종교의 학문적 연구가 문자 그대로 '지상地上'에서 시작된다면 현재의 종교연구와는 전혀 다른 여러 문제에 직면하게 될 것이다. 혹시 그렇게 되면 종교연구는 전혀 다른 의문을 제시하고, 전혀 다른 해답을 내놓게 될 것이다. 한마디로 말하자면 본질적으로 문헌에 구속되어 온-지금도 그 사정이 바뀌지 않은-종교역사학이 아니라 '종교고고학'이 될 것이다. 후자도 물론 문헌을 사용하기는 하지만 어느 특정의 장소와 시간에서 실제로 알려졌던 것, 읽혔던 것, 혹은 지상에 흔적을 남긴 종교적 행위를 지배하고 형성했던 것들이 드러날 수 있는 문헌에 한정된다. 사실 종교적인 사람들이 실제로 행한 것과 관계되는 경우에만 문헌은 의미가 있다. 이와 같은 종교고고학은 첫 번째로 다음의 세 가지 연구대상과 관련된다. 즉, ①종교적 건조물과 건축, ②비문, 그리고 ③미술사적 유물 등이다. 보다 일반적으로는 소수의 교육을 받은-거의 대부분 남성인-특수한 전문가 소그룹(출가자들)이 남긴 문헌이 아니라 오히려 어느 특정 공동체의 다양한 계층의 종교적 인간들이 실제로 행한 것, 어떻게 살아왔는가에 종교고고학은 관심을 갖는다.

이상은 실제로는 모두 일어나지 않은 것들이므로 완전히 아카데믹한(이론적인) 이야기이다. 그러나 이것이 '멋진' 것인데, 종교역사학도 또한 완전히 아카데믹한 것이므로 아카데믹이라는 의미에서의 종교고고학은 앞으로 등장할 수 있다. 사실 본 논고에서 필자는 그러한 방향으로 한발 나아갈 생각이다. 지금부터 '문헌상'이 아니라 '지상'의 인도불교를 살펴보고자 한다. 그러나 최초의 시도이므로 그 성과는 많든 적든 잠정적이다. 필자가 제시하는 근거(데이터)는 앞으로 보충될 수 있고, 또 보충되어야만 한다. 연구방법도 더욱 세련되어질 필요가 있다. 결론이나 해석이 수정되고, 아마도 부분적으로 부정될지도 모른다. 그러나 이러한 과정은 반드시 매우 흥미로운 논의들이 될 것이다. 그리고 일단 그러한 논의가 시작되면 종교고고학은 불교연구의, 나아가 바라건대, 일반 종교에 대한 학문적 연구의 불가피한 일부가 될 것이다.

1.
불교연구를 지상에서 시작하자

인도불교연구를 지상에서 시작한다면 처음 만나게 되는 가장 주목해야 할 것은 불교 성지이다. 다른 많은 성지들과 마찬가지로 불교 성지는 초기불교의 전통이 그들의 '매우 특별한 사자 死者'(붓다)를 어떻게 처치하고 그에 대하여 어떻게 대접하였는가 하는 것과 직접 관계된다.

두 개의 아쇼카 왕의 비문을 통해 기원전 3세기에 그가 알고 있던 불교는 이미 두 개의 지리적으로 특정된 성지를 만들어 놓았던 것을 알 수 있다. 이 성지들은 아마도 두 곳 모두 아쇼카 왕 이전으로 소급되며, 그중 하나는 보다 확실하게 그러했다고 말할 수 있다. 두 곳의 성지는 우리들에게는 각기 서로 다른 성격으로 생각되지만, 아쇼카 왕 자신은 두 곳에 대해 완전히 같은 태도를 표하고 있다. 두 곳의 비문에서 아쇼카 왕은 자신이 한 일을 기술을 할 때 완전히 같은 표현을 사용하고 있다. 즉, '프리야다르신 왕이 스스로 와서 (여기에서) 예배하였다'라고 이야기하고 있다. 문제의 장소는 석가모니불의 탄생지인 룸비니와 과거불인 코나카마나의 사리를 봉안한 거대한 스투파이다. 후자에 관해서는 아쇼카 왕이 '친히 왕림하기' 수년 전에 그 스투파의 크기를 두 배로 하였음이 주목된다. 전자에 관해서는 그 장소에 건물을 세우게 한 일이 기록되어 있다.

프리야다르신 왕이 스스로 와서 예배하고 "여기에서 석가모니불이 탄생하셨다." 고 말하였다. 왕은 석벽을 쌓고 석주를 세우게 하였다. "여기에서 세존이 탄생하셨다."고 말하고 룸비니 마을의 세금을 경감하여 8분의 1로 하였다.[1]

그러나 "여기에서 세존이 탄생하셨다."고 한 것은 분명히 아쇼카 왕의 말이 아니라 성지를 방문할 때에 누구라도 이야기하는 오래된 의례적인 상투어구이다. 인용 문임을 나타내는 불변화사 ti(범어 iti)가 사용되는 것을 볼 때 그것이 모종의 텍스트로부터의 인용 혹은 그것의 변형임이 거의 확실하다. 다만 이것은 이때까지 반드시 잘 이해되어 온 것은 아니라고 생각된다. 이러한 인용 혹은 그것의 변형이 사용된 것을 볼 때 아쇼카 왕이 『대반열반경』의 다양한 버전들에 조금씩 다른 형태로 등장하는 어떤 짧은 텍스트를 알고 있었을 가능성이 대단히 높다. 실제로 연대를 특정할 수 있는 최초의 인도 버전(＝범어 텍스트)은 아쇼카 왕 비문에 보이는 표현에 가장 가까운데, 붓다는 다음과 같이 이야기하고 있다.

비구들이여, 내가 죽은 후 차이티아에 순례하는 사람들, 차이티아에 예배하는 사람들이 [이러한 장소에] 찾아올 것이다. 그들은 이와 같이 말할 것이다. "여기에서 세존이 탄생하셨다" "여기에서 세존이 무상정등각에 이르셨다."라고. (Waldschmidt, 41.7-41.8)[2]

『대반열반경』의 텍스트와 아쇼카 왕 비문 사이에는 우연이라고 말하기 어려울 정도로 매우 비슷한 문맥과 표현이 있다. 만약 아쇼카 왕이 현재까지 전해지는『대반열반경』의 텍스트와 매우 닮은 것을 실제로 알고 있었다고 가정하면, 더욱 많은 것을 상정할 수 있다. 아쇼카 왕이 자신이 한 것을 말하기 위하여 그러한 문구를 인용하거나 변형시켰다는 것은 그와 같은 텍스트의 매우 오래된 버전이 그보다 앞서 존재하였음을 시사하는 것이다. 그렇다면 먼저 아쇼카 왕의 행동이 과연 동기의 측면에서 유니크하고 또한 대단히 개인적인 행위였는지에 대한 의문이 생긴다. 만일 선행하는 텍스트가 존재하였다면 그의 행동은 유니크하지도 개인적이지도 않게 된다. 단순히 '신심 깊은 선남자'들이 행해야 할 것으로 정해진 것을 실행한 것에 지나지 않게 될 것이다. 현존하는『대반열반경』의 범어 텍스트는 다음과 같다.

> 비구들이여, 이 네 곳의 토지는 신심 깊은 선남자와 선여인이 살아 있는 동안에 방문해야 할 장소이다. (Waldschmidt, 41.5)

흥미롭게도『대반열반경』의 팔리어 텍스트에서는 더욱 강조하여 다음과 같이 이야기하고 있다.

> 아난다여, 이 네 곳의 토지는 신심 깊은 선남자가 '다르샨 見'을 행해야 하고, 또한 확실하게 체험해야 할 장소이다.[3]

어느 텍스트나 범어와 팔리어 모두에서 명령형과 일체화하여 종종 그 대신 사용되는 미래수동분사가 나타나고 있다. 두 버전은 모두 신자들이 그 장소들과 직접 접촉하지 않으면 안 된다는 것을 명확히 이야기하고 있다. 복수의 영역본에 누락되어 있지만 팔리어『대반열반경』의 최후 부분이 '다르샨(보는 것)'이라는 중요한 개념으로 나타나 있는 것은 주목할 필요가 있다. '다르샨'은 '실제로 살아서 존재하는 것'과 직접 또한 친밀하게 접촉하는 것이다. 실제로 보드가야가 사람들이 다르샨을 행해야 하는 장소라는 생각은 매우 오랫동안 지속되어 왔음에 틀림없다. 아마도 15세기 무렵까지로 내려 볼 수 있는 데바나가리 문자로 쓰여진 비문에 다시 언급되고 있기 때문이다.[4]

또한 일반적으로 널리 퍼져 있는 오해를 고려하면 이러한 지시가 누구를 대상으로 하여 이야기된 것인가 하는 점도 주목할 필요가 있다. '선남자'(kulaputra 양가의 아들)라는 말은, '아리야ārya'라는 말이 특정 민족 집단의 일원을 의미하지 않는 것처럼 특정의 사회적, 경제적 계층에 속하는 집안의 실제 아들을 의미한 것이 아니다. '선남자'는 재가자와 같은 정도로 종종 출가자에게도 사용되는 단순한 경칭에 지나지 않는다. 범어 텍스트에서는 지시 대상이 비구들이고, 팔리어 텍스트에서는 특정 비구(아난다)인 것에 주목할 필요가 있다. 범어 텍스트는 같은 단락의 몇 줄 뒤에서 '신심 깊은 선남자'를 두 개의 다른 경칭으로 바꿔서 부르고 있다. 즉, '차이티야 순례자'와 '차이티야 예배자'이다. 그리고 아말라바티의 초기 비문을 통해 적어도 두 번째의 경칭은 승단에서의 경칭이었다는 것을 알 수 있다. 팔리어 텍스트는 나아가 더욱 특정한 칭호로 바꾸어 이야기하고 있다. '신심 깊은 선남자' 대신에 같은 단락의 뒷부분에서 '신심 깊은 비구, 비구니, 재가의 남자, 재가의 여자'라고 말하고 있다. 실제로 보드가야의 초기 비문들은 모두 이 성지에 있는 승단의 관여가 현저하였음을 보여주고 있다. 현존하는 기원전 1세기경의 비문 대부분은 한 사람의 비구니가 기진한 것 같다. 기진자의 신분이 명기되어 있는 쿠샨 왕조와 굽타 왕조의 비문은 모두 비구들의 기진을 기록하고 있다. 멀리는 스리랑카로부터 온 비구의 기진도 기록되어 있다.

또한 실제로 연대를 특정할 수 있는 가장 오래된 범문『대반열반경』과 비슷한 오래된 버전의 텍스트를 아쇼카 왕이 알고 있었다고 상정한다면, 초기 불교도의 성지에 대해 적어도 다음 두 가지의 중요한 점을 지적할 수 있다. 그 버전은 '비구들이여, 내가 죽은 후에 성지에 순례하는 자들은…… 와서 다음과 같이 이야기할 것이다. ……'라고 붓다가 이야기한 후에 다시 다음과 같이 말하고 있다.

> 그때에, 내 눈앞에서 신심을 가지고 죽은 사람들, 나아가 아직 결과를 내지 못한 업이 남아 있는 사람들은 모두 천계로 갈 것이다. (Waldschmidt, 41.9 & 14)

먼저 이 텍스트(범문『대반열반경』)를 편집한 비구는 붓다가 일찍이 방문한 적이 있는 장소에는 (붓다가) 반열반에 든 후에도 어떤 의미에서 붓다가 '현존하고 있다'고 생각하였음이 분명하다. 이 텍스트를 다른 식으로 읽는 것은 어렵다고 생각한다. 다음으로 이 텍스트를 편집한 비구는 붓다가 현존하는 곳에서 신심 깊은 신자가 죽으면 출가자건 재가자건 천계에서 태어나는 것이 보장된다고 하는 것을 사실로 받아들였음도 분명하다. 팔리어『대반열반경』은 표현은 상당히 다르지만 본질적인 내용은 추인하고 있다.

아난다여, 실로 차이티야를 방문하는 사람들은 누구라도 깊은 신심을 가지고 죽으면 모두 육체가 다하여 죽은 후에 천계에 재생할 것이다.[5]

이러한 생각들은 모두 불교 성지의 고고학적 기록에서 분명하게 찾아지는 기묘하면서도 일관된 패턴과 관계있다고 생각된다.

2.
일정한 고고학적 패턴

인도불교의 고고학적 기록에 의하면 붓다가 과거에 방문한 것이 분명한 지역은 다른 공탁물(신자의 사리용기 등)을 유인하는 분명하고 현저한 경향을 보이고 있다. 보드가야 유적은 대단히 황폐화되었지만 그 좋은 사례이다. 일찍이 붓다가 접촉하였던 지점인 유적 중앙부를 둘러싸고 있는 모습으로 다양한 크기의 수백 수천의 작은 스투파들이 어지럽게 모여 있다. 더욱이 우리들이 보고 있는 것은 그 최하층에 불과하다. 커닝햄에 의하면 현재의 층 위에 적어도

4층에 걸쳐 기념물이 존재하였다. …… (중략) …… 후대 기념물의 기단 속에서 종종 초기 연대를 가진 석각들이 발견되었다. 부지가 [인접한 강물의] 침전토로 덮임에 따라 중정의 높이가 서서히 높아졌다. 그리고 후대의 스투파는 보다 오래된 스투파 위에 시대별로 순차적으로 층을 이루어 건립되었다. …… (중략) ……

차례차례 건립된 기념물의 수가 너무나 많고, 돌과 흙의 퇴적이 너무 빨랐기 때문에 중정의 높이는 대탑의 바닥면보다 20피트 정도 높아졌다.[6]

그러나 이러한 패턴이 나타나는 곳은 붓다가 일찍이 체재한 사실이 기록되어 있는 장소에 그치지 않는다. 붓다의 유골을 봉안한 스투파 주변도 거의 마찬가지이다. 붓다 유골의 존재는 스투파 주변에 대량의 작은 스투파를 유인하여, 시간이 지날수록 어지러운 상태가 되고 만다. 탁실라의 달마라지카 스투파가 초기의 좋은 사례이다. 마샬 자신이 인정한 것처럼 중심 스투파가 마우리야 왕조의 것이라고 실증할 증거는 없지만 그보다 훨씬 후대일 가능성도 높지 않다. 기원전 2세기경의 것이라고 말할 수 있을 것이다. 이 중심 스투파는 건립된 지 한 세기 안에 거기에 떼로 몰려든 작은 스투파들로 완전히 둘러싸이게 되었다. 몇 개의 작은 스투파들은 거기에서 발견된 주화를 통해 기원전 1세기로 특정할 수 있다. 같은 상황은 달마라지카보다 후대의 것이지만 보존상태가 매우 좋고, 차례차례 건립된 몇 층의 건조물 아래에 묻혀 있지도 않은 쟈우리안 유적에서도 볼 수 있다. 여기에는 잘 설계된 장방형 대좌 위에 중심 스투파가 있는데 그 둘레에는 적어도 21기의 크기가 다른 작은 스투파들이 난립하고 있다. 이것들은 불규칙하게 배치되어 있으므로 분명히 본래 계획의 일부였다고는 할 수 없다. 또한 서로 다른 시대에, 공간에 여유가 있는 곳이라면 어느 곳에든지 붙여서 건립되었음이 분명하다. 공간에 여유가 없게 되자 아래층에 건립한 것 같은데 그곳에는 다시 5기의 스투파가 있다. 마찬가지로 파키스탄 신두 주(주도 카라치)의 미루푸르하스 유적은 보존상태도 좋지 않고 좋은 보고서도 없지만 거기에는 상층에 있는 중심 스투파 주위에 '보다 작은 스투파가 숲을 이루고 있다.' 보드가야와 마찬가지로 그 스투파들은 이전의 작은 스투파 층의 위에 직접 건립된 것들이다. 쿠센스는 적어도 중심 스투파는 기원후 400년 이후는 될 수 없고, 그 이전일 것으로 생각하고 있다.[7]

이와 같은 작은 스투파 무리들은, 현재는 그것들이 보이지 않고 있는 유적에도 과거에는 존재하였을 것이다. 예를 들어 산치의 중심 스투파는 현재는 그것을 둘러싸고 있는 평평하게 정리된 지면에 다른 것들을 압도하는 형태로 똑바로 우뚝 서 있지만 언제나 그러한 것은 아니었다. 마샬은 다음과 같이 말하고 있다. "예전에는 훨씬 유명한 불교 성지 모두와 마찬가지로 대탑(중심 스투파)은 대지의 표면에 숲을 이루고 있는 크기가 서로 다른 많은 스투파들에 둘러싸여 있었다. 이들 스투파 대부분은 1881년부터 1883년에 걸쳐 행해진 발굴작업 중에 일소되었다고 생각된다. 당시 대탑의 외측 난간으로부터 약 60피트에 걸쳐 주변이 정리되었기 때문이다."[8] 극히 일부의 작은 스투파가 파괴를 면하였다.

3.
고고학적 패턴과 매장 사이의 관련성

이 스투파들은 편의적으로 봉헌탑 votive stūpa으로 간주되어 왔다. 그리고 이들의 존재를 설명하기 위하여 많은 상상력 풍부한 시나리오가 만들어져 왔다. 그러나 많은 설명들은 순수하게 있을 수 없는 것들이다. 이 스투파들은 어떠한 의미에서도 '봉헌'과 관련되지 않는다. 왜냐하면 이들은 어떠한 '물건'들을 담고 있고, 담겨진 것들은 특별히 흥미를 끄는 것들이기 때문이다. 마샬이 기술한 달마라지카 스투파의 주위에 난립하고 있는 최초기의 작은 스투파들은 모두 '유해relic', 즉 익명의 인물의 유골이나 뼛가루를 담고 있다. 이들 유골과 뼛가루가 석가모니의 것이 아님은 다음과 같은 사실을 통해 알 수 있다. 먼저 석가모니의 유골이 담겨 있는 경우 '이것은 석가모니의 것이다'라고 하는 모종의 명문이 붙어 있는 것이 확인된다. 더욱이 석가모니의 유골은 모두 중심 스투파 속에 존재하고 있다. 마찬가지로 쟈우리안 유적의 경우 작은 스투파 대부분은 기단만이 남아 있다. 그럼에도 여전히 적어도 3기는 익명의 인물의 매장품 혹은 과거에 그러한 매장품을 넣었던 작은 감실을 담고 있다. 미르푸르하스에서는 '모든 상층부의 작은 스투파들은 이미 개방되어 있는데, 뼛조각을 담았던 뼈 항아리가 들어 있는 것에서 장례를 연상시킨다. 이 스투파들의 아래층에는 보다 이른 시기의 작은 스투파 몇 개가 발견되었다. 그중 두 개는 흙으로 만든 것이며 그중 하나에는 뼈가 들어 있었다'[9]고 한다. 산치에서조차 겨우 몇 개 남아 있는 '봉헌탑' 중의 적어도 하나에는 익명의 인물의 매장품이 들어 있었다.

보드가야에서의 상황은 조금 더 복잡한데, 마찬가지로 흥미 깊다. 커닝햄은 보드가야에서 특별히 많이 발견된 '봉헌탑'에 관하여 다음과 같이 이야기하고 있다. "높은 중세 스투파 정상의 소첨탑은 항상 많든 적든 파괴되어 있다. 그리고 보다 오래된 구조적structural 스투파의 경우 단단한 반구체조차도 거의 대부분 떨어져 있다."[10] 즉, 이 스투파들의 거의 대부분은 '소첨탑', 즉 정교한 첨탑장식을 가지고 있지 않다. 커닝햄은 이 '손실'을 오래된 스투파 위에 새로운 구축물(스투파)을 만들었기 때문이라고 생각하고 있지만 이제는 그의 설명이 정확하지 않을 수 있음을 지적할 수 있는 증거가 있다.

오릿사의 라트나기리 유적 발굴을 통해 대단히 비슷한 '봉헌탑'이 숫자적으로 보드가야를 능가하지는 못하더라도 거의 비슷한 정도 발견되었다. 여기에서는 상당수의 스투파가 운반될 수 있음이 보드가야의 경우 보다 훨씬 명료하다. 즉, 이 스투파들은 어딘가 다른 곳에서 가지고 와서 중심 스투파 근처에 둔 것들이다. 그러나 여기에서는 사진으로 판단컨대 그 스투파들은 대부분 소첨탑을 한 번도 갖지 않았던 것처럼 보인다. 대부분은 정상에 구멍 socket이 있고 거기에 다양한 형태의 마개 plug가 꽂혀 있던 것으로 보인다. 사실 두 유적에서 발견된 이른바 '봉헌탑'의 대다수는 의정 義淨이 『남해기귀내법전』에서 '쿨라kula'라고 불렀던 것과 적어도 형태상으로 대응하는 것으로 생각된다. 쿨라는 대단히 특별한 용도를 가지고 있었다. 의정은 다음과 같이 말하였다. "그들(인도불교의 출가자들)은 때때로 죽은 사람을 위하여 그들의 샤리라(舍利, 즉 유골)를 넣는 스투파 비슷한 것을 만든다. 그것은 '쿨라'라고 불리며 작은 스투파와 같은데, 상부에 천개 天蓋를 갖지 않는다."[11] 적어도 라트나기리의 구조적이지 않은 한 덩어리로 된monolithic '봉헌탑' 중 몇 개가 형태만이 아니라 기능에 있어서도 의정이 말한 '쿨라'와 대응되는 것은 의문의 여지가 없다. 라트나기리의 한 덩어리 구조의 작은 스투파에 대하여 미트라는 다음과 같이 말하고 있다. "그것들은 그 중심부에 어떠한 텍스트가 쓰여 있거나 아니거나에 관계없이 대개 '봉헌탑'의 성격을 갖고 있지만 소수는 장례와 관계되는 특징을 가지고 있음이 분명하다. 그것은 돌로 된 뚜껑으로 막혀 있는 구멍 속에 때로는 뼈 항아리에 검게 그을린 뼈가 담겨져 있기 때문이다."[12] 장례와 관련되는 것은 그것들만이 아닐지 모른다. 이 스투파들의 정상에 있는 구멍은 첨탑장식물을 꽂기 위한 것이라고 이제까지 생각되어 왔지만 아마도 뼛가루나 유골을 담기 위한 것으로서, 실제로 그런

것을 넣었다고 한다면 매우 많은 수의 이 스투파들이 장례와 관련되었음을 확증할
수 있다. 그러나 미트라의 이야기에는 훨씬 흥미로운 것이 있다.

4.
쓰여 있는 다라니와 매장의 관련성

　미트라는 이 스투파 몇 개의 중심부에 '쓰여 있는 텍스트'가 존재한다고 언급하
고 있다. 그리고 같은 것이 보드가야, 날란다, 파하르푸르 등에서도 알려져 있다.
이 텍스트들의 대다수는, 적어도 후대의 스투파의 경우, 다라니이다. 거의 무시되
고 있지만 이 텍스트들은 그 당시에 만들어진 것들이 아니라 특정 그룹의 텍스트에
서 발췌된 특정 다라니라는 사실이 근래에 밝혀지고 있다. 그리고 이 일군의 텍스트
는 이 다라니들이 왜 스투파에 들어 있는지, 그 이유를 밝히고 있다. 이 텍스트군은
이제 막 연구되기 시작하였지만 예비적 조사만으로도 모두 죽음의 문제, 지옥 등의
악도에 태어나는 것을 피하기 위한 방법, 혹은 이미 그러한 곳에 태어난 자들의
해방 등을 주로 다루고 있음이 밝혀졌다. 사실 악도로부터의 해방은 스투파에 다라
니를 넣은 주요한 이유의 하나이다. 『무구정광다라니경』(대정장 1024)의 티벳어 번
역으로부터 전형적인 하나의 예를 인용해보자.

　나아가 혹시 누군가가 [죽은] 다른 사람의 이름으로 이 다라니를 서사하고, 스투
　파에 넣고, 열심히 예배하면 죽은 사람은 [그에 의해] 악도에서 해방되어 천상에

태어날 것이다. 사실은 도솔천에 태어나 붓다의 위신력에 의해 [두 번 다시] 악도에 떨어지지 않을 것이다. (Peking 7, 190-1-4)

그러나 이 다라니들은 다른 다양한 방식으로 불교의 장례 관행과 관련이 있다. 전형적인 사례가 『일체업장청정다라니』에 보인다.

만일 사람들이 흙, 참깨, 흰 겨자씨, 혹은 물을 향하여 [이 다라니를] 외우면서 그것(흙 등)을 시신 위에 뿌리거나, 혹은 [시신을] 씻은 다음 그것을 화장하거나 스투파 속에 안치하고서 이 다라니를 써서 그것을 시신의 머리에 붙여서 보존하면 죽은 사람은 이미 악도에 태어났다고 하여도 [그곳에서] 해방되고, 7일 후에는 의심의 여지없이 행복한 천상세계에 태어날 것이다. 그렇지 않으면 자기 자신의 서원의 힘에 의해 [그곳에] 태어날 것이다. (Peking 11, 190-1-4)

마지막으로 같은 종류의 다라니를 사용하고 있는 훨씬 복잡한 비슷한 장송의례가 1983년 스코럽스키에 의해 출판된 『일체악취청정탄트라』범어 텍스트에도 보이고 있음을 지적하고자 한다. 이것은 완전히 발달된 '탄트라'(밀교경전)인데, 이야기로서도 교의적으로도 지금 이야기하고 있는 텍스트군과 분명하게 관련되고 있다.[13]
라트나기리 등에서 발견된 다라니가 장례와 관련되는 것은 그 다라니가 발췌된 본래의 텍스트에 의해 추정될 뿐 아니라 언제나 익명 인물의 뼈와 뼛가루가 발견되는 고고학적 컨텍스트에서 발견된다고 하는 사실을 통해서도 알 수 있다. 이것은 다시 라트나기리의 사례를 통해 확인된다. '쿨라'와 매우 닮은 한 덩어리 구조의 작은 스투파에 더하여 상당히 많은 수의 작은 구조적 스투파들이 라트나기리의 중심 스투파 주위에 밀집해 있다. 그리고 본래 매장품인 익명 인물의 유골이 파손되지 않고 지금까지 수납되어 있는 경우는 후자가 훨씬 많다. 미트라는 후자에 속하는 3번, 4번, 23번, 24번, 25번, 115번 스투파 속에서 유골이 발견된 것을 특별히 언급하고 있다. 그러나 다음과 같은 말을 덧붙이고 있다. "훨씬 많은 사리탑(즉, 유골과 뼛가루를 담고 있는 스투파)이 존재했다고 믿을 수 있는 충분한 이유가 있다. 즉, 중심 스투파의 영역에 사리용기의 유무에 관계없이 많은 유골이 어지럽게 흩어져 있기 때문이다. 이 유골들은 아마도 구조적 스투파에서 나온 것들임에 틀림없다. 그와 같은 스투파의 대부분은 구조물이 무너져 기단 혹은 토대의 최하층만 남아 있기 때문이다."[14] 라트나기리에서 발견된 8개의 다라니는 모두 익명 인물의 유골과 완전히 일치하는 구조적 스투파의 중앙부에서 발견되었다.

5.
고고학적 패턴의 요약

이처럼 불교 성지에 대한 고고학적 기록은 우리들이 검토한 최초의 실제 증거들부터 적어도 하나의 기묘하면서도 일관된 패턴을 보여주고 있다. 중요한 것은 이러한 패턴이 가장 오래되고 파괴되지 않은 유적에서 가장 분명하게 보인다고 하는 점이다. 기원전 2세기 유적인 탁실라의 달마라지카 유적이 좋은 예이다. 한편, 또 다른 대단히 오래된 유적인 산치나 바르후트에서는 같은 고고학적 패턴이 여러 가지 원인에 의해 회복될 수 없을 정도로 바뀌거나 사실상 파괴될 때까지 지속되었음을 보여주는 증거들이 있다. 예를 들어 쟈우리안이나 미르푸르하스에서는 기원후 4-5세기까지 이러한 패턴이 존속했고, 라트나기리에서는 10-11세기에도 아직 완전히 질서 없는 상태로 이러한 패턴이 융성하였음을 볼 수 있다. 커다란 중앙구조물(중심 스투파)은 다음 중의 하나를 상징한다. 즉, 일찍이 붓다의 육체와 직접 접촉한 지점이거나 혹은 보다 일반적으로는 붓다의 육체(유골)의 일부가 존재하는 곳이다. 이 구조물 주변에는 무질서한 상태로 다수의 작은 구조물(스투파)들이 밀집하고 있다. 이들은 종종 유골을 담은 묘와 같은 성격의 것으로서 익명 인물의 유골 혹은 뼛가루를 담고 있다. 이 작은 스투파들이 서로 다른 시대에 만들어졌다는 것은 그들이 본래의 질서 있는 명확한 배치의 일부가 아님을 보여준다. 사실 이 스투파들의 존재는 이미 존재하고 있던 성지의 질서 있는 배치와 위배되는 것이다. 이 스투파들의 배치를 결정하는 유일한 관심은 가능한 한 중앙구조물(중심 스투파) 가까이에 설치하고자 하는 바람이었던 것 같다. 이상의 사실은 거꾸로 유골을 담고 있는 묘들 모두가 어딘가 다른 장소에서 의도적으로 이곳에 각기 다른 시대에 옮겨져왔음을 시사하는 것이다. 사실 상당수의 작은 스투파들은 운반될 수 있는 것들이다. 이것이 우리가 개략적으로 알고 있는 바이며, 알아내야 하는 것은 당연히 그것이 무엇을 의미하는가 하는 것이다.

6.
몇 가지 고고학적으로 병행하는 현상

극히 유사한 고고학적 형태가 인도 이외에서 몇 가지 나타나는 것에 주목할 필요가 있다. 그 몇 가지의 경우 병행적인 고고학적 형태를 낳은 관념체계를 알고 있기 때문에 인도불교에서 그와 같은 고고학적 형태가 무엇을 의미하는지에 대해 시사하는 바가 있을 것이다.

　　아리에스는 우리들에게 대단히 흥미 있는 대량의 고고학적 문헌을 다음과 같이 간단히 요약하고 있다.

　　성자의 무덤 위에 바실리카(성당)가 세워졌다. …… 기독교도들은 이 건조물 가까이에 매장되는 것을 바랐다. 아프리카나 스페인의 로마시대 도시들을 발굴하면 후대 도시의 발전에 의해 덮여진 이상한 모습이 나타난다. 즉, 성자의 사당 가까이에 특히 후진(後陣 apse)의 벽 둘레에 여러 층의 높이로 무질서하게 차례차례 산처럼 쌓여 있는 석관들이다.[15]

다시 아리에스에 의하면

　　이것은 '티파사, 힙포, 카르타고에서 나타난다. 이 광경은 암프리아스에서도, 카탈로니아에서도 비슷하게 현저하다. …… [그리고] …… 같은 상황은 골Gaul 지방의 로마 도시에서도 발견된다. 그러나 그것은 여전히 눈에는 보이지 않는다. 차례차례 생겨난 역사의 퇴적물 아래에서 복원되지 않으면 안 된다.'[16]

　　'바실리카' '석관' 등의 전문용어를 제외하면 아리에스의 아프리카, 스페인, 프랑스의 로마 도시에 대한 고고학적 기술은 보드가야, 탁실라, 그리고 다른 남아시아 유적에서 보이는 것들의 기술로서도 충분히 통용될 수 있을 것이다. 우리의 흥미를 끄는 또 하나의 성지는 단지 하나의 측면에서 지금까지의 두 가지 유적 그룹과 차이가 있다. 즉, 파상적으로 계속하여 들어선 유체/유골을 담는 묘들이 차례차례 위로 쌓여지는 대신에 수평의 층을 이루며 광대한 영역으로 퍼져가는 점이다. 그 결과 '일본 최대의 묘지'라고 불리는 것을 만들어내고 있다. 이것은 바로 고야산高野山 위의 묘지이다. 이곳에서는 홍법대사弘法大師(9세기 초 중국에 유학하고 돌아와 일본에 밀교종파인 신곤슈眞言宗를 개창한 구카이空海를 가리킨다-역자)의 무덤 주위에 무수히 많은 무덤과 묘표가 수 에이커에 걸쳐 난립하고 있다. 홍법대사는 8-9세기의 승려로, 많은 업적을 이루었으며, 특히 신곤슈眞言宗의 개조이다. 카살은 다음과 같이 기록하고 있다. "많은 무덤들은…… 실로 거대하다. …… 그러나 모든 무덤이 유체 혹은 뼛가루를 담고 있는 것은 아니다. 유골 혹은 머리카락이나 이빨이라도 매장하면 충분하다. 중요한 것은 그 사람을 상징하는 것이 위대한 스님의 가까이에 매장되었다는 사실이다. …… "17

흥미롭게도 아프리카나 스페인의 로마 도시, 그리고 고야산에서 중심 구조물 주변에 유체/유골을 담은 무덤이 밀집, 혹은 군집하는 형태를 만들어낸 것과 관련하여 두 가지 기본적인 아이디어를 생각할 수 있다. 첫 번째의 것은 아마도 그것에 적용할 수 있는 단어들이 확립되어 있으므로 쉽게 기술할 수 있을 것이다. 이 아이디어는 본질적으로 '종말론적'인 것이라고 할 수 있다. 기독교의 경우, 죽은 사람들의 부활이라는 교리와 관련성이 있으며, 고야산의 경우는 미래불인 미륵의 하생과 관계있을 것이다. 기독교의 경우는 기어리 Geary의 다음과 같은 발언에 의해 설명할 수 있다. "초기 기독교도는 부활에 관한 그리스도의 약속을 글자 그대로 믿었으므로 최후의 날에 순교자들의 육체는 다시 그 소유자에게 돌려져 부활될 것으로 기대되었다. …… 기독교도는 순교자들의 사체 가까이에 있는 것이 유리하며, 성자의 무덤 가까이에 매장된 사체는 최후의 심판일에 성자와 함께 승천한다고 믿었다."[18] 같은 아이디어가 분명히 홍법대사의 무덤과도 관련되어 있었을 것이다. 하지만 그러한 아이디어를 기술한 학자들의 표현의 정확성에 대해서는 이론이 있을 수도 있다. 예를 들어 로이드는 다음과 같이 말하고 있다. "진언종 신자들은 미륵을 확실하게 믿고 있다. …… 홍법대사의 신체는 결코 사라지지 않고, 미륵의 하생을 고야산 무덤 속에서 현재도 기다리고 있다. 진언종 신자들은 미륵이 이 세상에 나타날 때에 부활하는 홍법대사의 곁에 있기를 바라면서 화장한 죽은 사람의 유골을 고야산으로 보낸다."[19]

어느 경우나 종말론적 아이디어가 명확하지만, 아마도 가장 중요한 점은 아닐 것이다. 두 번째 아이디어도 역시 양쪽에 나타나고 있는데, 성자의 무덤과 사당은 실제로 살아 있는 성자를 담고 있다는 생각이다. 하케다에 의하면 "구카이空海는 죽은 것이 아니라 단지 영원한 삼매에 들어 있을 뿐이며, 모든 괴로운 사람들의 구제자로서 고야산에 살아 있다."고 여겨지고 있다.[20] 여기에는 먼 미래에 일어날 종말론적인 사건에의 관심은 전혀 없다. 사실 살아 있는 신성한 존재 가까이에 매장되는 것은 곧바로 결과를 일으킨다고 생각되고 있다. 거기에 유골이나 머리카락 등이 매장된 사람은 아미타불의 정토인 극락에 태어날 것이 보장되는 것이다. 두 번째 아이디어로 분류할 수 있는 기독교적 사고방식은 불교보다도 훨씬 풍부하게 기록되어 있다. 윌슨은 "성자는 일반적으로 어딘가 먼 천국에 있을 뿐 아니라 자신의 사당 안에도 계속하여 존재하고 있다고 믿어지고 있다. 드라이에는 성 메나스Menas의 신자들에게 있어 성 메나스는 알렉산드리아 근처의 마리우트Mariout 호수에 있는 '그의 바실리카 속에 눈에는 보이지 않지만 존재하고 있다'고 적고 있다."고 말한다.[21] 여기에도 종말론적 사고는 전혀 보이지 않으며, 다른 아이디어가 작용하고 있다. 아리에스는 에코라의 성자들 곁에 자기 아들의 시신을 매장한 성 파울리누스 St. Paulinus를 처음에 인용하고 있다. 파울리누스는 다음과 같이 적고 있다. '우리들은 그(=죽은 아들)를 완전한 세계로 보냈다. 그가 순교자들과 함께 하나의 무덤에 누워서, 성자들의 피로부터 우리들의 영혼을 순화시키는 불처럼 타오르는 덕을 끄집어낼 수 있기를.' 여기에 대해 아리에스는 자신의 의견을 덧붙이고 있다. '성자라는 것은 지옥(타르타로스)의 생물들로부터 지켜줄 뿐 아니라 자신과 관계있는 죽은 사람들에 조금이라도 덕을 나눠주고, 사후에는 자신의 죄를 대신해주는 존재라는 것을 여기에서 알 수 있다.'[22]

7.
붓다의 유골이 '실제로 살아 있다'고 하는 불교적 관념

이처럼 앞에서 이야기한 아이디어들이 카르타고나 고야산에서 발견되는 본질적으로 유사한 고고학적 형태들을 만들어냈음을 알 수 있다. 같은 사고방식이 보드가야나 탁실라에서도 같은 형태를 만들어냈다고 상정하는 것은 충분히 가능할 것이다. 그러나 인도에서는 첫 번째의 종말론적 아이디어는 작용하지 않았던 것 같다. 성자가 접촉한 대지의 일부인 유물이든 실제 유골이든, 유물의 존재와 종말론적 사건을 연결하는 어떠한 증거도 존재하지 않는다. 실제 인도에 종말론적 사고가 있었다고 한다면 전혀 다른 형태를 취하였을 것이다. 따라서 보드가야나 탁실라에서 나타나는 형태가 카르타고나 고야산의 형태를 만들어낸 것과 매우 비슷한 아이디어에 의해 만들어진 것이라고 가정한다면, 그와 관련되는 것은 아마도 두 번째의 아이디어일 것이다. 그러나 그것이 옳다고 한다면 인도불교 초기에 붓다의 유물은 실제로 살아 있다고 여겨졌던 증거를 적어도 몇 가지는 발견할 수 있어야 할 것이다. 실제로 몇 가지 그러한 증거들이 존재한다.

처음으로 제시하는 증거는 우리가 처음 제시했던 오래된 텍스트로서『대반열반경』의 다양한 버전 중에 보존되어 있다. 범본의 편찬자는 붓다는 죽었지만 붓다가 일찍이 방문하였던 장소에는 어떤 형태론가 붓다가 실제로 존재하고 있다고 생각하였던 것 같다. 죽은 성자가 (그와 같이) 존재하는 곳 가까이에서 죽는 것은 특정의 긍정적 결과를 가져온다는 것, 즉 기독교에서 성자 가까이 혹은 홍법대사 가까이에 매장되는 것과 마찬가지로 천국에 태어날 수 있다는 것을 범본의 편찬자는 명확하게 시사하고 있다. 달리 말하면 보드가야에서의 죽음과 카르타고나 고야산에서 '성자의 곁에 묻히는 것'은 완전히 같은 승천이라고 하는 결과를 가져오는 것이다. 다만 각각의 경우에 천국은 각각 다른 사명을 띠고 있다. 사실 이러한『대반열반경』의 개념은 아주 조금만 확장하면 몇 가지 인도불교 유적에 대한 고고학적 기록에 보이는 사실들에 대한 설명이 될 수 있다. 붓다 가까이에서 '죽는 것'에서 그곳으로 '죽은 사람을 맡기는 것'으로 확장하는 것만으로 충분하다.

그러나 엄밀히 말하면『대반열반경』은 붓다의 신체가 일찍이 접촉한 적이 있는 지리적으로 한정된 곳만을 언급하고 있다. 즉, 보드가야, 사르나트 등이다. 텍스트는 붓다가 그러한 곳에 현존한다고 이야기하고 있다. 그러나 고고학적 패턴은 이

유적들만이 아니라 붓다의 유골이 있는 장소에서도 '성자 곁의 매장'이 행해지고 있음을 시사하고 있다. 이러한 고고학적 증거는 만일 우리의 해석이 잘못되지 않았다면, 이 장소들에도 붓다가 현존하며 살아 있다고 여겨졌음을 상정하게 한다. 이것이 틀리지 않았음을 보여주는 증거가 다시 몇 가지 있다.

아쇼카 왕 이후 가장 오래된 인도 명문의 하나는 싱코트에서 출토된 유골상자에 손상된 덮개에 쓰여진 것이다. 거기에는 기원전 2세기의 그리스계 인도 국왕 메난드로스 치세에 석가모니불의 유골을 담은 사실이 간결하게 적혀 있다. 마쥰달, 코너, 시르칼, 라못트는 모두 덮개 둘레에 다음과 같이 쓰여 있다는 사실에 동의하고 있다.

······ 카르티카 달의 14일[에] 생명을 갖춘 석가모니세존의 유골을 담았다.[23]

비슷한 내용이 뚜껑의 안쪽에도 보이고 있다.

[이것은] 생명을 갖춘 석가모니세존의 유골

이것이 의미하는 바에 대해서는 이미 코너와 라못트가 각기 '유골은 실제로 살아 있는 것이라고 여겨졌다' '구체적 유골 ······ 이것은 〈생기를 가진〉 살아 있는 존재'라고 이야기하고 있다. 그러나 아마도 그들의 특정 논점과 밀접한 관계가 있다고 생각하지 않았기 때문이겠지만 이것이 역사적 붓다의 유골에 대한 실제 날짜가 적힌 최초의 언급이라는 점과 '살아 있는 존재'로서의 유골이라는 개념을 실제로 확인할 수 있는 최초의 사례라는 점에는 두 사람 모두 인식하지 못하였다.

다른 초기의 자료는 석가모니의 유골이 단순한 '생명' 혹은 '생기' 이상의 것을 갖추고 있음을 시사하고 있다. 그 유골들은 정확하게 살아 있는 붓다를 정의하는 여러 특징들이 '스며들어 있고' '충만해 있고' '가득하고' '채워져 있고' '배어 있다'고 이야기되고 있다. 같은 취지의 문장이 다양한 자료들에 보이고 있다. 세나바르마의 비문이 좋은 예이다. 이 비문은 기원후 1세기 초의 것인데, '이제까지 알려진 카로슈티 문자 비문 중에서 가장 긴 것'으로 읽기 어렵다. 그러나 우리와 관계되는 부분은 명료하다. 세나바르마는 부분적으로 다음과 같이 이야기하고 있다.

계로 충만하고, 정·혜·해탈·(해탈)지견으로 충만한 이 유골들을 내가 납입한다.[24]

여기에 언급되고 있는 능력과 특성의 리스트는 팔리 전통에서 '5성취'(sampadā, 한역에서는 5분법신五分法身)라고 부르는 것을 가리키려 한 것 같다. 일반적으로 살아 있는 사람만이 그러한 '성취'에 충만한 것은 말할 필요도 없다. 또한 또 다른 기원후 25-26년의 카로슈티 비문은 석가모니의 유골에 대하여 매우 비슷한 표현을 하고 있다. 이 경우 유골은 '계로 충만하고, 정으로 충만하고, 혜로 충만하다'고 말해지고 있다.[25] 즉, 유골 자신은 살아 있는 붓다를 정의하는 여러 특성을 간직하고 있으며, 그 특성이 충만하고, 깊이 스며들어 있는 것이다.

이 두 개의 비문에 보이는 같은 어휘 중에서 몇 가지는 마명(馬鳴 아슈바고샤)의 『붓다챠리타』(불소행찬)에도 보이고 있다. 사실 이 두 개의 비문과 마명은 거의 동시대였을 가능성이 있다. 죤스톤은 '기원전 50년에서 기원후 100년 사이, 아마도 기원후 1세기 전반'으로 마명의 연대를 추정하고 있다. 그러나 우리에게 있어 마명이 중요한 이유는 그 연대만이 아니다. 이 비문들은 모두 재가자의 기진을 기록한 것이다. 그렇지만 기진자들 혹은 그들을 위하여 비문을 쓴 사람들이 일반적으로 받아들여지고 있던 불교 교의에 어느 정도 지식을 가지고 있었음은 분명하다. 그와 달리 마명은 틀림없이 출가자로서 대단히 박식, 박학한 승려였다. 따라서 그가 가지고 있던 유골에 대한 개념은 중요하다. 그것은 불교 교의에 정통한 승려가 가지고 있던 개념이기 때문이다. 예를 들어 우리가 관심을 가지고 있는 문맥에서 마명은 다음과 같이 이야기하고 있다. 석가모니의 유골은 '겁이 끝나갈 때의 범천(브라흐마, 신들의 왕) 계 dhātu'와 같이 우주 최후의 대화재에 의해서도 파괴되지 않으며, '비쉬누의 새인 가루다에 의해서도 옮길 수 없고,' '차갑지만 우리들 마음에 불을 붙인다.' 한편 마명은 비문에 보이는 것과 같은 그다지 세련되지 않은 표현도 쓰고 있다. 그 유골들은 '공덕으로 충만하고' '자비가 스며들어 있다'고 말하고 있다.[26]

　다른 증거들도 있지만 적어도 그중 하나는 적대적인 증거이다. 『8천송반야경』은 초기의 한역 대승불전 중 하나인데, 그 몇 가지 버전은 앞에 제시한 명문들 및 마명과 거의 동시대의 것이다. 『금광명경』『붓다바라다나경』(불력생신변화현설시경 佛力生神變化現說示經)『법화경』 등 후대의 여러 불전과 마찬가지로 『8천송반야경』은 유골의 가치를 전면적으로 부정하지는 않지만 그 가치를 감소하려고 하는 논의에 전념하는 부분이 있다. 사실 이 경전은 적어도 세 장 章의 대부분에서 그러한 논의를 하고 있다. 거기에서는 두 차례에 걸쳐 유골 숭배가 충분한 이유가 있다고 마지못해 인정하고 있는데, 그때에 앞에서 본 두 명문과 마명의 『붓다챠리타』에 보이는 것과 거의 같은 용어가 쓰이고 있다. 즉, 극히 명료하게 그 이유를 다음과 같이 이야기하고 있다.

여래의 유골은 숭배되어야 한다. 왜냐하면 거기에는 지혜의 완성이 스며들어
있기 때문이다.[27]

붓다의 유골에 특별한 성질이 '스며들어 있고,' '가득하다'는 표현이 등장하는
최후의 사례는 『밀린다팡하』(미란다왕문경)의 제4편이다. 이 편은 드미에르빌이 제
시한 것처럼 기원후 5세기 약간 이전 시기에 스리랑카에서 부가되었음이 거의 명확
하다. 따라서 일찍이 후스만이 지적한 것처럼 세나바르마 비문과 500년 정도 시간
차이가 있음에도 불구하고 『밀린다팡하』가 거의 축어적으로 동일한 표현을 포함하
고 있음이 주목된다. 여기에서도 또한 유골에는 '계· 정· 혜· 해탈· 해탈지견이 배
어 있다'고 이야기하고 있다.[28]

　이상의 사례는 각기 명확히 서로 다른 종류의 자료로부터 인용한 것인데, 모두
붓다의 유골을 특징지을 때에 동일한 과거분사 paribhāvita를 사용하고 있다. 이 과
거분사는 다른 곳에서도 사용되고 있는데, 그 특징적 용법에 주목할 필요가 있다.
팔리 성전에서 가장 자주 보이는 용법의 하나는 달걀과 관계가 있다. 종종 사용되는
비유 중에 계란은 암탉에 의해 '품어지고' '따뜻해지고' '가득해진다 혹은 채워진다'
paribhāvita. 바로 이것이 계란을 '살아 있게 하는' 것이다. 사실 비유의 의도는 이것이
적절히 행해지지 않으면 병아리는 태어날 수 없다는 것이다.[29] 그 밖의 경우 이 말은
살아 있는 사람들에게 적용되는 것이 보다 일반적이다. 특히 흥미 있는 용례가 기르
기트에서 출토된 『일체여래의 위신력에 의해 중생을 관찰하고 불국토를 보여주는
장엄의 경』에 두 차례 보이고 있다. 여기에서는 부정형의 '신체가 가득하지 않다.
즉, 생명이 주어지지 않았다' aparibhāvitakāya는 표현이 '거의 생기를 가지고 있지 않

다' alpāyuṣka는 표현과 짝을 이루어 두 차례 나오고 있다.[30] 『마하바스투』(세나르 수정본, Vol. I, p.153.12)에서는 보살들에 대해, 마명이 유골에 대해 말한 것처럼, '완전히 선善으로 배어 있다'고 말해지고 있다. 마찬가지로 『밀린다팡하』(트렌크너 교정본, p.361.23)에서는 고행을 실천하는 사람들에 대해, 앞의 두 비문에서 유골에 대해 표현한 것처럼, '아름답고, 탁월한, 비할 바 없는 청정한 향기의 계로 배어 있다'고 말해지고 있다. 『법화경』(케른=난죠 교정본, p.3.1)에서는 다시 마명이 유골에 대해 말한 것처럼, 보살은 '마음과 몸에 자비가 배어 있다'고 말하고 있다. 이 자료들과 다른 전거들로부터 paribhāvita라는 말은 '생명이 가득한, 혹은 가득해진' '생명이 주어져 있는' '강화되어 있는, 혹은 강해져 있는' '생명이 충만해 있는' '생명이 불어넣어져 있는' 등을 의미하며, 붓다의 유골이 바로 그와 같은 것으로 여겨졌다는 것을 알 수 있다.

8.
'법적 인격'으로서의 스투파

산치 제1탑(스투파) 탑문에 있는 저주를 새긴 세 개의 비문들도 주목할 필요가 있다. 이 세 개의 비문은 모두 서로 대단히 비슷하며, 적어도 기원전 1세기로 올라간다. 그 대강의 뜻은 서쪽 탑문에 있는 비문의 다음 인용문을 통해 알 수 있다.

이 카카나바(산치 스투파의 옛 이름)로부터 돌조각을 빼내는 자, 혹은 빼내게 하는 자, 혹은 다른 '스승의 집'으로 옮기게 하는 자는 5무간업의 죄를 범하는 자와 [같은 무서운] 상황에 처할 것이다.[31]

여기에서 주목해야 할 점은 두 가지이다. 먼저 산치 스투파, 즉 붓다의 유골 보관소는 암묵적으로 '스승(즉, 붓다)의 집' ācariya-kula으로 분류되고 있었던 것 같다. 뷜러 Bühler는 이 '스승의 집'이라는 표현이 인도에서 신전 temple을 나타내는 매우 보편적 표현인 '신의 집' devakula와 평행적인 표현이라고 제안하고 있다. 혹 그렇다고 한다면 '신의 집'은 문자대로 거기에 신이 살고 있는 곳, 신이 실제로 든든하게 존재하는 곳으로 이해되는데, '스승의 집'이 그와 다를 수는 없을 것이다.

주목해야 할 두 번째 점은 후대의 문헌을 통해서만 알 수 있는 중요한 아이디어가 이미 기원전 1세기의 산치에서 기능하고 있었음을 이 비문들이 시사하고 있다는 점이다. '스투파의 건립과 신앙 cult'을 다루는 다양한 승단 규칙(vinaya 율)에 대한 매우 유익한 연구에서 바로 Bareau는 '완전한 인격체처럼 스투파는 소유권을 가지고 있다. …… 그리고 이 권리는 보호되지 않으면 안 된다'고 강조하고 있다. 그는 이어서 다음과 같이 이야기하고 있다.

> 설일체유부는 스투파의 무진장 재물에 대하여 이야기하는데, 그것은 양도할 수 없는 것이다. 스투파에 공헌물로 기진된 재물은 다른 목적을 위해 사용할 수 없다. 사방승가의 재물, 실질적인 음식물, 분여된 재물과 함께 해서는 안 된다.[32]

율장 텍스트로부터 스투파에 속하는 자산이 과일 등에 더하여 꽃이 피는 나무와 연못을 갖추고 있는 정원과 같은 부동산을 포함하고 있음을 알 수 있다.

바로는 특별히 언급하고 있지 않지만 스투파가 가진 '소유권'은 율장 이외의 자료에서도 언급되고, 자세히 설명되고 있다. 이 자료들은 두 가지 이유에서 중요하다. 즉, 먼저 율장보다 훨씬 후대의 것으로서, 따라서 이러한 아이디어가 오랫동안 계속되었음을 보여주기 때문이다. 둘째로는 이 자료들 중에서 적어도 몇 가지는 다시 적대적 증거로 여겨지기 때문이다. 그들은 바로 대승경전들로, 예를 들어 유골이나 스투파의 가치를 분명하게 축소하고 있지는 않더라도 그 가치에 대하여 기껏해야 애매한 태도를 취하고 있기 때문이다. 대승 문헌에서 스투파의 '소유권'에 대한 언급 횟수도 인상적이다. 에저튼 Edgerton은 『불교혼성범어사전 Buddhist Hybrid Sanskrit Dictionary』의 staupika(스투파의 자산) 항목에서 『학처집성 學處集成』에서 두 곳, 『보살지』에서 두 곳, 『호국존자소문경 護國尊者所問經』과 『화엄경』에서 각각 한 곳씩 이 용어가 사용되는 것을 인용하고 있다. 그런데 『학처집성』에서 적어도 네 곳, 『우파리소문경』에서도 두 곳의 용례를 더 찾을 수 있다.

스투파가 고유의 소유권을 가지고 있다는 아이디어가 얼마나 강력하였는지는 『학처집성』(벤들 Bendall 교정본, p. 56.9)에 인용되고 있는 『보취경 寶聚經』의 긴 문장에 잘 나타나 있다. 그 취지는 다음과 같다. 지역 상가의 기금은 혹시 여유분이 있으면 만장일치의 동의가 있는 경우에 사방승가의 적자를 메우는 데 사용될 수 있다 (통상 그러한 기금은 엄밀하게 분리하여 관리되지 않으면 안 된다). 스투파에 속한 기금은 설혹 여유가 있다고 하여도 지역 승가든 사방승가든 어느 쪽에도 결코 양도되어서는 안 된다. 사실 그 문장에 이어서 텍스트는 '스투파에 기진된 옷(혹은 옷감)은 바람과 태양과 비에 의해 스투파 위에서 썩어 없어지도록 두지 않으면 안 되고,' 그와 같은 옷은 돈과 교환해서는 안 되며, 스투파에 속하는 것에는 결코 상업적 가격을 붙일 수 없다고 이야기하고 있다. 그에 대한 이유로 제시된 것들은 대단히 흥미롭다. "스투파에 속하는 것은 무엇이든 설혹 기진된 것이 자투리 조각에 불과하다고 하여도 …… 신들을 포함한 세계에 있어 스스로 신성한 것(챠이티야)이다." 즉, 스투파에 기진된 것은 그 자체가 신성한 것(챠이티야)이 되는 것이다. 그렇지만 불교에서는 신성한 것이 되는 데에는 단지 하나의 방법밖에 없다. 즉, 그것은 신성한 '사람'(붓다)에 의해 소유되거나 사용되거나 하지 않으면 안 된다. 사실 앞의 인용문의 한문 번역은 staupika(스투파에 속하는 것)를 '붓다에 속하는 것'을 나타내는 한자[佛物 – 역자]로 번역하고 있다.[33]

　　이 대승 텍스트 중의 몇은 산치 탑문의 비문과 완전히 동일하게 스투파에 속하는 자산을 취하는 것을 '5무간업'과 연결시키거나 그와 동일시하고 있다. 『허공장경』이나 『우파리소문경』 등이 그러하다. 이것은 무엇보다도 그러한 행위가 대단히 중대한 성질의 것임을 시사하는 것이다. 이 다섯 가지 업은 인도불교의 전통에서는 가장 중대한 죄이기 때문이다. 그렇지만 스투파에 속하는 자산의 절도 혹은 파괴를 5무간업과 연결시킨 것은 아마도 단순히 일의 중대성을 시사하는 것 이상의 의미가 있을 것이다. 5무간업이란 어머니의 목숨을 빼앗는 것, 아버지의 목숨을 빼앗는 것, 아라한의 목숨을 빼앗는 것, 상가를 분열시키는 것[破僧], 붓다를 상처 입히는 것, 즉 신체적 위해를 가하는 것 등이다. 그렇다면 다섯 가지 중의 네 가지는 현재 살아 있는 고위 인물에게 매우 중대한 위해를 가하는 것이다. 이러한 종류의 행위와 스투파에 대한 위해가 연결되고 있다는 것은 스투파가 '살아 있는 고위 인물'로 분류되고 있음을 다시 한 번 시사하는 것이다. 만약 그렇지 않다면 스투파에 대한 위해가 대단히 중대한 것으로 여겨지는 이유를 이해하기 힘들다.

스투파가 '완전한 인격체처럼' 개인에 속하는 자산을 보유할 권리를 가지고 있다는 것, 그리고 실제로 자산을 보유하고 있다는 것, 또한 그 권리를 둘러싼 다양한 아이디어가 오래되고 끈질긴 것이라는 사실에 주목하면, 우리는 세계의 다른 곳에서 주목되고 있는 매우 비슷한 현실을 다시 한 번 마주하게 된다. '중세 중기의 성물聖物의 절도'를 논의할 때에 기어리는 반복하여 다음과 같이 이야기하고 있다. "매우 기본적인 의미에서 중세 중기의 사람들은 성물을 살아 있는 것으로 여겼다. …… 유물은 실제로 사람들 사이에 여전히 살아 있는 성인 그 자체였다." 이러한 생각을 증명하기 위하여 그가 제시하는 일군의 증거들은 불교의 스투파에 관하여 우리가 살펴본 것과 부분적으로 정확히 대응하고 있다. 그에 의하면 "성물은 법적 권리까지도 가지고 있었다. 성물은 그에 대해 행해진 기진과 공헌을 받으며, 교회나 수도원을 소유하였다. 교회나 수도원은 법률적으로는 지하실에 누워 있는 성인들의 자산이었다."[34]

9.
붓다의 유골과 살아 있는 붓다의 기능적 등치

만약 불교의 스투파나 거기에 들어 있는 유골이 법적 인격이었다고 한다면, 즉 만약 그것들이 살아 있는 사람들과 같이 권리를 보유하고 이를 행사했다고 한다면, 그리고 거기에 가해진 위해가 살아 있는 고위 인물에게 가해진 위해와 동일시되었다고 한다면, 마지막 동일시의 역도 또한 성립할 것이다. 즉, 스투파나 유골에 가해진 위해가 아니라 존경이나 예배는 살아 있는 인물에 대한 존경이나 예배와 동일시되어야 할 것이다. 그리고 실제로 그러하였다. 이와 같은 동일시의 한 사례를 길기트에서 출토된 『근본설일체유부율』에 남아 있는 매우 오래되어 보이는 텍스트에서 찾아볼 수 있다. 이 텍스트는 거대한 스투파가 전개되기 이전에 유골이 단순히 특정한 장소의 땅속에 매장되어 있던 시기를 반영하는 것으로 보인다.

이 텍스트에 의하면 붓다는 아난다(아난)와 함께 토이카라고 불리는 지역에 갔다. 거기에 도착하자 바라문 한 사람이 밭을 경작하고 있었다. 이 바라문은 붓다를 보고서 마음속으로 생각하였다. "만약 내가 존자 고타마에게 가까이 가서 예를 드리면 나의 일은 피해를 입게 된다. 그러나 만약 내가 세존에게 가까이 가지 않고 예도 드리지 않으면 나의 공덕은 사라지게 된다. 일의 손실과 공덕의 손실, 둘을 피하기 위해서 나는 어떻게 하면 좋을까." 그는 영리한 바라문이었으므로 그 자리에 머물러 있으면서 멀리에서 고타마에게 예를 드리기로 하였다. 그러나 텍스트가 신랄하게 지적하고 있는 바에 의하면 바라문은 가축을 모는 막대기를 손에 잡고 있었다. 물론 고타마는 이 '방편'(텍스트에서는 upāya라고 하고 있다)에 그다지 좋은 인상을 받지 않았다. 그래서 아난에게 다음과 같이 말하였다.

아난다여, 이 바라문은 잘못한 것이다. 만일 그가 이 장소에 다가와서 여기에서 예를 드렸다면 이 장소에는 등정각자, 가섭불의 완전한 유골 덩어리가 실제로 존재하고 있는 것을 스스로 알게 되었을 것이다. 만일 그가 다가와서 나에게 예를 드렸다면 그는 실로 두 사람의 등정각자에게 예를 드리게 되었을 것이다.

어째서인가. 왜냐하면, 아난다여 이 장소에는 등정각자 가섭불의 완전한 유골 덩어리가 실제로 존재하기 때문이다.[35]

여기에 담겨 있는 것은 살아 있는 붓다와 과거불의 유골 덩어리 사이에 전혀 차이가 없다는 것이다. 둘 다 예배의 대상으로 대등한 존재로서 완전히 동등한 공덕을 쌓을 기회를 제공하는 것이다. 이 점을 독자가 알아차리지 못할까 염려하여 경전 편집자는 조금 다른 표현으로 그것을 분명하게 하기 위하여 일련의 게송을 덧붙이고 있다.

> 살아 있는 [붓다]를 언제나 예배하는 사람과 반열반에 든 [붓다]를 언제나 예배하는 사람은 같은 신심으로 가득하며, 두 사람 사이에는 어떠한 공덕의 차이도 없다. (Waldschmidt, 78.8)

그러한 아이디어가 일반적이고 오랫동안 지속되었다는 것은 이와 같은 게송 혹은 그에 가까운 문장들이 많은 텍스트들에서 발견되는 것을 통하여 알 수 있다. 즉, 발트슈미트가 범문 『대반열반경』의 '특별한 텍스트Sondertext'라고 부른 것, 길기트의 사본에서 발견된 『차이티야 우요게송右繞偈頌』, 투르키스탄에서 구한 사본을 류더스가 출판한 『기진정형구Schenkungsformular』, 그리고 호탄본 『우요경右繞經』 등이다. 이 게송의 또 다른 버전이 박식한 승려 마명의 작품 속에 전하고 있다.

현자들은 붓다의 여러 덕성을 알아야 한다. 그리고 성자(붓다)가 세상에 계실 때에 숭배한 것이나 붓다가 반열반에 든 후에 그 유골에 예배한 것이나 같은 신심을

가지고 있으면 그 과보는 같다.[36]

이 텍스트들이 모두 실제 붓다와 그 유골에 대하여 개인들이 '같은 신심을 가질 것'을 강조하고 있는 점에 주목할 필요가 있다. 즉, 사람들은 살아 있는 붓다에 대해서와 같은 마음으로 그 유골을 대해야 하며, 신자에게 있어 양자는 같은 것으로 이해되어 같은 기능을 갖고 같은 과보를 가능하게 하는 것이다.

이러한 아이디어가 가장 분명하게 나타나는 표현이 5세기에 마하나마 비구가 지은 스리랑카불교의 편년사 『마하밤사』(대사 大史)에 나타나는 것에 주목할 필요가 있다. 관계되는 문장은 스리랑카를 불교로 개종시킨 공적이 있다고 여겨지는 마힌다 비구와 당시 스리랑카를 통치하고 있던 데바남피야팃사 왕 사이에 기원전 3세기에 행해진 대화의 기록으로 생각되고 있다. 『디파밤사』(도사 島史)에 의하면 마힌다는 스리랑카를 떠날 때에 왕에게 다음과 같이 호소하였다고 한다. "왕이시여, 오랫동안 우리들은 스승이신 완전한 붓다를 만나지 못하였습니다. 스승 없이 우리들은 생활해 왔습니다. 여기에는 우리들이 예배할 수 있는 것이 아무것도 없습니다." 이에 대해 왕은 "그런데, 존자여, 완전한 붓다는 열반에 드셨다고 당신은 말씀하시지 않았습니까?"라고 반응하였다. 마힌다는 "유골이 보일 때 (혹은 실제로 존재할 때) 붓다는 보이는 (혹은 실제로 존재하는) 것입니다."라고 대답하였다. 그의 대답은 우리가 이제까지 논의해 온 것을 완전하게 집약하고 있다. 물론 왕은 스투파를 건립할 것을 약속하였고, 마힌다는 유골을 입수하기 위하여 인도로 날아 돌아가라고 다른 승려에게 명하였다.[37]

10.
유골에 주어진 공적 가치

지금까지 알아낸 내용을 요약하기에 앞서 마지막으로 다른 증거에 대해 간단히 언급하고자 한다. 유골이 살아 있는 존재로 여겨졌다는 것은 이제 충분히 알 수 있게 되었다고 생각되므로, 그에 대한 새로운 증거를 제시하기 위해서가 아니라― 좋은 표현을 찾을 수 없으므로― 우리가 '유골에 주어진 공동체의 혹은 공적인 가치' 라고 부르는 것에 대한 초기의 증거를 제시하기 위해서이다. 그 증거는 이후에 '불사리 쟁탈 전쟁'이라고 불리게 되는 오래된 전승이다. 현존하는 가장 오래된 불교미술 중에 산치, 바르후트, 아말라바티, 간다라 등 어디에나 이 에피소드의 도상이 존재하고 있다. 그러나 이야기의 상세한 내용은 후대의 문헌을 통해 알 수 있을 뿐이다. 붓다의 다비를 마친 후 쿠시나가라의 말라 족은 '공회당에 안치된 세존의 유골을 격자 모양의 창 울타리와 화살의 벽으로 포위하였다.' 그러나 서로 다른 나라를 대표하는 일곱 집단도 유골의 분배를 요구하면서 전쟁 준비를 갖추고 왔다. 그들은 처음에는 말라 족에게 거절당하였지만 흥미롭게도 한 바라문의 중개에 의해 일촉즉발의 위기를 피하게 되었다. 바라문은 인내를 설한 스승 kṣānitvāda의 유골을 둘러싸고 전쟁을 하는 것은 옳지 않다고 지적하였다.[38]

이 오래된 전승이 그 구체적 사실은 어찌되었든 당시의 정치적 관용어구를 사용하여 유골에 주어진 특별한 가치를 강력하게 표현하고 있는 것에 주의할 필요가 있다. 바로는 다음과 같이 이야기하고 있다.

이 전승이 역사적 사실을 이야기하는 것인지 아니면 단순한 전설에 지나지 않는지
는 여기에서 그다지 중요하지 않다. 우리의 설명에 있어서 본질적인 것은 ……
불전을 읽는 신자들이 이 에피소드를 사실로 믿고서, 자신들의 조상이 신심 때문
에 세존의 유골을 둘러싸고 무기를 잡고 싸우려 한 것을 정말로 있을 수 있다고
여겼다는 것이다. 이것은 이 이야기의 최초의 형태가 만들어졌을 적에 그와 같은
지나친 열의가 정상일 뿐 아니라 교훈적이기조차 하다고 신자들이 생각하였음을
증명하는 것이다.[39]

사소한 한 가지를 제외하면 바로의 의견은 매우 적절하다고 생각된다. 즉, '이
이야기의 최초의 형태'가 재가자들에 의해 쓰여졌다고 주장하지 않는 한에서 적절
하다. 이 이야기는 얼마간 가정되고 일반화된 '신자들'에 대해서 아무것도 이야기해
주고 있지 않기 때문이다. 그러나 이 이야기가 증명할 수 있고, 증명하는 것은 이것
을 만든 '불전佛傳 작자'들이 거의 틀림없이 승려로서, 이러한 이야기를 '정상적일
뿐 아니라 교훈적이기조차 하다고 생각하였'던 것이다. 물론 이것은 현재의 주제와
는 전혀 관련이 없는 문제이다.

11.
결론

지금까지 몇 가지 서로 다른 성격의 자료를 제시하였다. 먼저 불교 성지에서
반복하여 만나게 되는 특징적 형태를 보여주는 구체적 유물로서의 고고학적 자료

들로, 그 형태는 중앙에 붓다의 신체가 직접 접촉하였던 지점임을 보여주는, 혹은 붓다의 신체의 일부를 실제로 담고 있는 구조물(스투파)을 두고, 그 중앙 구조물 주변에는 무질서하게 늘어난 다수의 작은 구조물(스투파)들로 넘쳐나고 있다. 그중에서 상당히 많은 것들이 이름을 알 수 없는 죽은 사람의 유물(유골이나 뼛가루), 혹은 매장 행위와 관계되는 다른 물건들을 담고 있다. 이 죽은 사람들의 유물은 서로 다른 시기에 의도적으로 여기에 가지고 와서 둔 것들이다. 그것은 성지 본래의 질서 있는 평면계획의 일부를 구성하는 것이 아니다.

여기에 더하여 붓다가 직접 신체적 접촉을 가졌다고 알려진 특정 장소에 붓다가 실제로 현존하고 있다고 생각되었음을 보여주는 오래된 텍스트 전승들이 있다. 또한 붓다의 유골이 '생명'과 '생기'를 가지고 있으며, 살아 있는 붓다의 특징으로 여겨지는 생명을 불어넣는 여러 특징들이 거기에 배어 있다고 여겨졌음을 증명하는 많은 비명과 문헌들이 있다. 이 자료들은 붓다의 유골 및 그것을 담고 있는 스투파가 개인 자산에 대한 소유권을 갖고 그것을 행사하는 법적 인격체였고, 스투파가 고위 인물로 간주되었다는 것을 보여주고 있다. 또한 이 문헌들 중 일부는—적어도 그중 하나는 대단히 오래된 것이다—유골은 실제 붓다와 완전히 똑같은 것으로 여겨졌으며, 양자는 종교적으로 동일한 것으로서 양자에 대해 같은 태도를 취할 것이 요구되었음을 확실하게 증명하고 있다.

다음으로 이러한 사실은 붓다가 실제로 방문했던 곳과 불사리를 봉안하고 있는 곳 등 두 종류의 불교 성지에서 중심 구조물(중심 스투파)이 붓다의 실제적 존재를 담고 있으며 그 존재를 인식할 수 있는 것임을 의미한다. 그리고 이와 같은 붓다의 존재가 또 다른 죽은 사람들의 유물과 그것을 담고 있는 부차적 구조물(작은 스투파,

이른바 봉헌탑들)을 끌어들였던 것이다.

　동일한 오래된 텍스트 전승 중의 다른 부분은 붓다가 있는 곳에서 죽으면 천상세계에 태어난다고 여겨졌음을 보여주고 있다. 이에 더하여 스페인과 아프리카의 로마시대 도시, 그리고 고야산 등에서 개념적 측면과 매장 행위의 측면에서 유사점이 보이고 있다.

　인도의 불교도들이 서방 라틴세계에서 '성자 곁의 매장 depositio ad sanctos'라고 불리는 것과 비슷한 것을 실행하고 신앙하였던 것이다. 몇몇 경전들이 부정하고, 또 몇몇 논서들이 명확하게 이야기하고 있는 것과 관계없이 붓다는 불교도 공동체의 중심에서 실제로 살아 있는 존재로서 계속 존재한다고 믿어졌던 것이다.

1　J. Bloch, *Les Inscriptons d'Asoka* (Paris: 1950). No. 157 Rummindei (Paderia).

2　E. Waldschmidt, *Das Mahāparinirvāṇa-sūtra*, Teil I, II, III, (Berlin: 1950, 1951, 1951). 이하에서는 Waldschmidt의 단락번호로 텍스트를 인용한다.

3　*Mahāparinbbānasuttana*, Dīgha-Nikāya, II, p.141, 1-2. Ed. by Rhys Davids & Carpenter, Pali Text Society, London, 1947 (1995).

4　A. Cunningham, *Mahābodhi or the Great Buddhist Temple under the Bodhi Tree at Buddha-Gaya* (London: 1892), pp.82-83; B. M. Barua, "Old Buddhist Shrines at Bodh-Gaya," *Indian Historical Quaterly 6* (1930), pp.30-31.

5　*Mahāparinbbānasuttana*, Dīgha-Nikāya, II, p.141, 9-11.

6　A. Cunningham, *Mahābodhi*, pp.48-49.

7　H. Cousens, *The Antiquities of Sind*, Archaeological Survey of India, Vol. XLVI, Imperial Series (Calcutta: 1929), pp.82-97; D. R. Bhandarkar, "Excavations near Mirpur Khās," *Progress Report of the Archaeological Survey of India*, *Western Circle*, *for the Year Ending 31st March*, *1917*, 47-48; D. Mitra, *Buddhist Monuments* (Calcutta: 1971), pp.132-133.

8　J. Marshal, *A Guide to Sanchi* (Calcutta: 1918), pp.87-88.

9   D. Mitra, *Buddhist Monuments*, p.133; H. Cousens, *The Antiquities of Sind*, p.97.

10 Cunningham, *Mahābodhi*, pp.48-49.

11 I-tshing, *A Record of the Buddhist Religion as Pracised in India and the Malay Archipelago* (A.D. 671-695), trans. J. Takakusu (London: 1896; repr. 1966), p.82.

12 D. Mitra, *Indo-Asian Culture* 9 (1960), p.166.

13 T. Skorupski, *The Sarvadurgatipaiśodhana Tantra* (Delhi: 1983).

14 D. Mitra, *Ratnagiri* (New Delhi: 1981), p.28.

15 P. Ariès, *Western Attitudes towards Death: From the Middle Ages to the Present* (Baltimore: 1974), pp.16-17.

16 P. Ariès, *The Hour of Our Death* (New York: 1981), p.34.

17 U. A. Casal, "The Sanitly Kōbō Daishi in Popular Lore (A.D. 774-835)," *Journal of Far Eastern Folklore Studies* 18 (1995), p.143.

18 P. Geary, *Furta Sacra. Thefts of Relics in the Central Middle Ages* (Princeton: 1978), pp.33-34.

19 A. Lloyd, "Death and Disposal of the Dead (Japanese)," *Encyclopedia of Religion and Ethics*, vol.4, ed. J. Hastings (Edinburgh: 1911), p.491.

20 Y. S. Hakeda, *Kukai: Major Works* (New York: 1972), p.60.

21 S. Wilson, *Saints and their Cults Studies in Religions Sociology, Folklore and History* (Cambridge: 1983), p.11; P. Brown, *The Cult of the Saints. Its Rise and Fuction in Latin Christianity* (Chicago: 1981), pp.3-4.

22 P. Ariès, *The Hour of Our Death*, p.33.

23 D. C. Sircar, *Select Inscriptions Bearing on Indian History and Civilization* (Calcutta: 1965), p.105.

24 R. Salomon, "The Inscription of Senavarman, King of Oḍi," *Indo-Iranian Journal* 29 (1989), pp.261-293.

25 G. Fussman, "Nouvelles inscriotions śaka (II)," *Bulletin de l'École française d'Extréme-Orient* 73 (1984), p.38.

26 E. H. Johnston, "The Buddha's Mission and Last Journey; *Bddhacarita*, XV-XXVIII," *Acta Orientalia* 15 (1937), pp.77-79, 276. Peking129, no.5656, 169-4-8~169-5-3.

27 U. Wogihara, *Abhisamayālaṃkārālokā Prajñāramitāvyākhyā*. fasc. 3 (Tokyo: 1934), pp.272.16, 273.5.

28 *Milindapañho* (Trenckner ed.), p.98.

29 *Majjhima*, i, pp.104, 357; *Samyutta*, iii, p.153; *Anguttara*, iv, p.125; *Vinaya*, iii, p.3.

30 *Gilgit Manuscripts* (Delhi: 1984), i, 50.19, 51.6.

31 J. Marshall, A. Foucher, and N. G. Majumdar, *The Monuments of Sāñchī*, vol.I (Delhi: 1940), p.342, no.404.

32 A. Bareau, "La construction et le culte des stūpa d'après les Vinayapiṭka," *Bulletin de l'École française*

d'Extrême-Orient 50 (1960), pp.253, 257.

33 Bendall and Rouse, Śikṣā-samuccaya (London: 1922), p.57, n.2; cf. J. Gerner, Les aspects économiques du bouddhisme dans la société chinoise du V au X siècle (Paris: 1956), p.67 and n.5.

34 Geary, Furta Sacra, pp.152-153.

35 Gilgit Manuscripts (Delhi: 1984), iii 1, 73.9 (Bhaiṣajyavastu of the Vinaya of the Mūlasarvāstivādin).

36 Buddhacarita, XXVIII. 69; Tibetan text, Peking, 129, 171-5-4; cf. E. H. Johonston, Acta Orientalia 15 (1937), p.285.

37 Mahāvaṃsa (Geiger ed.) XVII. 2-3; cf. W. Geiger, The Mahāvaṃsa or the Great Chronicle of Ceylon (London: 1912) XVII. 2-3; H. Oldenberg, The Dīpavaṃsa. An Ancient Buddhist Historical Record (London: 1879; repr. New Delhi: 1982) XV 1-5.

38 A. Bareau, Recherches sur la biographie du buddha dans les sūtrapiṭaka et les vinayapiṭaka anciens: II. Les derniesrs mois, le parinirvāṇa et les funérailles, T. II (Paris: 1971), p.265ff.

39 A. Bareau, "Le parinirvāṇa du buddha et la naissance de la religion boudique," Bulletin de l'École française d'Extrême-Orient 61 (1974), p.287.

* 이 글은 Burial Ad Sanctos and the Physical Presence of the Buddha in Early Indian Buddhism: A Study in the Archaeology of Religions (Originally published in Religion 17 (1987): 193-225), Bones, Stones, and Buddhist Monks, University of Hawaii Press, 1997, pp.114-147의 발췌 번역이다.

이하 이 글과 관계되는 쇼펜 씨의 논문은 다음과 같다.

"The Phrase 'sa pṛthivīpradeśaś caityabhūto bhavet' in the Vajracchedikā: Notes on the Cult of the Book in Mahāyāna," Indo-Iranian Journal 17 (1975)

"The Five Leaves of the Buddhabalādhānaprātihāryavikurvāṇanirdeśasūtra Found at Gilgit," Journal of Indian Philosophy 5 (1978)

"The Text on the 'Dhāraṇī Stones from Abhayagiriya': A Minor Contribution to the Study of Mahāyāna Literature in Ceylon," Journal of International Association of Buddhist Studies 5 (1982)

"Hīnayāna Texts in 14th Century Persian Chronicle: Notes on Some of Rashid al'Din's, Sources," Central Asiatic Journal 26 (1982)

"The Bodhigarbhālaṅkāralakṣa and Vimaloṣṇīṣa Dhāraṇīs in Indian Inscriptions: Two Sources for the Practice of Buddhism in Medieval India," Wiener Zeitschrift für die Kunde Südasiens 29 (1985)

"stūpa and tīrtha: Tibetan Mortuary Practices and an Unrecognized Form of Burial Ad Sanctos at Buddhist Sites in India," The Buddhist Forum Vol.III (1991-93)

"Dong Business for the Lord: Lending on Interest and Written Loan Contract in the Mūlasarvāstivādinaya,"

Journal of American Oriental Society 114 (1994)

"Two Problems in the History of Indian Buddhism," *Bones, Stones, and Buddhist Monks*, Chapter. II (1997)

"An Old Inscription from Amarāvati," *Bones, Stones, and Buddhist Monks*, Chapter. IX (1997)

보주) 본 장에 대해 미야지 아키라 宮治昭 씨가 다음과 같이 코멘트해주었다.

(1) 각주 2) 인용문 중의 '차이티야'는 '성지 聖地'를 가리킬 것이다.

(2) 3절에서 '쿨라 kula'라고 한 것은 '쿠울라 kūla(무덤)'가 옳을 것이다.

제2장

힌두의례와 불교의례

에이노오 신고

1.
머리말

31번째의 〈크라바카 자타카〉에 다음과 같은 흥미로운 글이 있다.

보살은 어느 마을에 태어나 마가-쿠마라라는 멋진 청년이 되어 그 마을의 행실이 좋지 않았던 청년들을 훌륭한 청년들로 바꾸었다. 행실이 좋지 않은 청년들로부터 술값과 벌금을 받아냈던 촌장은 더 이상 이익을 볼 수 없게 되자 국왕에게 참언하였다. 마가-쿠마라와 청년들은 체포되어 왕궁에서 코끼리에게 짓밟히는 처벌을 받게 되었다. 그런데 어떤 코끼리도 짓밟지 않고 도망쳐버렸다. 무언가 수상한 주문을 외우고 있다고 생각한 국왕은 마가-쿠마라 등을 심문하였다. 그들에게 주문이 있을 거라고 생각한 국왕은 그들을 자기 앞으로 끌고 오게 하여 주문을 외우라고 하였다. 보살은 다음과 같이 대답하였다. "국왕이시여 우리들의 주문은 다음과 같습니다. 우리들 30인은 생명을 빼앗지 않습니다. 주어지지 않은 것을 취하지 않습니다. 잘못된 행동을 하지 않습니다. 거짓말을 하지 않습니다. 술을 마시지 않습니다. 우정을 소중히 합니다. 선물을 줍니다. 길을 평평하게 합니다. 저수지를 만듭니다. 집을 만들어 줍니다. 이것이 우리들의 주문 呪文이고, 호신부이고, 힘입니다." (Jataka I[200.15-25]; Chalmers[1895]: 78-79)

여기에서 이야기하는 주문은 산스크리트어로 만트라라고 하는 것으로서, 만트라는 베다시대부터 제사나 의례에서 중심적 역할을 담당해 왔다. 신들에게 이야기하고, 다양한 바램들을 표명하는 수단이었다. 그러나 이 〈크라바카 자타카〉에서는 만트라는 그러한 것이 아니라 그들이 행하는 여러 좋은 행위 그 자체들이다. 만트라는 의례적인 의미를 완전히 떨쳐내고 윤리적인 것으로 바뀌어 있다.

『테리 가타』에 푼니카라는 수드라 여성의 일화가 전하고 있다.

"물을 긷는 여성으로서 나는 추울 때에도 언제나 물속에 들어갔습니다. 여주인들에게 몽둥이로 맞을 두려움에 떨고, 심한 말로 꾸짖음 당할 두려움에 걱정하면서."(236) "바라문이여, 그대는 누구를 두려워하며 언제나 물속에 들어갑니까? 손발이 떨리는 것을 보니 당신은 대단히 추운가 보군요."(237) "또한 늙거나 젊거나 나쁜 짓을 한 사람은 목욕에 의해 악행에서 벗어날 수 있습니다."(239) "그렇다면, 개구리도, 뱀도, 악어도, 그 밖에 물속에 사는 것들도 모두 천상세계에 갈 수 있는 것입니까?"(241) (이리야매[2007]: 92)

목욕은 베다 제사 중에서 소마제사의 결재潔齋에서 제주祭主를 제사 드릴 수 있는 사람으로 만들어주는 중요한 의례행위였다. 힌두교 의례에서는 독립된 의례행위로 되어 다양한 악행을 씻어내는 효과가 있다고 여겨져 중요한 의미가 부여되었다(Kane[1974]: 658-668). 『테리 가타』의 푼니카는 만약 목욕으로 악행을 씻어낼 수 있다면 물고기 등도 모두 악행을 씻어내고 천상세계에 갈 수 있을 것이라고 목욕의 어리석음을 야유하고 있다.

불교문헌에는 이와 같이 의례에 대한 부정적인 발언들이 많이 있을 것으로 생각된다(나래[1973]: 40). 하지만 예를 들어 『공작명왕경』에는 실로 다양한 주문들이 실려 있다. 이들 중 대부분은 다라니의 유형으로 정리할 수 있는 주문들인데, 불교문헌에는 실로 많은 다라니들이 전하고 있다. 또한『금광명경』의 제7 사라스바티장에는 다양한 약초를 이용한 목욕의 중요성이 이야기되고 있다. 이전에는 부정적으로 여겨졌던 주문이나 목욕 등이 후대가 되면 불교 내부에서 중요한 위치를 점하게 되는 것이다.

이 장에서는 힌두교와 불교 모두에서 볼 수 있는 발리의례와 푸자라고 불리는 공양의례에 초점을 맞추어 힌두의례와 불교의례의 관계에 대하여 이야기하고자 한다.

2.
발리 Bali 의례

베다문헌에 전하는 대규모 의례와 가정에서 행해지는 다양한 의례에서 신들에게 올리는 공물은 그 일부를 떼어 제사나 의례에 사용되는 불 속에 던지는 형태로 바쳐진다. 그러나 의례용의 불이 아닌 다른 장소에 두는 형태로 바치는 경우도 있다. 이와 같이 제사의 불 이외의 장소에 음식물을 공물로 바치는 행위를 발리의례라고 한다. 발리는 본래 사람들이 지배자에게 바치는 공물을 의미하는데,『리그베다』나『아타르바베다』이래로 신들에게도 바쳐지게 되었다(가타야매[1974]: 81-82).

제사의 불 이외의 장소에서 헌공을 행하는 사례들이『바우다야나 슈라우타수트라』24·8[191.6-15]에 열거되고 있다. "불은 명시되어 있지 않다. 그러나 다음과 같은 것들이 있다. 도박하는 곳에 바침, 전차의 앞부분에 바침, 차축의 끝에 바침,

네거리에 바침, 두 줄의 바퀴자국에 바침, 나무 그루터기에 바침, 발자국에 바침, 암컷 염소에 바침, 바라문의 오른손에 바침, 다르바풀 다발에 바침, 물속에 바침, 우돈바라로 만든 기둥이 있는 곳에 바침, 개미탑에 바침, …… 명시되지 않은 경우는 헌공의 불에 바칠 것."(Kashikar[2003]: 1543, 1545)『바우다야나 슈라우타수트라』에 열거되고 있는 이 경우들에도 제사의 불에 대한 헌공과 마찬가지로 '바치다juhoti'라는 동사가 사용되고 있어, 공물을 두는 형식이 아닐 가능성이 있다. 도박하는 곳에 바쳐지는 경우에는 금가루를 두고, 그렇게 함으로써 '불이 있는 곳에 바친다'고 해석되고 있다(MS 1.6.11[104, 1-4]). 네거리의 경우에도 횃불로 불씨를 가지고 가서 네거리에서 불을 피워 바치는 경우도 있다(Einoo[1988]: 282). 이러한 경우에는 발리의례로 볼 수 없을지도 모르지만, 그 이외의 경우에는 그러한 고려를 하고 있지 않으므로 발리의례의 일종으로 볼 수도 있다. 그러나 슈라우타 제사에서는 발리라는 용어가 사용되고 있지 않다(Arbman[1922]: 70).

가정에서 행해지는 다양한 의례를 기술하는 그리히야 수트라에서는 꽤 많은 수의 발리의례의 예들을 볼 수 있다. 몇 가지 예를 영어 등의 번역으로 확인되는 것에 국한하여 소개한다. 가장 많은 그리히야 수트라에 기록되어 있는 것은 장마가 시작될 때 뱀의 해를 입지 않기를 바라며 행하는 사르파파리라는 의례로서, 뱀들에게 미숫가루 같은 것을 바치는 것이다(Oldenberg[1886]: 202, 328-329, 330; [1892]: 90-91, 92, 238-239, 288; Dresden[1941]: 168-169). 가을에 가축의 번역을 희망하며 루드라 신에게 행하는 의례로서 다양한 방위에 있다고 여겨지는 루드라 신들에게 죽이나 남은 고기, 혹은 피를 바친다(Oldenberg[1886]: 256-257, 353-353, Dresden[1941]: 127). 후대의 힌두교에서 코끼리 얼굴을 한 가네샤 신으로 알려지게 되는 신의 옛 이름 중에 비나야라는 것이 있는데, 그 안에 고기와 생선을 포함한 다양한 음식을 넣은 키[箕]를 네거리에서 복수의 비나야 신들에게 바친다(Dresden[1941]: 162, 이카리·와타세[2002]: 64). 가을의 프로슈타파다 월의 보름날 행해지는 인드라 제사 Indrayajña 때에는 마르트 신 무리에게 아슈밧타의 잎 위에 발리를 바친다(Oldenberg[1886]: 331, Kane[1974]: 824-825). 수확제 때에는 죽의 경단을 지붕 위에 던진다(Oldenberg[1892]: 289). 다양한 병을 치료하는 의례로서 공물의 남은 것을 네거리에서 '천의 눈을 가진 악마'에게 바친다(Caland[1900]: 97-98). 경작을 시작하는 의례 때에 사방에 살고 있다고 여겨지는 '이랑의 수호신'들에게 풀 위에 공물의 남은 것을 바치기도 한다(Oldenberg[1886]: 335). 같은 경작 개시 의례로서 밭의 동쪽 끝 부근에서 하늘과 땅의 신에게 발리를 바치기도 한다(Oldenberg[1886]: 126). 강물의 흐름을 바꾸기 위한 의례로서 물을 관장하는 바루나 신에게 요구르트와 미숫가루를 섞은 것을 발리로 바치기도 한다(Caland[1900]: 137). 이와 같이 그리히야 수트라에는 다양한 장소에서 다양한 신들에게 바치는 발리의례가 이야기되고 있다. 그들 중에는 고기처럼 채소가 아닌 공물을 바치는 경우도 있다.

팔리어 문헌을 중심으로 한 불교문헌에 기술되고 있는 발리의례에 관해서는 가타야마 이치로 片山一良 씨와 나라 야스아키 奈良康明 씨에 의해 자세하게 연구되어 있다(가타야마[1974] [1975], 나라[1975]). 두 분 모두 자타카 등에 기술되어 있는 발리의례를 일람표로 정리하고 있다(가타야마[1974]: 87-89, 나라[1975]: 124-126). 실제 텍스트를 보고서 확인할 수 있는 자타카의 사례 몇 가지를 소개한다. 귀신의 일종인 야차 Yaksha에게 동물이나 물고기의 고기와 술을 바친다(Jātaka 113[I, 425, 11-13]; Jātaka 347[III, 135, 27-146, 1; 46, 2-5], Jātaka 459[IV, 115, 19-21]). 뱀 신인 나가 Nāga에게 우유와 우유죽, 고기와 술을 바친다(Jātaka 146[I, 498, 1-3]). 어떤 종류의 신인지는 알 수 없지만 산의 신에게 병이 없기를 비는 경우도 있다(Jātaka 193[II, 117, 20-23]). 그 밖의 예로서 다양한 나무의 신에 대해서 발리를 바치고 있는데, 인도 보리수의 신에 대한 것이 가장 많다(Jātaka 19[I, 169, 2-8 등], Jātaka 353[III, 159, 25-160, 4], Jātaka 509[IV, 474, 8-9, 13], Jātaka 537[V, 472, 19-23; 27-28; 475, 11-21 등]).

　　50번째의 자타카에서는 사람들은 아들과 딸, 명성과 부를 얻기 위하여 인도 보리수의 신에게 염소나 양, 닭, 돼지 등의 고기와 꽃, 바르는 향을 바치고 있다. 당시 베나레스의 왕이었던 보살은 사람들에게 동물을 희생물로 바치는 것을 금지하고 자신은 나무의 신에게 꽃과 바르는 향을 바치고 있다(I, 259, 15-17; 22-25; 26-28; 260, 1; 8-18). 보살 자신이 행한 꽃과 바르는 향을 바치는 예배는 푸자라고 불리는 것으로 일본에서도 공양으로서 알려진 것이다. 307번째의 자타카에서는 행운을 얻기 위하여 파라샤라는 나무의 신에게 꽃다발, 바르는 향, 향연香煙, 등불 등을 바치고 있다 (III, 23, 14-22). 109번째의 자타카에서는 에란다라는 나무의 신에게 꽃다발이나 바르는 향, 고약이나 다양한 종류의 음식 등을(I, 423, 7-1), 456번째의 자타카에서는 사라나무의 신에게 바르는 향, 꽃다발, 등불을 바치고 있다(V, 153, 21-154, 3). 마지막의 네 가지 예들은 발리의례와 같이 나무의 신에게 바쳐지고 있는데, 이들은 자타카에 보이는 푸자의 예이다.

3.
푸자

현대 인도의 힌두교 사원 등에서는 신상에 여러 가지 물건을 바쳐서 예배하고 있다. 또한 연중의례로 행해지는 신들에 대한 예배에서도 새로 만들어진 신상에 대해서도 같은 예배가 행해지고 있다. 후자의 경우 먼저 새로 안치된 신상에 신을 맞이한 후, 앉을 자리와 발을 씻을 물, 손님들을 공경하기 위한 물, 그리고 바르는 향, 꽃, 향연, 등, 음식물 등을 갖추어 바친다. 그 후 입을 헹굴 물과 옷 등을 바치고, 마지막으로 신이 돌아가는 일련의 의례가 행해진다. 이전에 이 푸자 예배의 형성에 대하여 논문을 발표한 적이 있는데(Einoo[1996]), 거기에서는 다음과 같이 생각하였다. 푸자에는 고대인도의 아리야 문화에서 이전부터 전승되어 온 손님접대 의례와 새롭게 도입된 요소 등 두 가지 기원이 상정된다. 앉을 자리와 발을 씻을 물, 손님을 위한 물, 그리고 입을 헹굴 물 등의 요소는 손님접대 의례에서 유래하는 것이고, 바르는 향, 꽃, 향연, 등, 음식 등은 새롭게 도입된 요소이다. 새로운 예배 방법인 푸자는 가정의례를 기술하고 있는 그리히야 수트라에는 산발적으로 기술되다가, 그리히야 수트라의 보유문헌인 일군의 문헌들에 본격적으로 기술되면서 형식이 정비되어 현대와 같은 모습을 하게 되었다고 생각된다. 현대의 습관에서는 새로운 요소라고 생각되는 바르는 향, 꽃, 향연, 등명, 음식물 등은 '다섯 가지 접대물pañca-upacāra'이라고 불리며 푸자의 핵심을 형성한다고 여겨지기 때문에(Kane[1974b]: 730), 당시에는 그렇게 생각하였다.

그리히야 수트라의 초기의 예를 하나 소개한다. 우기가 끝나 베다 학습의 기간을 마치는 의례에서는 각각의 학생이 자신의 3대 조상들에 대한 예배를 행한다. "각각의 이름을 부르고서 바르는 향, 꽃, 향연 등을 바치면서 '누구에 경례를 (표하고), 누구에 경례를 (표하고)'라고 한다. 음식을 바치면서 '누구에게 스바하, 누구에게 스바하'라고 한다. 과일이 들어 있는 물을 바치면서 '나는 누구를 만족시킨다. 나는 누구를 만족시킨다'라고 한다."(『보다야나 그리히야수트라』 3.9.8-9) 이전에 푸자의 형성에 대하여 생각했을 때에는 바르는 향, 꽃, 향연, 등명과 음식물이 별도로 다루어지는 것에 대해 충분히 주의를 하지 않았었다. 현대까지 전해지는 형식으로서의 푸자에 있어서 '다섯 가지 접대물' 중 마지막의 음식물을 나타내는 산스크리트어는 naivedya이다. 그런데 위의 인용례에서는 음식물은 매우 일반적인 용어인 anna로 표현되고 있다. 이러한 차이는 충분히 고려하지 않으면 안 된다. 서두에서 발리의례에 대해 이야기한 것처럼 발리는 음식물을 신들에게 바치는 의례로서, 이때 음식물은 anna라고 총칭되고 있다.

4.
발리와 푸자의 관계

'다섯 가지 접대물'을 구성하는 바르는 향, 꽃, 향연, 등명과 마지막 음식물의 차이를 명확하게 하기 위해서 발리와 푸자에 대하여 조금 자세히 살펴보도록 하자. 그리히야 수트라나 그것의 보유문헌에서 의례의 명칭에 푸자라는 말이 붙는 것은 보이지 않는다. 『보다야나 그리히야수트라』 3권에는 두르가-칼파, 우파슈루티-칼파, 슈리-칼파 등의 칼파로 끝나는 이름의 의례가 전하고 있다. 발리라는 말이 뒤에 붙는 몇 가지 의례는 몇 종류의 그리히야 수트라와 그것의 보유문헌에 이야기되고 있다. 이들을 알파벳 순서대로 제시하고 간단히 특징들을 서술하면서 분석해 보도록 한다.

① 아디탸발리 Ādityabali BodhGŚS 2.5.1-10: 이 의례의 명칭은 교정자가 목차에서만 언급하고 있다. 가정의례의 기본적 방식에 따르는, 이른바 푸자의례이다. 별도로 음식물을 바치는 행위로서의 발리에 대한 언급은 없다.

② 부타발리 Bhūtabali ĀgnGS 2.5.11: 비를 비는 의례. 호마의례가 중심이며, 발리를 동반한다.

③ 두루타발리 Dhūrtabali BodhGŚS 4.2: 힌두신화에서 스칸다/카룻티케야로서 알려지게 되는 신에 대한 예배. 가정의례의 기본적 방식에 따르는 푸자의례.

④ 므리타발리 Mṛtabali ĀgnGS 3.11.1, BodhGŚS 4.3: 조상들의 영혼에 대한 제사. 바르는 향, 꽃, 향연, 등명과 음식물의 발리. 사후 1년 뒤의 제사에의 도입 의례.

⑤ 나가발리 Nāgabali ĀśvGPŚ 3.16[173, 17-24]: 뱀에 물려 죽은 사람을 위한 뱀에 대한 예배. 바르는 향, 꽃, 향연, 등명과 음식물의 발리.

⑥ 나라야나발리 Nārāyaṇabali ĀgnGS 3.11.4, VaikhGS 10.9-10, BodhGŚS 3.20, HirGŚS 1.3.12, ĀśvGPŚ 3.15: 불의의 사고로 죽은 사람들을 위한 장송의례. 비쉬누 신의 8가지 이름과 다른 신들에 대한 바르는 향, 꽃, 향연, 등명과 음식물의 발리.

⑦ 바야사발리 Vāyasabali ĀgnGS 2.4.8, BodhGŚS 3.23.1-11: 새들에 대한 예배.
바르는 향, 꽃, 향연, 등명을 바친 후 우유죽 또는 요구르트 죽을 '고함'
nivendayati.

⑧ 비쉬누발리 Viṣṇubali BodhGS 1.10.13-17, BodhGS 1.11.1-14, ĀgnGS 2.5.7,
VaikhGS 3.13, HirGŚS 1.3.15: 가정의례의 기본적 방식에 따르는 푸자의례
(이에 대해서는 뒤에 자세히 설명한다).

⑨ 약시발리 Yakṣibali BodhGS 3.11.1-5: 리그베다 1.159.3-4의 두 시구를 노래
하는 두 여성 인형에 대한 예배.

이들 사례 중 아홉 번째의 것은 대단히 간단히 기술되어 있어서 왜 발리라는 이름
을 가지게 되었는지 알 수 없다. 두 번째, 네 번째부터 여섯 번째, 그리고 일곱 번째는
앞에서 소개한 베다 학습의 기간을 마치는 의례의 경우와 마찬가지로 음식물을 발리
로서 바치는 요소를 전하고 있다. 첫 번째와 세 번째는 가정의례의 기본적 방식에
따르는 푸자의례로서, 발리에 대한 언급은 없다. 여덟 번째는 각 문헌에 따라 음식물
에 대한 취급에 미묘한 차이가 있으므로 조금 자세히 살펴보도록 한다.

① BodhGS 1.10.14: 비쉬누에게 공물을 나름 viṣṇave balim upaharati.

② ĀgnGS 2.5.7 [86, 1-2]: 막설탕이 들어간 우유죽에 버터가 섞여 있는 것. 거기에
그 음식물을 공물로서 나름 guḍapāyasaṃ ghṛtamiśram athānnasya balim upaharati.

③ BodhGS 1.11.11 = HirGŚS 1.3.15 [35, 1-2]: 거기에 막설탕이 들어간 우유죽
에 버터가 섞여 있는 것을 음식물로서 고함 atha guḍapāyasaṃ ghṛtamiśram annaṃ

nivedayati.

④ VaikhGS 3.13 [45, 3-4]: 우유죽에 버터가 섞인 것을 공물로서 신에게 고함

pāyasam ājyasaṃyuktaṃ havir devaṃ nivedya.

여기에 제시한 네 가지 예 중 첫 번째 예는 '비쉬누에게 공물을 나른다'고 하는 발리의례의 원래 뜻에 해당하는 표현이 사용되고 있다. 이 표현은 두 번째 예에도 이어지고 있다. 그러나 세 번째 예에서는 발리의례의 원래 뜻에 해당하는 '공물을 나른다'는 표현 대신에 '음식물을 고한다 nivedayati'라는 표현이 등장하고 있고, 네 번째 예에서도 같은 동사의 동작의 지속을 나타내는 표현이 사용되고 있다. 이 '고한다'는 의미의 동사 nivedayati에서 나중에 푸자의례의 중핵적 요소로 생각되는 '다섯 가지 접대물' 중 마지막의 음식물의 공물을 나타내는 나이베디야 nivedya라는 말이 생겨났다. '나이베디야'라고 하는 음식물의 공물은 발리 공물을 바치는 방식에서 유래한 것으로 추측된다.

이상의 자료들에 전하는 내용을 다음과 같이 정리할 수 있을 것이다. 베다 제사에서는 신들에 대한 공물은 기본적으로 그 일부를 떼어내 의례의 불에 던져 넣었다. 그러나 때때로 의례의 불 이외의 장소에 공물을 두어 바치는 경우도 있었다. 슈라우타 제사에서는 이처럼 공물을 바치는 것을 발리라고 부르지는 않았다. 가정에서 행해지는 다양한 의례들을 기술하고 있는 그리히야 수트라에는 이처럼 의례의 불 이외의 장소에 바치는 발리의례의 예가 매우 많이 나타나고 있다. 그리고 동일한 형태의 의례를 불교문헌인 자타카 등에서도 볼 수 있다. 즉, 의례의 불 이외의 장소에 음식물의 공물을 두어 신들에게 바치는 행위는 고대 인도의 문헌에서 광범위하

게 나타나고 있다.

그리히야 수트라 이후의 문헌에서는 특히 다른 신들에 대한 예배 방법이 보이고 있다. 그 경우 바르는 향, 꽃, 향연, 등명과 같은 음식물 이외의 것이 바쳐지고, 그것들과 함께 음식물도 바쳐지고 있다. 이후에 푸자로 알려지게 되는 예배 방법이다. 발리의례는 널리 알려진 신에 대한 제사 방법이다. 아직 푸자라는 명칭은 신들에 대한 예배의 총칭으로는 사용되지 않았다. 그 때문에 발리를 바친다고 표현하지 않지만 음식물의 공물을 포함한 새로운 공물들을 갖추어 바치는 예배 방법은 발리를 이름의 마지막에 붙이는 의례 명칭으로 표현되기도 하였다. 이러한 초기 푸자의 예에서는 바르는 향, 꽃, 향연, 등명과 음식물의 공물은 별개의 것으로 의식되었다. 그러나 그러한 의식이 약해진 때문인지 음식물의 공물을 바치는 행위가 새롭게 '음식물을 고한다'는 표현으로 기술되게 되고, 이 '고한다'는 동사로부터 음식물로서의 공물을 가리키는 '나이베디야'라는 명칭이 나타나게 되었다. 그 후에는 바르는 향, 꽃, 향연, 등명과 나이베디야를 합한 다섯 가지 공물을 '다섯 가지 접대물'로서 푸자의례의 중핵으로 여겨지게 되었고, 이러한 용법이 현재까지 전해지게 되었다.

5.
불교의례 문헌에 전하는 발리와 푸자

공작명왕

자타카에 언급되고 있는 발리와 푸자에 대해서는 이미 소개하였다. 이하에서는 몇 가지 불교문헌에 보이는 발리와 푸자의 예를 살펴본다. 『공작명왕경』의 경우 그 전체의 구조는 다음과 같다. 기원정사에서 막 출가한 젊은 비구 수부티(수보리)가 목욕물을 덥힐 때 땔감 속에서 나온 뱀에 물렸다. 이것을 본 아난다가 부처님에게 아뢰자, 부처님은 '위대한 공작 주문(의 왕)'으로 수부티(수보리)를 구하라고 명하셨다. 중심이 되는 부분에서는 다양한 주문들이 기술되고 있고, 경의 끝부분에서는 '이 위대한 공작 주문(의 왕)의 사용법 upacāra'[61, 8-62, 6]으로서 의례가 기술되고 있다. 그 대요를 제시하면 다음과 같다.

소가죽 크기의 의례 장소에 소똥을 바름.

소똥으로 사각형의 만다라를 만듦.

중앙에 불타의 상을 서향으로 안치하고, 그 왼쪽에 '위대한 공작'의 그림을 둠.

황갈색 소의 소똥 위에 공작의 깃털 세 개를 둠.

알카 나무의 흰 꽃, 칼라비라 나무와 빌바 나무 頻螺樹의 흰 잎, 그리고 시리샤 나무(자귀나무)의 잎을 바침.

깨죽, 깨를 탄 물, 우유죽, 막설탕을 채운 것(?) guḍapūrṇaka, 보리죽, 꿀을 채운 것(?) madhupūrṇaka, 그리고 쌀밥을 발리로서 바침.

발삼 향연을 태우면서 약샤(야차)들의 이름을 부르며 만트라를 외움. 그 만트라 중에 '오거라. 꽃, 향연, 바르는 향, 발리, 등명을 받아 가거라.'라는 부분이 있음.

동쪽에서 간다르바 乾闥婆들에게 막설탕을 채운 것, 우유죽의 발리를 바침.

남쪽에서 쿰반다 鳩槃茶들에게 깨죽, 수라 술을 채운 것의 발리를 바침.

서쪽에서 나가수파르니 龍들에게 우유를 채운 것(?), 우유죽의 발리를 바침.

북쪽에서 약샤(야차)들에게 신두(?)를 채운 것, 요구르트밥의 발리를 바침.

이 의례에서는 발리를 바치는 것이 중심적인 행위인데, 꽃이나 잎도 바치고, 향연도 바치고 있다. 또한 만트라 중에서 보통 푸자의 요소인 꽃, 향연, 바르는 향, 등명이 발리와 함께 언급되고 있다.

불공견색관음

불공견색관음을 중심으로 한 많은 의례를 전하는 Amoghapāśakalparāja 중의 만트라 성취의 장(10a, 6-10b, 5)에 다양한 만트라가 전하고 있다. 공덕수闕伽水의 만트라, 바르는 향의 만트라, 연고의 만트라, 갈아 으깬 바르는 향의 만트라, 바르는 기름의 만트라, 향료 탄 물방울의 만트라, 다양한 맛의 발리의 만트라, 음식물의 만트라 , 세 가지 하얀 발리(우유와 요구르트와 기〈식용 버터기름〉의 죽)의 만트라, 과일의 만트라, 꽃의 만트라, 꽃덩쿨의 만트라, 향연의 만트라, 장식과 장신구의 만트라, 합장의 만트라, 예경의 만트라, 우요右繞의 만트라, 무기의 만트라, 징의 만트라, 등명의 만트라 등의 만트라가 전하고 있다. 이들 만트라를 외우면서 불공견색관음에게 예배하는 것이 상상된다. 푸자의 기본요소인 바르는 향, 꽃, 향연, 등명과 함께 발리와 음식물에 복수의 만트라가 할당되어 있다. 그 밖의 많은 만트라들을 외우며 예배가 행해지는 것을 알 수 있다.

소실지경 蘇悉地經

소작所作 탄트라에 속하는 초기밀교 문헌인 『소실지경』은 밀교의례를 체계적으로 기술하는 듯한 문헌이다. 그 제8장에서 제12장에서 다루는 주제를 통해 여러 부처와 존상에 대한 예배 방법의 일단을 엿볼 수 있다. 제8장－꽃, 제9장－바르는 향, 제10장－향연, 제11장－등명, 제12장－음식물의 공물(Giebel[2001]:111). 영역으로밖에 이 문헌을 읽을 수 없어서 제12장이 발리인지 나이베디야인지 확정할 수 없지만, 어느 경우든 힌두교 의례의 전승에서 말하는 '다섯 가지 접대품'과 정확히 대응하는 것을 알 수 있다.

문수보살

문수보살을 중심으로 한 다양한 의례가 Mañjuśrīmūlakalpa에 기술되고 있다. 그 마지막 장은 Hemasādhana라는 이름인데, 실로 많은 소망성취의 의례가 수록되어 있다. 그중의 675쪽의 10행에서 15행까지에 바라는 것은 무엇이든 얻을 수 있다고 하는 의례가 기술되어 있다. '새 달의 전날에 하룻밤 단식하고서 작은 만다라에 소똥을 바른 후 바르는 향, 꽃, 등명을 바쳐 신성한 문수의 푸자를 행하고, 약샤(야차)들에게 발리를 바친다'고 하는 식으로 푸자는 문수보살에 대해 행하고, 발리는 약샤(야차)들에게 바치고 있다.

8천송반야경

초기 대승경전의 하나인 『8천송반야경』 제3장에서는 예배의 대상으로서 8천송반야경이든[28.29-32], 여래의 유골이든[28.32-29.4], 반야바라밀이든[41.9-18], 완전히 동일한 것을 바쳐 예배를 행하고 있다. 바치는 것으로는 어느 경우에나 꽃, 향연, 바르는 향, 화환, 바르는 기름, 향가루, 의복, 일산, 깃발, 징, 기드림(몇 가닥의 긴 천을 고리에 달아 나부끼게 한 것－역자) 등의 다발 등이 열거되고 있다. 이 예배에 사용되는 요소들에 음식물의 공물인 발리가 포함되지 않은 것이 주목된다. 더욱이 '꽃'에서 '기드림'까지의 요소는 다른 대승경전에서도 같은 순서대로 나타나고 있다. Aparāmitāyuḥ Sūtra[299.2-8], 『십지경』 제11장[181.17-182.5], 그리고 Meghasūtra [288.12-17] 등에 각기 1회씩 보이고 있다.

법화경

가장 많은 예가 보이는 것은 『법화경』이다. 『법화경』의 산문부분으로, 구체적 장소는 이와나미 岩波 문고본에 의거하여 표시한다. 부처에 대한 예배(하권 157), 법사에 대한 예배(중권 147), 경전으로서의 『법화경』에 대한 예배(중권 143, 145. 하권 57, 203, 285), 불탑에 대한 예배(상권 313, 319. 중권 155. 하권 59) 등의 11곳이다.

『법화경』이외는 부분적으로밖에 읽지 못하였고, 이 밖의 다른 대승경전들도 아직 확인하지 못하였지만, 이러한 예들은 다른 경전에도 있을 가능성이 있다고 생각된다. Amoghapāśakalparāja 5b.1-2에서는 관음보살에 대한 예배에 꽃, 향연, 바르는 향, 꽃다발, 바르는 기름, 향가루, 의복, 천, 기드림이 사용되고 있고, 26a.5 에서는 여래들에 대한 예배에 꽃, 바르는 향, 꽃다발, 바르는 기름, 향가루, 의복, 일산, 깃발, 기드림이 열거되고 있는데, 그 차이는 매우 작아 거의 동일한 전승으로 생각된다.

이들 경전은 '기드림'의 뒤에 다시 몇 가지 푸자의 요소들을 들고 있는데, 앞에서 이야기한 것처럼 음식물의 공물은 열거하고 있지 않다. 불교문헌에서는 자타카 이래 발리는 약샤(야차) 등의 이른바 귀신의 무리에 바치는 것이므로 부처나 여래, 경전과 불탑 등에 대한 예배의 문맥에서는 언급되지 않았을 것이다. 어쨌든 몇 종류의 대승경전에는 상당히 정리된 형태의 푸자의 요소가 전승되고 있지만 발리는 배제되고 있다. 그러나 불교의례 문헌에서는 발리를 포함한 푸자의 형태가 확실하게 보급되고 있었음이 사실이다.

6.
바이쉬바데바 Visvadeva 의례

발리의례에 언급하는 경우 많은 연구자들이 발리의례의 대표적 사례로서 바이쉬바데바 의례를 들고 있다(가타야마[1974]: 83, 나래[1975]: 101, Gonda[1980]: 417-418). 가정에서 행하는 다양한 의례를 기술하고 있는 그리히야 수트라의 모든 곳에서 언급되고 있는 의례이다. 매일 저녁과 오전에 조리된 식사의 일부분을 집의 불에 먼저 바치고, 그 후 집 안팎의 다양한 장소에 두어 여러 신들에게 그 식사의 일부를 바치는 것이다. 이 경우 많은 신들이 대상으로 되기 때문에 바이쉬바데바, 즉 '일체의 신들에 대한 것'이라는 이름으로 불렸을 것이다. 또한 집의 불 이외의 장소, '불 이외의 장소에 음식물의 공물을 둔다'고 하는 발리의례의 정의에 정확히 일치하기 때문에 이 바이쉬바데바 의례는 발리의 전형으로 여겨진 것이다.

베다 제사 중의 브라흐마나 문헌에 해석되고 있는 매일 아침과 저녁에 행해지는 아그니호트라에는 바이쉬바데바라고 불리는 의례부분이 있다(Bodewitz[1976]: 99-109). 아그니호트라의 중심적 의례 행위인 뜨거운 우유를 헌공의 불 아하바니야에 바친 다음에 그 나머지를 마시고, 숟가락에서 닦아내고, 숟가락을 뜨겁게 하고, 씻고, 씻은 물을 버리는 몇 가지 행위가 다양한 신과 뱀, 풀, 북두칠성, 조상의 영혼 등 여러 존재에게 바치는 행위로 여겨지고 있다. 슈라우타수트라가 기술하고 있는 바이쉬바데바 의례는 몇 가지 확대된 흔적이 보이고 있는데, 기본적으로 브라흐마나 문헌에서 해석하고 있는 것과 같다. 의례의 행위는 아그니호트라에 사용되고 남은 우유의 처리이고, 그것이 행해지는 장소는 아하바니야 등의 의례의 불이 있는 곳이다.

이처럼 베다 제사 중의 아그니호트라의 일부를 구성하고 있는 바이쉬바데바가 그리히야 수트라에서 이야기하고 있는 바이쉬바데바의 모델이라는 점은 분명하다고 생각된다. 그러나 행해지는 장소나 사용되는 공물, 바쳐지는 대상 등의 여러 가지 점에 있어서 상당히 변화된 의례라고도 말할 수 있다.

일찍이 가정의례로서 바이쉬바데바를 분석했을 때에는, 이 의례는 그리히야 수트라의 의례 체계에 새로 도입된 새로운 의례라고 생각하였다. 그 이유는 바이쉬바데바가 기술되는 부분이 그리히야 수트라마다 완전히 달라서 고유한 위치를 가지고 있지 않는 것 같았고, 나아가 일부 문헌에서 이야기하는 것이지만 새롭게 이 바이쉬바데바를 행하려는 사람은 일종의 도입의례를 하지 않으면 안 된다고 생각되었기 때문이다(에이노오[1993]: 297-299).

바이쉬바데바 이외에도 집의 다양한 장소가 의례적으로 축복되는 경우가 있다. 그것은 새로 집을 지을 때의 의례이다. 건축의례에서 언급되는 집의 부분을 빈도가 높은 순서대로 나열하면, 집 중앙의 기둥, 들보, 문, 지붕, 물병, 지붕 위의 첨탑, 벽과 지면의 접점, 침대, 집 중앙의 장소 등이다. 이들 중에서 들보와 지붕 위의 첨탑은 바이쉬바데바 의례에서는 언급되고 있지 않다. 집의 윗부분에 있어서 매일 행하는 의례의 장소로는 불편하였기 때문일 것이다. 그 이외의 장소는 바이쉬바데바 의례에서도 언급되는 경우가 있는데, 바이쉬바데바에서는 더욱 확대된 모습을 보인다. 집의 불, 사방·팔방의 방향, 하늘[中空], 절구와 절굿공이, 맷돌, 곡물저장고, 집 바깥, 쓰레기장, 집의 모서리, 짐차, 변을 보는 곳, 가축우리, 요리솥, 키 등 사람들의 생활과 깊은 관계가 있는 장소와 도구가 의례의 대상이 되고 있다. 그러나 개개의 장소와 도구의 명칭은 텍스트에 따라 다르고, 또한 거기에서 예배되는 존재도 몇 가지 다양성을 보여주고 있다. 물병을 예로 들어서, 그것을 나타내는 산스크리트어, 텍스트의 위치, 예배되는 존재 등에 대한 각 문헌에 의한 차이를 다음의 표 1에 제시한다.

가장 많이 언급되는 물들은— 더욱이 바루나 신과 파루자니야 신, 풀과 나무 등은 모두 어떤 형태로든 물과 관계될 수 있는 존재들이다— 그 다양성의 일단을 잘 보여줄 수 있을 것으로 생각된다. 그리히야 수트라와 그것의 보유문헌, 초기 법전문헌의 예를 분석하면 45곳의 장소와 206개의 존재가 언급되고 있다. 장소에 관해서나 존재에 관해서나 하나의 문헌에만 언급되는 경우도 있지만, 이 바이쉬바데바 전체를 머릿속에서 재현해보면 고대 인도인들에게 있어 매일매일의 생활에 있어 중요한 집 안팎의 장소에 다양한 신들의 존재를 상정하고 그들에 대해 매일 예배를 행했음을 볼 수 있다.

어떤 공간의 다양한 부분에 다양한 존재들을 배당하여 예배하는 것은 밀교나 힌두교에서 잘 알려진 만다라의 구축 및 그것을 이용한 예배와 기본구조가 같다고 생각되는데, 이것은 지나친 억측일까. 어쨌든 이 만다라와 유사한 하나의 공간 및 예배의 체계를 바이쉬바데바는 드러내고 있는 것이다.

표 1

산스크리트어	텍스트의 위치	예배되는 존재
abbhriṇa	BodhGS 2.8.13-14	부동 不動의 여신, 집터를 지키는 여신, 물들, 물의 신 바루나
abbhriṇyā	ĀgnGS 2.6.4	물들
kumbhadeśa	VārGS 17.7	물들
maṇika	ŚāṅkhGS 2.14.13	비의 신 파르자니야, 물들
	KhādGS 1.5.23	물들, 풀들, 나무들
	PārGS 2.9.3	파르자니야, 물들, 대지
udadhāna	KauśS 74.6	담반타리, 바다, 풀들, 나무들, 하늘과 땅
	GobhGS 1.4.9	물들
	KāṭhGS 54.7	바루나
udadhānī	BhārGS 3.13 [80.8-9]	물들, 바루나
	ĀgnGS 1.7.2 [42.2]	물병 자체
	VaikhGS 3.7 [41.8-9]	물들
udakumbha	MānGS 2.12.4	물들
	ĀgnGS 2.6.4 [99.11-12]	소마

바이쉬바데바 의례는 그리히야 수트라 이후의 문헌에 기술되어 있고, 슈라우타 제사와 마찬가지로 브라흐마나 문헌에 의한 해석은 행해지고 있지 않으므로 그 목적을 알 수 없다. 또한 바이쉬바데바에서 행해지는 만트라의 다수는 단순히 예배 대상의 이름을 드러내는 것이지만, 바라는 바를 밝히는 만트라도 보이고 있다(표 2 참조).

베다 문헌에서 의례의 소망으로서 자주 보이는 것은 인간의 생활에 필요한 것들이 대부분이다(Einoo[2000]: 29-30). 위의 문헌 중에서 아마도 가장 새로운 것으로 생각되는 『마누법전』이 바이쉬바데바 의례를 행하는 효과로서 해탈에 대응된다고 생각되는 '최고의 경지에의 도달'을 들고 있는 것은 힌두교의 새로운 사상적 측면을

표 2

텍스트의 위치	만트라의 소망
ŚāṅkhGS 2.17.4	부, 수명, 명성, 자손
JaimGS 1.23 [24.8-9, 11-12]	음식물
VārGS 17.20, BhārGS 3.12 [79.8-9]	
JaimGS 1.23 [24.11-12]	여러 신격들에 의한 수호
VārGS 17.17	안녕
BodhGS 2.8.38-39, HirDhS 2.1.62	번영
BhārGS 3.14 [82.8-12]	
VaikhGS 3.7 [41.14-15]	
BhārGS 3.12 [79.1-2], HirDhS 2.1.43	천계와 영광
BhārGS 3.14 [82.12-83.2]	공포로부터의 해방, 풍작, 불의의 죽음으로부터의 해방
PārGS 1.12.4	행복과 자손
ĀśvGPŚ 2.10 [160.2-6]	번영과 공포로부터의 해방
Manu Smṛti 3.93	최고의 경지에의 도달

표현한 것이라고 생각된다.

그리히야 수트라에서 체계화된 이 바이쉬바데바 의례는 『가우타마다르마 수트라』 등에서 시작되는 새로운 법전문헌 전통에서 '다섯 가지 커다란 제사'라고 불리는 체계 속으로 포함되어 간다(Bühler[1879]: 201-207, 와타세[1991]: 90-97). 그 후 '막간의 예배' 등을 중심으로 하는 '하루의 의무' 또는 '바른 사람들의 행위' 등으로 불리는 체계가 형성되어(Kane[1974]: 640-695), 일상의 의무로서의 바이쉬바데바는 많은 경우 '막간의 예배'를 대신해갔다(에이노오 永 /尾[1993]: 313-317).

7.
맺음말

　　모리 마사히데 森雅秀 씨는 '인도 밀교에서의 발리의례'에 대하여 자세하게 논하고 있다(모리[1994]). 모리 씨에 의하면 아바야카라굽타의 『바이쉬라발리』는 의례의 일부로서의 발리, 매일 정각에 행하는 발리, 그리고 단독으로 행해지는 '나가 발리' 등 세 종류의 발리를 기술하고 있다고 한다. 모리 씨가 지적하는 것처럼 '나가 발리' 는 서두의 '발리의례'에서 소개한 그리히야 수트라에 기술되고 있는 '사르파 발리' 와 밀접히 관련되어 있다(모리[1994]: 183). 지금까지의 논의를 기초로 생각하면, 의례의 일부로서의 발리는 푸자의 일환으로서 음식물의 공물을 바치는 것으로 가장 오래된 시대부터 있었다고 여겨지는 발리의례에 대응되고, 매일 정각에 행하는 발리는 그리히야 수트라에서 체계화된 바이쉬바데바 의례가 관계하고 있는 것으로 생각된다.

　　자타카에 기술된 발리 중에는 가축 등을 죽여서 바치는 발리의 예가 있다. 또한 그리히야 수트라의 발리의례 중에도 고기나 피를 바치는 경우가 있다. 10세기 전후 경부터 무서운 여신에게 염소나 물소의 머리를 잘라 바치는 의례가 브라흐마 문헌 등에 전하고 있다. 이러한 의례들은 일반적으로 '발리의 바침'(발리-다나)으로 불리며, 현재까지도 남아시아 각지에서 행해지고 있다. 이 발리-다나도 자타카나 그리히야 수트라의 시대부터의 피비린내 나는 발리의례의 전통에 속한다고 말할 수 있다(Kooji[1972]: 21).

　　발리의례는 이와 같이 베다시대부터 현재까지 다양한 형태를 취하며 계속하여

존속해 온 남아시아 문화에 깊이 관련된 신에 대한 제사의 한 형식이다. 따라서
이러한 발리의례가 남아시아에 전개된 베다 제사나 힌두의례뿐 아니라 불교의례에
도 다양한 형태를 띠며 등장하는 것은 충분히 이해될 수 있는 것이다.

약어

ĀgnGS	Āgniveśya Gṛhyasūtra
ĀśvGPŚ	Āśvalāyanīya Gṛhyapariśiṣṭa
BhārGS	Bhāradvāja Gṛhyasūtra
BodhGS	Bodhāyana Gṛhyasūtra
BodhGŚS	Bodhāyana Gṛhyaśeṣasūtra
GobhGS	Gobhila Gṛhyasūtra
HirDhS	Hiraṇyakeśi Dharmasūtra
HirGŚS	Hiraṇyakeśi Gṛhyaśeṣasūtra
JaimGS	Jaimini Gṛhyasūtra
KāṭhGS	Kāṭhaka Gṛhyasūtra
KauśS	Kauśikasūtra
KhādGS	Khādira Gṛhyasūtra
MānGS	Mānava Gṛhyasūtra
MS	Maitrāyaṇī Saṃhitā
PārGS	Pāraskara Gṛhyasūtra
ŚāṅkhGS	Śāṅkhāyana Gṛhyasūtra
VaikhGS	Vaikhānasa Gṛhyasūtra
VārGS	Vārāha Gṛhyasūtra

참고문헌

Amoghapāśakalparāja
　　『不空羂索神變眞言經(Amoghapāśakalparāja) 梵文寫本影印版』大正大学綜合仏教研究所, 1996.

Aparāmitāyuḥ Sūtra

"Aparāmitāyuḥ Sūtra, The Old Khatanese Version together with the Sanskrit Text and the Tibetan Translation, Stein MS. Ch. xlvi. 0013b, (Plates XIV-XVII), edited by Sten Konow" in A. F. Rudolf Hoernle, *Manuscript Remains of Buddhist Literature*, St.Leonards: An Orientem Ltd., Amsterdam: Philo Press, 1970, pp.289-329.

Jātaka

The Jātaka together with its Commentary being Tales of the anterior births of Gotama Buddha, 7 vols, London: Luzac and Company, Ltd., 1962, 1963, 1964.

Mañjuśrīmūlakalpa

The Āryamañjuśrīmūlakalpa ed. by M.T. Ganapati Sastri, 1925, ReprintL Delhi: Sri Satguru Publications, 1989.

Meghasûtra

Cecil Bdndall, "*The Meha-Sūtra*," *Journal of the Royal Asiatic Society* 12, 1888, pp.286-311.

『孔雀明王經』

田久保周譽校訂『梵文孔雀明王經』山喜房仏書林, 1972.

『法華經』

坂本幸男・岩本裕譯註『法華經』岩波書店 (岩波文庫 靑 304, 1-3).

『八千頌般若經』

Aṣṭasāhasrikā Prajñāpāramitā, ed. by P.L. Vaidya, Darbhanga Mithila Institute, 1960.

가타야마 이치로(片山一良)

1974　「バリ(Bali) 儀禮－歷史とその意味(上)」『駒沢大学宗教学論集』7, pp.79-91.

나라 야스아키(奈良康明)

1973　「パリッタ(paritta)－呪の構造と機能」『宗教研究』46-2, pp.39-69.

1975　「古代インド仏教における「仏法」と「世法」の関係について－ジャータカにおける祈願儀禮 (bali-kamma)の構造と機能」『仏教における法の研究』春秋社, pp.97-134.

모리 마사히데(森雅秀)

1994　「インド密教におけるバリ儀禮」『高野山大学密教文化研究所紀要』8, pp.204-174.

와타세 노부유키(渡瀨信之)

1991　『マヌ法典』中央公論社(中公文庫780).

이리야마 준코(入山淳子)

2007　『テーリーガーター：仏にまみえた女たち』NHK出版(シリーズ仏典のエッセンス).

이에노오 신고(永の尾信悟)

1993　「ヒンドゥー儀礼の変容－朝お勤行を例として－」『インド＝複合文化の構造』(長野泰彦・井狩弥介編) 法藏館, pp.259-318.

이카리 야스케(井狩弥介)・와타세 노부유키(渡瀬信之)

2002 『ヤージュニャヴァルキヤ法典』平凡社 (東洋文庫698).

Arbman, Ernst

1922 *Rudra: Untersuchungen zum altindischen Glauben und Kultus*, Uppsala: A,-B. Akademiska Bokhandeln.

Bodewitz, H.W.

1976 *The daily Evening and Morning Offering (Agnihotra) according to the Brāhmaṇas*, Leiden, E.J. Brill.

Bühler, Georg

1879 *The Sacred Laws of the Aryas as taught in the schools of Āpastamba, Gautama, Vāsishtha, and Baudhāyana translated by Georg Bühler, Part I: Āpastamba, Gautama*, Reprint: Delhi: Motilal Banarsidass, 1965.

Caland, W.

1900 *Altindisches Zauberritual: Probe einer Übersetzung der wichitigsten Tehile des Kauśika Sūtra*, Reprint 1967, Wiesbaden: Dr. Martin Sändig oHG.

Chalmers, Robert

1895 *The Jātaka or Stories of the Buddha's Former Births, Vol. I. translated by Robert Chalers*, Cambridge: The University Press.

Dresden , Mark Jan

1941 *Mānavagrhyasūtra, A Vedic Manual of Domestic Rites, Trnaslation, Commentary, and Preface, by Mark Jan Dresden*, Groningen, Batavia: J.B. Wolters, Uitgevers-Maatschappij.

Einoo, Shingo

1988 *Die Cāturmāsya oder die altindischen Tertialopfer dargestellt nach den Vorschriften der Brāhmaṇas und der Śrutasūtras*, Tokyo: Institute for the Study of Languages and Cultures of Asia and Africa.

1996 "The Formation of the Pūjā Ceremony," *Studien zur Indologie und Iranistik* 20, pp.73-87.

2009 "From Kāmas to Siddhis: Tendencies in the Development of Ritual towards Tantrism," in Shingo Einoo, ed., *Genesis and Development of Tantrism*, Institute of Oriental Cultures Special Series 23, Tokyo: Institute of Oriental Culture, University of Tokyo, pp.17-39.

Giebel, Rolf W.

2001 *Two Esoteric Sutras: The Adamantine Pinnacle Sutra, The Susiddhikara Sutra, translated from the Chinese by Rolf W. Giebel*, Berkeley: Numata Center for Buddhist Translation and Research.

Gonda, J.

1980 *Vedic Ritual: The non-solemn Rites*, Leiden-Köln: E.J. Brill.

Kane, P.V.

1974a   *History of Dharmaśastra*, Vol. II, Part I, Poona: Bhandarkar Oriental Research Institute.

1974b   *History of Dharmaśastra*, Vol. II, Part II, Poona: Bhandarkar Oriental Research Institute.

Kashikar, C.G.

2003   *The Baudhāyana Śrautasūtra critically edited and translated by C.G. Kashikar*, Vol. IV, New Delhi: Indira Gandhi National Centre for the Arts.

Kooji, K.R. van

1972   *Worship of the Goddess according to the Kālikāpruāṇa, Part I: A Translation with an Introduction and Notes of Chapters 54-69*, Leiden: E.J. Brill.

Oldenberg, Hermann

1886   *The Gṛihya-Sūtras: Rules of Vedic Domestic Ceremonies translated by Hermann Oldenberg, Part I: Śāṅkhāyana-Gṛihya-Sūtras, Āśvalāyana-Gṛihya-Sūtras, Pāraskara-Gṛihya-Sūtras, Khādira-Gṛihya-Sūtras*, Reprint: Delhi: Motila Banarsidass, 1967.

1892   *The Gṛihya-Sūtras: Rules of Vedic Domestic Ceremonies translated by Hermann Oldenberg, Part II: Gobhila, Hiraṇyakeśin, Āpastamba*, Reprint: Delhi: Motila Banarsidass, 1967.

* 불교의례에 관하여 귀중한 정보를 가르쳐준 모리 마사히데 森雅秀 씨, 바바 노리히사 馬場紀寿 씨, 히노 에운 日野慧運 씨에게 감사한다.

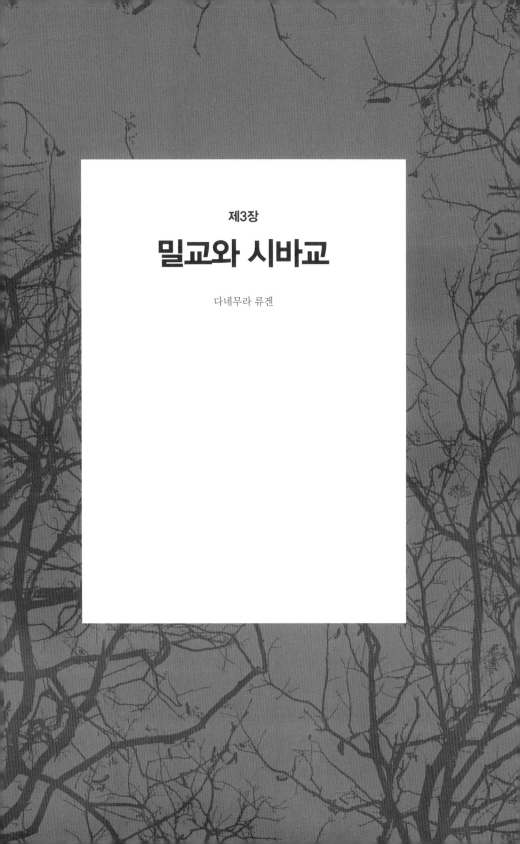

제3장

밀교와 시바교

다네무라 류겐

1.
머리말

본 시리즈의 주제인 대승불교는 기원 전후에 새로운 불교로서 등장한 이래 13세기 초 이슬람교에 의해 파멸적 타격을 받아 일부 지역을 제외한 인도대륙에서 점차 사라질 때까지 약 1천 2백 년의 역사를 가지고 있다. 본 장의 테마인 밀교는 7세기까지는 '본격적인' 경전을 갖추고 인도불교의 주류적 흐름으로 등장하였으므로, 인도 대승불교의 역사 중 약 절반은 밀교경전이 작성되고, 주석서나 명상·의례 지침서와 같은 다양한 관련 문헌들이 활발하게 만들어지던 시대이다. 더욱이 '본격적인' 밀교 이전 단계의 밀교를 고려하게 되면, 대승불교 시기의 절반을 훨씬 넘는 시간이 밀교의 시대라고 할 수 있다.

밀교는 탄트리즘이라는 중세 인도에서 크게 발전하였던 신앙·실천의 커다란 흐름 속에 위치 지을 수 있다. 이 탄트리즘은 그 성전을 '탄트라'라고 부르며, 거기에 설해진 실천방법에 따르면 해탈과 다양한 세속적·초자연적 목적을 신속하게 달성할 수 있다고 약속하였다. 그리고 그 실천방법의 특징은 만트라[眞言], 만다라[曼荼羅], 무드라[印契]의 사용과 독특한 요가 및 의례체계 등을 들 수 있다.

이 탄트리즘의 영향이 미친 지역은 인도대륙은 말할 것도 없고 캄보디아, 타이, 인도네시아 등의 동남아시아, 티벳과 버마, 몽골, 한반도, 일본 등의 동아시아에 이르는 광범위한 지역에 걸쳐 있다. 이 중 불교 탄트리즘, 즉 밀교가 현재까지 실천되고 있는 지역으로는 일본, 티벳, 카트만두 분지 등이다. 이와 밀접하게 관계되어서, 현재까지의 인도 밀교에 대한 연구는 주로 〈일본〉 진언밀교의 관점과 티벳밀교의 관점에서 행해져 왔다고 해도 과언이 아닐 것이다. 이는 두 밀교에 관한 현재까지의 방대한 지적 유산 및 그것에 의해 계발된 연구자 자신의 관심 문제 등을 고려하면 불가피한 경향이었다고 할 수 있다.

　이러한 연구 상황에 변화가 생겨난 것은 최근 20년 정도의 일이다. 이 변화는 불교·시바교 등의 탄트라에 관한 인도어 1차자료가 다수 이용되게 된 것과 관련된다. '네팔-독일 사본보존 프로젝트'에 의해 카트만두 분지에 사본의 형태로 남아 있는 불교, 시바교, 비쉬누교, 기타 종교들의 문헌 혹은 문학작품 등의 1차문헌들이 마이크로필름화되었다. 그중의 불교 사본의 대부분은 밀교계 사본으로, 이때까지 한역이나 티벳역으로만 접할 수 있던 문헌들의 인도어 원전 혹은 한역이나 티벳역이 없는 문헌들이 이용되게 되었다. 또한 시바교나 비쉬누교에 있어서도 귀중한 산스크리트어 원전의 존재가 알려지고, 동시에 연구에 이용되게 되었다. 이에 더하여 최근에는 티벳자치구에 현존하고 있는 불교사본에 기초하여 귀중한 텍스트 교정출판이 차례로 행해지고, 또한 예정되어 있다. 이 귀중한 1차문헌들의 독해를 통하여 이른바 힌두교 탄트리즘과 밀교 사이의 밀접한 관계가 구체적 증거와 함께 차츰 밝혀지고 있다.

　이러한 상황 속에서 독일 함부르크대학에 탄트라연구소가 설립되어 탄트리즘 전체에 대해 1차문헌에 기초한 연구가 추진되고 있다. 시바교를 비롯한 탄트라 연구의 석학으로 이 분야에서 획기적인 성과를 올리고 있는 옥스퍼드대학의 알렉시스 샌더슨은 최근 출판된 3백 페이지를 넘는 대형 논문인 「시바교의 시대-중세초기 시바교의 흥기와 우세」(Sanderson[2009][1])에서 인도 중세 초기(약 5-13세기) 시바교의 우세한 위치와 그로 인해 불교를 포함한 다른 종교들이 시바교에 흡수되거나 시바교에 의거하여 그 모습을 바꿔가는 양상을 사본을 포함한 1차문헌과 비문, 미술자료 등의 방대한 자료를 제시하면서 치밀하게 검토하고, 중세 초기에 시바교의 우세를 가능하게 했던 몇 가지의 요인들을 제시하고 있다. 한편 2009년 9월 교토대학에서 열린 제14회 국제산스크리트학회에서 시바교와 밀교의 관계에 대한 특별부회가 기획되었는데, 필자도 거기에서 논문을 발표할 기회가 있었다. 이와 같이 불교 탄트라 연구에 있어서 시바교를 비롯한 이른바 힌두교 탄트라와의 관계를 무시할 수 없는 상황이 되고 있다.

본 논문에서는 샌더슨의 연구를 축으로 하여 그의 연구에 대한 비판을 소개하고, 나아가 필자 자신의 연구를 추가하여 밀교와 시바교의 구체적 관계를 살펴보고자 한다.

2.
밀교와 시바교

먼저 인도 중세 초기는 종교적, 사회적 측면에 있어서 어떠한 시대였는지 살펴보기로 하자. 이 시기에는 인도 통치계급이 행해 온 종교행사에 있어 슈라우타 제사의 역할이 쇠퇴해갔다. 그러나 이것은 바라문교에 의한 사회제도와 질서의 쇠퇴를 의미하는 것이 아니었다. 인도의 통치자들은 지배 지역에서 그러한 제도와 질서를 부과하고, 강화하고, 확장하기 위하여 노력하였다. 한편으로 그들의 개인적 종교는 불교, 자이나교, 시바교, 비쉬누교, 태양신 종교, 여신 종교의 모습을 띠게 되었다. 이러한 사회적 변화가 일어난 시기에 지배자인 국왕들의 욕구를 만족시킴으로써 우세한 지위를 차지하는 데 성공한 것이 시바교이다.

샌더슨은 시바교가 우세하게 된 배경으로서 시바교가 왕족 보호자에 대한 매력을 증대시키고 있었다고 하면서, 그것을 가능하게 한 것은 시바교가 의례의 레파토리를 확대하여 사회에 맞춰나간 결과로서, 중세 초기를 특징 짓는 사회적, 정치적, 경제적 과정의 중심이 되는 여러 요소들을 정당화시키고, 그것들에 권한을 부여하고 촉진시키는 의례체계를 포함하게 된 것이라고 이야기하고 있다. 그와 동시에 시바교는 보다 넓은 범위의 지지자들과 접촉하고, 그들을 받아들이게 되면서 바라문교 사회의 기층에 스스로를 포함시키고, 그 결과 바라문교 사회질서의 보호자 기능을 담당하는 통치자들에게 보다 매력적으로 되었다고 한다(Sanderson[2009]: 252 이하 참조).

시바교가 우세하게 되어 가는 과정에서 태양신 종교나 여신 종교는 시바교 안에 포섭되었고, 비쉬누교도 판챠라트라라는 탄트라적 형태를 취하게 되었다. 또한 불교도 시바교를 모델로 밀교화하면서 그 형태가 크게 변하게 되었다.

⑴ 밀교문헌에 보이는 시바교 의존의 증거

밀교와 시바교의 유사점은 초기 문헌에서 이미 보이고 있다. 시바교의 싯단타(제2절 제3항 참조)의 가장 오래된 성전인 『니슈바사탓트바삼히타』(제3항 참조)에는 다른 시바교 성전에는 잘 보이지 않는 원초적이라고도 생각되는 세 가지 차원의 성취(초자연적인 힘의 획득)에 대하여 이야기하고 있다. 이와 같은 세 가지 차원의 성취는 시바교의 『브라흐마야마라』(제3항 참조)나 『문수사리근본의궤경』 등의 불교 탄트라에도 보이고 있다(Goodall and Isaacson[2007]).

대승불교의 밀교화가 비불교적 실천을 수용함으로써 형성되는 것은 초기단계에서부터 보이고 있으며, 그러한 근거를 밀교경전에서 찾아낼 수 있다. 중기 밀교를 대표하는 경전인 『대일경』 중에는 작성 당시에 그 가르침이 불설 佛說이 아니라는 비판을 받았음을 암시하는 내용이 보이는데, 그것을 불타에 의한 예언이라는 형태로 표현하고 있다.

> 비밀의 왕[=야차의 왕]이여, 미래에 지혜가 부족하고 신앙이 없는 [자가 나타나], 이 가르침을 믿지 않고 이의를 제기하며 크게 의심할 것이다. 또한 그 가르침을 듣기만 하고 진수를 이해하지 못하여, 그것을 실천하려고 하지 않을 것이다. 이와 같은 자는 스스로를 파괴하고, 다른 사람들도 파멸로 인도할 것이다. 또한 '이와 같이, 이것은 이교도에게서 유래한 것으로 부처님들의 말씀이 아니다'라고 말할 것이다.[2]

『문수사리근본의궤경』에서는 시바교 중의 바마스로타스(제3항 참조[3])가 비불교적인 만트라 중에서 가장 오래되고 가장 비밀스러운 것이라고 이야기하고 있다. 또한 시바교의 탄트라와 가루다 탄트라(제3항 참조)에서 이야기되는 만트라 수행은 불교로 개종한 이들 바마스로타스 존격의 만다라를 불교도에 적용되면 효과를 발휘할 수 있다고 이야기하고 있다. 나아가 시바교 탄트라, 가루다 탄트라, 비쉬누교의 탄트라는 문수에 의해 처음 설해진 것이라고 이야기하고 있다.

> 세 가닥 창의 인印과 함께 모든 악귀를 없애는 이 [시바의] 만트라는 모든 유정의

이익을 위하여 내[=문수]가 설한 것이다. [실제로는] 내가 이전에 설한 이 오래된 의궤를 지상에 거주하는 유정들은 '시바교의 [의궤]'라고 부를 것이다. [그러나] 시바교 탄트라에 보이는 여러 가지의 훌륭하고 광대한 의궤는 내가 설한 것이다.[4]

위에 인용한 부분은 다시 말하면 경전 본문 속에서 경전이 설하는 실천이 시바교나 기타 이교도에서 기원한 것을 간접적으로 인정하면서, 이 경전에서 이야기되고 있는 교설과 실천이 비불교적이라는 비판을 피하려는 목적을 가지고 있는 동시에, 이를 지지하는 논리로서 전지자인 붓다가 중생의 근기에 따라 탄트라적 실천을 불교도뿐 아니라 이교도에게도 설하였다고 주장하는 것이다(Sanderson[2009]: 128-132).

『금강정경(진실섭경 眞實攝經)』은 『대일경』과 함께 일본 밀교의 근본경전인데, 시바교와의 관계에서는 샥타적 시바교(제3항 참조)의 언어, 실천, 도상, 개념을 수용한 최초의 경전이라는 점이 주목된다. 이 샥타적 시바교의 요소로는 아베샤(빙의 憑依)를 들 수 있다. 관정 灌頂이라고 불리는 입문의례에서 입문후보자에게 존격이 빙의하고, 빙의 상태에 있는 입문후보자가 만다라에 꽃을 던져 스스로의 본존을 결정한다(투화득불 投華得佛).

아베샤는 샥타적 시바교의 입문의례에 보이는 현저한 특징이다. 이 아베샤가 명목상의 것이거나 깊은 정신통일 상태를 나타내는 비유적 표현이 아닌 것은 입문후보자가 신의 가르침을 드러내는 기능을 하는 것을 통해서도 분명히 알 수 있다. 또한 아베샤는 성취나 보리를 위한 실천자가 본인에게 일어나는 상태로서도 이야기되고 있다. 다른 샥타적 요소로는 「금강계품」의 마지막 부분에서 금강계 만다라가 모두 여성 존격으로 전환되어 '금강비밀 만다라'로 제시되고 있는 것과 최고의 예배형식으로서 성교가 채택되고 있는 것 등을 들 수 있다(Sanderson[2009]: 132-140).

『금강정경』을 계승하는 발전단계에서 등장하는 것이『비밀집회탄트라』이다. 이 경전에서는『금강정경』이상으로 샥타적 시바교의 영향이 현전하게 나타난다. 첫째,『금강정경』에서는 비주류였던 성적인 요소가 전면에 나오고 있다. 경전을 설하는 장소도 전통적 대승경전에 보이는 장소(왕사성 등)와 달리 여신들의 음부, 즉 시공을 초월한 쾌락으로 제시된다. 그리고 존격의 용모도 통상적인 불·보살과 달리 다면다비 多面多臂의 존격이 파트너인 여성 존격을 포옹하고 성교하고 있는 모습을 띠고 있다. 또한 배설물 등의 부정물의 섭취를 채택하는 실천도 설해지고 있다.

불교 탄트라의 실천자가 시바교의 전문지식을 가지고 있었음은『비밀집회탄트라』계통의 논서인『비밀성취』에서 엿볼 수 있다. 저자인 파드마바지라는『비밀성취』제8장에서『비밀집회탄트라』의 입문자가 스스로를 시바교의 고행자로 위장하여 불가촉민 가족의 신뢰를 얻은 후 그들에게 시바교의 싯단타 교의를 가르치고,『카롯타라』나『니슈바사』와 같은 싯단타(제3항 참조) 성전에 규정된 의례 순서를 차용하여 그들에게 시바교의 입문의례를 가르치고서 보수를 받으며, 그 보수로 그 집의 딸을 비두야바라타(여성 파트너를 동반하는 서계 誓戒의 실천)에 필요한 여성으로 빌릴 것을 가르치고 있다.[5] 이는 불교 탄트라의 입문자가 시바교의 문헌과 실천에 정통한 시바교로부터 개종한 사람들임을 시사하는 것이다(Sanderson[2009]: 141-145).

『비밀집회탄트라』로 대표되는 요곳타라탄트라(무상요가탄트라)의 다음의 새로운 흐름이 요기니탄트라로 불리는 샥타적 요소가 전면에 확실하게 드러나는 경전군이다. '원原 요기니탄트라'라고 할 수 있는『사르바붓다사마요가다키니자라삼발라』(이하『사마요가』로 약칭함)는 의례·예배 시스템은 요가탄트라에 기초하고 있지

만 요기니탄트라 요소를 도입하고 있다. 경전에 설해지는 존격은 시바교의 비두야
피타라고 불리는 성전군(제3항 참조)의 바이라바나 여성 존격의 용모 등을 취하여
카팔리카[6]적으로 되고 있다. 이 경전에 도입된 시바교적 실천으로는 가나만다라
혹은 가나차크라라고 하는 남성수행자 1인과 여신이 인격화된 여성(=요기니) 집단
에 의한 음식을 동반하는 광란적인 의례와 이 의례에 참가할 요기니를 가리기 위해
필요한 같은 집단에 속한 동료들 사이에서만 통하는 비밀 언어인 촘마의 사용이다.

나아가 경전의 스타일에도 변화가 생겨났다.『비밀집회탄트라』단계에서는 니
다나라고 불리는 경전 첫머리에서 세존의 설법 장소가 여성의 음부라고 하는 쇼킹
한 내용을 제외하면 '여시아문 evaṃ mayā śrutam'으로 시작하는 전통적인 대승경전
스타일이었던 것과 달리『사마요가』에서는 시바교 성전 스타일, 즉 시바와 여신의
대화 스타일을 본뜨고 있다. 진언을 제시함에 있어서도 특정한 절차에 의해 진언을
'꺼내는' '진언추출'의 장치가 채용되고 있다[7](Sanderson[2009]: 145-156).

요기니 탄트라에서는 비두야피타 시바교가 보다 완전한 형태로 수용되고 있다.
이 탄트라에서 중심적 위치를 점하는 것은『라그삼바라』, 별칭『헤르카비다나』를
비롯한 차크라삼바라계 경전군,『헤바즈라』『칼라차크라』이다. 차크라삼바라계
탄트라의 주존인 차크라삼바라는 명확히 시바의 도상적 특징을 가지고 있다. 삭타
종교의 특징으로서 여성 존격 숭배가 행해지게 되면서 여성 존격이 중심으로 나오
게 된다. 차크라삼바라의 파트너인 바지라바라히, 헤바즈라의 파트너인 나이라토
무야 등은 대표적인 여성 존격이다. 여성 존격 숭배가 유행하면서 다수의 바즈라바
라히의 변화형들이 등장하게 된다.

그 밖에 차르마라고 불리는 입문 후에 준수해야 할 실천과 피타라고 불리는 성지

순례가 수용되고 있다. 이 피타에는 각각 고유한 요기니가 존재한다고 여겨진다. 술과 고기, 부정물의 섭취가 실천으로 수용되는데, 이들은 주객이 분열되지 않은 개념구상을 떠난 불이 不二의 지혜를 얻기 위한 실천으로 위치 지어지고 있다. 또한 인육 공양과 소비도 행해지는데, 이들은 일곱 차례 다시 태어나기 위한 수단으로 여겨진다. 존격을 관상하고, 그 관상한 존격과 일체가 되는 요가, 즉 생기차제 生起次第 외에 탄트라적 신체론에 기초한 요가, 즉 구경차제 究竟次第도 실천에 수용되게 된다(Sanderson[2009]: 156-186).

⑵ 시바교 성전에 대한 밀교경전의 문헌적 의존

요기니탄트라의 단계에서는 불교측에 의한 시바교 성전의 표절이 보이고 있다. 이러한 텍스트의 대차관계는 '원原 요기니탄트라'로 부를 수 있는 『사마요가』 단계에서부터 확인된다. 『사마요가』의 '속속 續續탄트라'인 『사르바칼파삼웃차야』의 '진언 추출'의 한 구절이 시바교의 비두야피타의 바마스로타스에 속하는 『비나시카』의 한 구절과 비슷하다는 사실이 지적되었다(Tomabechi[2007]).

요기니탄트라와 시바교 성전의 텍스트를 모방하였다는 상황은 어떻게 확인될 수 있을까. 밀교경전과 시바교 성전의 비슷한 부분을 검토해보면 시바교측에서는 문제되는 부분의 문맥이 일치하고 있는 것과 달리 불교측에서는 문맥이 자연스럽지 않고 의미가 불명료한 곳이 다수 보이고 있다. 이 경우 시바교 성전에서 텍스트를 표절하여 문장을 추가하고 표면적으로 편집한 결과 전체적으로는 의미가 통하지 않게 되었다고 생각하는 것이 보다 타당한 결론일 것이다. 샌더슨은 몇 가지 시바교 성전과 밀교경전의 유사 부분을 제시하고서, 텍스트의 대차관계가 어떻게 이루어졌는지 논증하고 있다. 여기에서는 그중 한 가지 사례로서 시바교의 『요기니산차라』(『자얏드라타야마라』 중에 수용되고 있음)8·3-28과 『라그삼바라』1·15~4·1 사이의 일치 관계와 거기에 나타나는 불교측에서 시바교 텍스트를 차용하여 개정한 흔적을 소개하고자 한다.[8] 해당 부분에서 이야기하고 있는 것은 제자의 입문(불교에서 말하는 관정)에 대한 것이다. 예를 들어 『라그삼바라탄트라』3·4b에 '푸트라카putraka'라는 말이 보이는데, 이것은 입문자를 가리키는 시바교의 전문용어로서, 불교측에서 이 단어가 그러한 의미로 사용되었던 것은 아니다. 또한 샌더슨이 제시하고 있는 다른 예에서도 볼 수 있는 것처럼 불교측에서 표절한 결과 『라그삼바라』에는 현저한 운율상의 혼란이 보이고 있다. 또한 『라그삼바라』의 관정에 대한 설명이 대단히 비불교적으로 나타나고 있다는 점이 대단히 중요하다. 즉, 밀교의 역사 속에서 표준화되어 온 병瓶관정으로부터 반야지관정, 제4관정으로 이어지는 관정의 차례가 전혀 이야기되고 있지 않다. 그래서 자야바드라나 바바밧다와 같은 주석자들은 상당히 무리한 방식으로 병瓶관정에서 반야지관정을 읽어내려고 시도하고 있다(Sanderson[2009]: 186-220).

　이와 같은 샌더슨의 연구결과에 대하여 불교탄트라를 연구하는 측으로부터의 비판이 제기되고 있다. 가장 먼저 소개할 것은 로날드 데이빗슨과 데이빗 그레이에 의한 '보다 어려운 내용이 우선시되어야 한다(lectio difficilior potior 서로 다른 필사본들 사이에 특정한 단어의 차이가 있을 때에 더 일반적이지 않은 형태의 것이 원형일 가능성이 높다는 원칙-역자)'고 하는 텍스트 비평가들의 오래된 금언에 기초한 반론이다(Davidson[2002]: 386, 주석 106 및 Gray[2007]: 8-9, 주석 19). 이 금언은 같은 내용으로 보이는 두 개의 텍스트가 있을 때, 이 두 가지 서로 반대되는 텍스트 사이에 전달의 경로를 명확히 확립할 수 있을 때에는 우연이든 고의든 다른 텍스트를 개변한 결과로 설명하기 어려운 쪽을 선호해야 한다는 것이다. 데이빗슨과 그레이의 반론은 이 원칙에 따라서 시바교 성전과 밀교경전의 내용이 일치되는 것에 대해서 샌더슨이 제시한 것처럼 문법적으로 타당하고 의미가 보다 명료한 시바교 성전을 표절한 결과로서 불명료하고 문법적으로 부정확한 밀교경전이 생겨난 것이 아니라 불명료하고 문법적으로 부정확한 밀교경전을 개선한 결과로서 시바교 성전이 생겨났다(혹은 그러한 가능성이 높다)고 이해해야 한다는 것이다.

　　이에 대해서 샌더슨은 데이빗슨과 그레이의 견해는 *lectio difficilior potior*의 적용방식에 대한 심각한 오해에서 비롯된 것이라고 이야기하고 있다. 텍스트 비판의 규칙은 각각의 경우마다의 개연성을 고찰하지 않고 기계적으로 적용해서는 안 되며, 이 규칙은 문법적으로 결함이 있고 일관성이 없는, 혹은 문맥적으로 볼 때 이상한 텍스트에 우선권을 주기 위하여 제시된 것이 아니기 때문이다.[9] 19-20세기의 서양고전학 대가인 하우스만이 이야기하고 있는 것처럼 텍스트 비판에 있어서는 수학과 같은 엄격한 규칙이 없고 모든 텍스트상의 문제는 유일무이한 가능성이 있다고 취급되어야 한다(Housman[1980]: 325-326). 또한 *lectio difficilior*에 대해서 말하자면, '읽기 어려운 내용'은 그 자체가 타당하다고 생각되는 내용이 아니면 안 된다. '읽기 어려운 내용'과 '있을 수 없는 내용' 사이에는 중대한 차이가 있다(West[1973]: 51). 데이빗슨과 그레이의 논의는 샌더슨이 제시한 개별 증거의 고찰에 대한 일반론 차원에서의 반론이다. 이러한 점에서 볼 때 두 사람의 반론은 유효하게 기능했다고 보기 힘들다.

　　다음으로 소개할 것은 루엑에 의한 반론이다. 샌더슨은 1995년의 논문 「금강승:

기원과 기능」에서 요기니탄트라의 체계가 시바교에서 기원하였음을 주장하면서,
밀교 특히 요기니탄트라의 체계가 불교에서 기원하지 않았음을 인정하면서도 힌두
탄트라 체계와 불교 탄트라 체계보다 깊은 차원에서 그 기원을 찾고자 하는 견해,
즉 힌두 탄트라와 불교 탄트라 모두 '인도의 종교적 기층' 혹은 '공통의 문화적 자원'
에서 생겨났다고 하는 견해를 부정하고 있다. 샌더슨은 이 '종교적 기층'의 문제점
은 본래적으로 '종교적 기층'의 존재가 추측될 뿐 결코 알아낼 수 있는 것이 아니고,
알 수 있는 것은 언제나 '시바교' '비쉬누교' '불교' 같은 특정한 것이라고 이야기
한다. 따라서 특정 전통 사이의 유사성을 설명하는 경우에 다른 방법으로 설명될
수 있을 때에 이와 같은 '숨겨진 근원'을 사용하는 것은 바람직하지 않다고 이야기하
고 있다.

　이에 대해서 루엑은 샌더슨이 제시하는 밀교경전의 시바교 성전 표절은 '종교적
기층' 혹은 '공통의 문화적 자원'의 존재를 부정하는 것이 아니라고 주장한다. 먼저
불교가 인도에서 생겨난 이상 바라문교 혹은 힌두교와 공통의 기반을 가지고 있음
은 부정할 수 없다. 그리고 텍스트 표절에 관하여 ①왜 공통의 종교적 혹은 사회적
기반이나 기층 없이 불교측에서 텍스트를 표절하려고 하였는가 하는 의문을 제시
하지 않으면 안 되고, ②이와 같은 공통의 기반이 없다면 자유롭게 표절하는 것은
불가능하며, ③또한 표절의 결과 생겨난 것이 의미가 통하지 않게 된 것은 불교측에
유리하지 않기 때문에 표절의 이유로 볼 수 없다는 세 가지 점에서 샌더슨의 설에
이의를 제기하고 있다(Seyfort Ruegg[2008]: 105ff.).

　이에 대해 필자의 의견을 말하자면, 샌더슨은 시바교나 불교 등의 인도 종교들
의 공통의 종교적, 문화적 '배경'의 존재를 부정하고 있는 것이 아니라 시바교나

비쉬누교, 불교 등의 특정 전통 사이의 유사성을 만들어 낸 모체라고 할 수 있는 독립된 존재를 상정하는 것은 그와 같은 방법으로밖에 설명할 수 없는 경우 이외에는 불필요하다는 입장이다. 따라서 루엑이 말하는 것처럼 인도 여러 종교의 종교적, 문화적 '배경'을 부정하는 것은 아니라고 생각된다.

다음으로 불교측에서 시바교 성전을 표절한 이유를 찾을 수 없다는 것이 불교에 의한 표절을 부정하는 이유가 될 수 있을까? 이에 대해서는 아래의 예를 들어 설명하고자 한다. 어느 장소에서 살인 사건이 있어 A라는 인물이 살해되었다고 하자. 이 A의 살인에 관하여 몇 가지 확실한 증거들이 B라는 인물이 범인임을 보여주고 있지만 B가 A를 죽일 이유가 하나도 발견되지 않고 있다. 이 경우 살인할 이유가 발견되지 않는 것이 B가 범인이라는 것을 부정할 재료가 될 수 있을까? 사건의 전모를 해명하기 위해서는 동기에 대한 해명이 불가결하지만 적어도 확실한 증거에 의해 B가 범인이라는 사실은 판명할 수 있을 것이다. 이와 마찬가지로 불교측에서 시바교의 성전을 표절하여 자신들의 성전을 작성하지 않으면 안 되었던 이유가 명확하지 않다는 점이 불교측에 의한 시바교 성전의 표절을 부정할 수 있는 재료는 될 수 없다. 물론 이 두 종교의 관계를 이해하기 위해서는 '왜'에 대한 해명이 불가결하다는 것은 다시 말할 필요가 없지만, 이 의문은 문헌적 의존관계의 사실 해명과는 별도로 해명되어야 할 문제라고 이해해야 할 것이다.

조금 전에 인도 여러 종교의 종교적, 문화적 배경에 약간 언급하였지만 불교 탄트라의 편집자들이 일원론적인 시바교 텍스트를 차용하는 것을 가능하게 했던 공통의 사상적 배경에 관해서는 프란체스코 스페라의 뛰어난 논고가 있다(Sferra[2003]). 다른 전통 사이에서 텍스트 변환과 적용이 일어나는 경우에는 그러한 적용을 행하는 저

자들이 자신들이 사용하고 있는 텍스트가 같은 문화적 환경에 속하고 있다는 것만
이 아니라 '공통의 구제론적 계획'으로 표현될 수 있는 진리 해석과 그것에 관련된
공통의 방법으로 정의될 수 있는 것을 공유하고 있음을 알고 있다고 하는 것을 가정
하지 않으면 안 된다.

　　그러나 구제론적 확신은 그것 자체로 존재하는 것이 아니라 의례나 다양한 명상
기술 등을 포함한 구체적인 형태를 통하여 표현되는 한에서만 존재한다. 이와 같은
구제론적 확신을 '종교적 기층'이라고 부른다면 서로 다른 전통의 배후에 있는 기층
은 존재한다고 할 수 있다. 샌더슨이 지적하는 밀교와 시바교의 관계는 스페라가
말하는 '구체적 형태로 표현된 것'의 상호관계이다. 힌두교와 불교 탄트라의 관계
해명을 위해서는 이 '기층(혹은 배경)'과 '구체적 형태로 표현된 것'을 포함한 전체에
대한 해명이 필요하다는 것은 다시 말할 필요가 없지만, 이 두 가지가 혼동되어
취급되어서는 안 된다.

(3) 시바교 성전의 분류와 밀교경전의 분류

　　입문자의 시바교 성전은 크게 나눠 '아티마르가(초도 超道)'와 '만트라마르가(진
언도 眞言道)'로 분류된다(그림 1 참조). 후자가 탄트라적 시바교이다. 진언도는 크게
싯단타(또는 사이바싯단타)와 비 非싯단타로 나눠진다. 싯단타는 초도 내부에서 생겨
난 진언도의 핵심적 전통으로, 이 싯단타의 가장 오래된 성전은 『니슈바사탓트바삼히
타』이다. 싯단타의 성전은 그 외에 『스바얌바바수트라상그라하』 등이 있다. 비 非싯단
타는 (시바의 성력 性力인 샥티와 그 현현으로서의 여신을 숭배하는) 샥타적 경향을 띠거나
아니면 순수하게 샥타적인 성전들로 여기에서는 시바신의 분노의 현현인 바이라바

와 여신의 위무가 설해지고 있다.

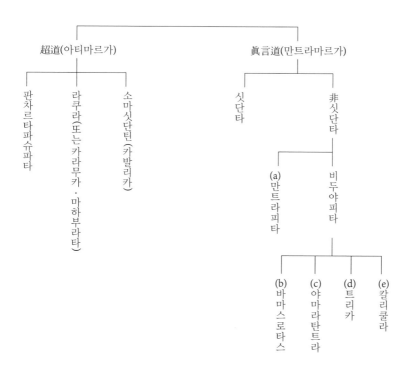

그림 1 시바교 성전의 분류

이 비싯단타에는 다음과 같은 그룹들이 있다. (a)만트라피타. 스밧찬다바이라

바와 그 배우자인 아고레사바리 신앙을 이야기함. (b)바마스로타스. 툰브르와 그

네 자매인 자야, 비자야, 자얀티 혹은 마지타, 아피라지타 신앙을 이야기함. 현재까

지 전해지는 것은 『비나시카』뿐이다. (c)야마라탄트라. 대표적 성전은 『피추마타』

(별칭 『브라흐마야마라』). 이 성전은 여신 찬다 카팔리니 신앙을 이야기함. (d)트리카.

이 그룹의 대표적 성전은『싯다요게쉬바리마타』로 팔라, 팔라팔라, 아팔라 등의 여신 신앙을 이야기함. 카시미르의 시바교 대학자 아피나바굽타의『탄트라로카』의 기초가 되는 성전『말리니비자욧타라』도 이들 여신 신앙과 관계있다. (e)칼리쿨라. 대표적 성전은『자얏드라타야마라』로 칼라상칼루시니(혹은 칼리)와 그 비밀의 화신인 다양한 여신 신앙을 이야기함. 이 중 (b)～(e)가 비두야피타로 분류되는 것이다. 그 밖에 후대의 것들이지만 여신 쿠브지카의 신앙을 설하는 성전군과 여신 트리플라순다리 신앙을 설하는 성전군이 있다. 또한 그 이외에 악마퇴치와 관련된 브타탄트라, 독사에 물렸을 때의 치료에 관계되는 가루다탄트라 등의 그룹이 있다.

　현존하는 시바교 주석문헌들의 대부분은 10세기에서 11세기 초에 걸쳐 카시미르의 바라문들이 지은 것인데, 그들은 진언도 내부의 분류에 따라 싯단타와 비싯단타 그룹으로 구분된다. 전자인 싯단타는 자신들의 성전을 최고의 것으로, 다른 성전들을 2차적인 것으로 보고 있는 반면 후자는 싯단타 성전을 기초적인 권위를 갖는 것으로 인정하면서도 자신들의 성전을 시바교 공동체의 엘리트들을 위한 최고 성전이라고 보고 있다. 또한 양자 모두, 적어도 가정을 가지고 있는 사람들은, 동시에 각자가 소속하고 있는 카스트 구성원으로서의 지위에 따라서 인생의 각 단계마다 바라문교에서 규정한 것에 따라야 한다고 생각하고 있다. 시바교 성전은 베다 성전을 뛰어넘는다고 생각하는 한편으로 바라문교를 그 하부구조에 편입시켜 일정한 유효성을 인정하고 있다. 이와 같은 시바교에서의 하위의 것은 모든 사람이 실천할 수 있고, 상위의 것은 실천할 수 있는 인간을 한정하는 종교적 의무에 관한 계서적 모델은 샥타적 성격을 띠고 있는『실라쉬체다』(『자얏드라야라마』의 제1샤투카「6[천 시구]로 구성된 [부 部]」로 편입되어 있다)에 명확하게 제시되어 있는데, 거기에서는 인도의 종교 일반에 이 모델을 적용하고 있다.

이 모델에 의하면 인도의 종교는 ①일반, ②일반 중의 특수, ③특수, ④보다 특수 등으로 분류된다. 시바교는 이 중 ③과 ④에 포함된다. ①은 대서사시, 프라나 문헌 등의 모든 카스트에 적용 가능한 문헌들이고, ②는 재생족에만 허용되는 천계 天啓 성전과 전승 성전들이다. ③에는 시바교의 싯단타, 비쉬누교의 판차라트라파, 시바교의 '초도', 그리고 불교나 기타 비정통파 종교의 문헌 등이 해당된다. 정통파의 경우에는 바라문교의 권위 있는 성전들이 부과하는 일반적인 의무를 지켜야 하고, 이에 더하여 비정통파의 경우는 그러한 의무에 반하는 특별한 서약들을 지킬 필요가 있기 때문이다. ④에는 시바교의 '진언도' 중 비싯단타계의 여러 성전, 불교의 경우는 금강승(밀교)이 해당된다. 이는 실천자를 한정하는 성전에서 설하는 서약을 지키고 있는 사람들만이 실천하도록 허락되고 있기 때문이다. 나아가 시바교 성전들 중에서 더욱 실천이 한정되는 수준에 해당하는 것은 비싯단타 성전들 중에서 만트라피타에 속하는 성전과 비두야피타에 속하는 성전이다(Sanderson[2007]: 231-235).

이와 같은 시바교 성전과 비슷한 계서적 구조는 밀교 성전에도 보이고 있다(그림 2 참조). 우선 밀교경전과 전통적 대승경전의 관계에 있어서, 밀교는 스스로를 대승으로 여기면서도 금강승이라고 일컬어 전통적 대승(바라밀승)에 일정한 효력을 인정하면서도 구별하고 있다. 밀교경전 자체의 분류에 있어서 인도에서의 가장 일반적인 분류법은 크리야탄트라(소작 所作탄트라), 차르야탄트라(행 行탄트라), 요가탄트라, 요곳타라탄트라(요가탄트라 범주 중 상위의 것. 무상요가탄트라), 요가니룻타라탄트라(요가탄트라 범주 중 최상위의 것. 별칭 요기니탄트라) 등의 5분법, 혹은 요곳타라를 요가탄트라에 포함시키는 4분법이다. 이러한 분류법에서는 크리야탄트라에서 요가니룻타탄트라로 올라감에 따라 '특수성'이 높아진다. 상위의 탄트라에 규정되어 있는 요가, 예배, 공양, 서계 등의 실천을 행하기 위해서는 하위 탄트라에 규정되어 있는 입문의례에 더하여 보다 특수한 입문의례가 필요하다. 상위 탄트라는 하위 탄트라에 대해 일정한 효력을 인정하면서도 그것을 한정적인 것으로 간주하고 있다.

『금강정경』을 주요 경전으로 하는 요가탄트라는 후속하는 『비밀집회탄트라』 이후의 경전체계의 틀을 제공하고, 그러한 후속하는 경전들은 그 이름에서 알 수 있는 것처럼 요가탄트라 틀 속의 특수한 것임을 주장하고 있다. 그 때문에 『비밀집회탄트라』 이후의 성전에서는 『금강정경』 등의 요가탄트라에 대해 일정한 제한된 효력을 갖는 일반적 탄트라로 간주한다. 예를 들어 아르야데바(중관파의 학장과는 동명이인)가 지은 『차르야멜라파카프라디파』는 『금강정경』의 체계에 기초한 실천의 유효성을 인정하면서도 『비밀집회탄트라』에 기초한 실천을 그보다 뛰어난 것으로 보고 있다. 또한 『삼바로다야탄트라』는 제21장에서 스스로 규정하는 입문 후에 준수해야 할 고행적 실천을 '일반 요가탄트라'에는 설해지지 않았다고 하면서 스스로가 '특수한 요가탄트라'임을 은연 중에 드러내고 있다.

그렇다면 불교는 앞에 언급한 시바교의 『실라쉬체다』에 보이는 것 같은 '일반'에 해당하는 범주를 상정하고, 그것에 유효성을 인정하였던 것일까? 이것을 검토하기 위해서 마지막으로 밀교와 공공의례에 대하여 살펴보고자 한다.

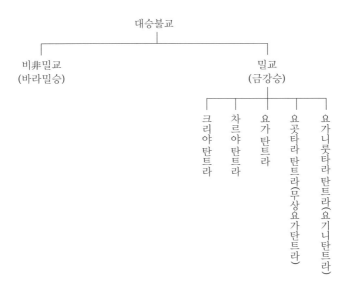

그림 2 밀교경전의 분류

3.

밀교와 공공의례

　서두에서 이야기한 것처럼 밀교를 포함하는 탄트리즘은 만트라나 만다라를 사용하는 요가, 명상, 의례적 수단으로 해탈이나 여러 세간적 목적, 혹은 초자연적 능력 등을 신속하게 획득하는 것을 이야기한다. 탄트라에 이야기된 실천을 행하기 위해서는 그 탄트라가 규정하는 입문의례(시바교의 경우에는 디크샤, 밀교의 경우는 관정)가 필요하고, 그 내용은 비의적인 것이다. 탄트라가 지닌 이러한 비의성 및 성적

性的 요가나 부정물 不淨物 섭취 등의 세간적 윤리관을 일탈하는 요소를 포함하고 상징성이 많은 복잡한 실천체계는 일반인에게 간단히 이해될 수 있는 것이 아니다. 그러나 탄트리즘의 특질이 그것뿐이라면 밀교가 인도 중세에 민중들에게까지 수용될 수 있는 이유가 되지 못할 것이다. 탄트리즘이 인도에서 크게 수용된 이유의 하나로서 그 의례적 구조를 공공의 장의 지원자에 대한 의례에 적용하고, 그 영역에 진출한 것을 들 수 있을 것이다.

(1) 공공의례와 『금강정경』의 의례체계

앞 장에서 이야기한 밀교경전의 계층적 구조는 단순히 이론적인 측면에만 머무르는 것이 아니다. 크라닷타가 지은 『소작집주 所作集註』는 아바야카라굽타의 『바즈라발리』와 함께 후기 인도밀교의 제의례의 매뉴얼로서, 시바교의 푸라티슈타탄트라(사원건축과 존상봉납 의례 등의 공공의례에 대해 이야기하는 성전)이나 팟다티(의례매뉴얼)에 비견될 수 있는 것이다.

이 『소작집주』에는 그 의례의 기반이 되는 것으로서 크게 다음의 네 가지 체계가 채용되고 있다. ①비-불교적인 것. 혹은 종파적 색채를 띠지 않는 것. ②『금강정경』에서 이야기되는 금강계만다라의 체계에 기초한 것. ③『금강정경』 이외의 탄트라, 즉 고위 탄트라에 설해지는 실천체계도 적용가능한 것. ④금강계만다라의 체계와 고위 탄트라의 체계가 결합된 것. 이 중 ②의 금강계만다라 체계가 『소작집주』에 채용되어 있는 체계들 중 근간이 되는 것으로, 작자 자신도 그것을 분명하게 이야기하고 있다.

만일 [의례의 사제 역할을 담당하는] 아사리에게 금강계에 대한 강한 확신이 없어
도 스스로 본존에 대한 강한 확신이 있으면 [사원 건립을 위해 획득된] 토지의
정화로부터 [존상들에 대한] 봉납 의례에 이르기까지의 모든 의례의 집행에 장애
가 없다.[10]

여기에서 저자는 금강계만다라의 체계에 보편성을 주고서 어떠한 아사리도 그
체계에 기반한 여러 의례의 사제를 맡는 것을 가능하게 하고 있다. 『소작집주』가
상정하고 있는 의례는 후원자의 요망에 의해 행해지는 공공적 범위의 의례이다.
이러한 점에서 적어도 『소작집주』를 보면 금강계만다라의 체계가 공공적 의례의
기초가 되어 있다고 추측할 수 있다.

⑵ 바라문교적 종교사회제도의 수용

그와 같은 공공적 의례의 집행순서에서 주목해야 할 점은 ①의 비–불교적 요소
이다. 이 요소가 가장 현저하게 드러나는 것은 토지의 선정에 관한 부분이다. 여기에
는 시바교 문헌, 비쉬누교 문헌, 건축서, 바라하미히라 찬술의 『브리핫트삼히타』라
는 점성술서에 보이는 것과 같은 규정, 혹은 유사한 규정이 보이고 있다. 그리고
이 토지 선정의 규정에는 카스트 신분제도를 전제로 하고 있는 것도 있다.

개별적으로는 [사원의 부지로 적합한 신성한] 토지가 [시주가 소속된] 카스트에
맞게 획득되어야 한다. 구체적으로는 흰색이며, 응유凝乳·우유·기 등[의 유제
품]의 향기가 나고 달콤한 맛이 나는 [토지는] 바라문에게 적합하다. 붉은색이며,

말리카 꽃과 붉은 연꽃, 푸른 연꽃, 참파카 꽃, 나가케살라 꽃의 향기가 나고 떫은맛이 나는 [토지는] 크샤트리아[에 적합하다]. 노란색이며, 술이나 발정기 코끼리의 관자놀이에서 흐르는 액체의 냄새가 나고, 신맛이 나는 [토지는] 바이샤 [에 적합하다]. 검은색이며, 냄새가 없고 자극이 있는 맛이나 쓴맛이 나는 [토지 는] 수드라[에 적합하다].[11]

비슷한 내용은 다르파나차르야(혹은 자갓다르파나)의 『아사리 소작집』이나 파드 마슈리미트라의 『만다라의궤』에도 이야기되고 있다.

불교측의 문헌에서는 필자가 아는 한 『실라쉬체다』와 같이 다른 종교의 성전에 까지 확장시켜 성전을 서열화하는 기술은 존재하지 않는다. 물론 불교는 표면적으 로는 바라문교적인 종교사회제도를 전제로 하고 있지 않으므로 『실라쉬체다』에 이 야기되고 있는 것과 같은 '일반' 혹은 '일반의 특수'에 상당하는 범주를 설정하는 것은 무리가 있을지도 모른다. 그러나 실제에 있어서는 사원이나 혹은 만다라의 토지를 선정하는 경우에 그 선정에 관한 기술은 바라문교적인 종교사회제도를 전 제로 하고 있으며, 그 규정은 시바교·비쉬누교 등의 문헌에 설해진 것과 일치하고 있다. 하지만 종교색은 띠고 있지 않다. 그 때문에 실질적으로는 『실라쉬체다』에서 이야기하는 '일반'이나 '일반의 특수'의 범주에 해당하는 부분을 자신들의 문헌에 집어넣어서 유효성을 확인하고 있다.[12] 그리고 이와 같은 규정에 따라 획득한 토지 를 작은 구획으로 분할하여 거기에 금강계만다라의 존상들을 관상한다. 또한 금강 계만다라의 존상들을 상징하는 물병을 준비하여 토지 위의 만다라에 늘어놓는다. 즉, 의례의 구조로서 '일반'의 위에 '특수'가 놓여 있는 것이 된다.

⑶ 시바교와의 평행성

『소작집주』에 보이는 이러한 의례 구조는 시바교의 공공의례 구조와 유사한
것이다. 시바교에서 이 공공의례 분야에 관련된 것은 싯단타인데, 앞에서 살펴본
것처럼 이 부류는 비ー싯단타에서는 기초적이지만 비의적이지 않은 저급한 시바교
가르침으로 간주되었다. 이것은『금강정경』을 주요 경전으로 하는 요가탄트라가
보다 고차적인 요곳타라탄트라나 요기니탄트라에서 기초적이지만 저급한 가르침
으로 여겨진 것에 대응한다.

이와 같은 공공의례에 관한 성전의 구조 이외에도 이 분야에는 시바교와 밀교
사이에는 공통적 요소가 있다. 시바교 의례에서는 왕족이 중요한 후원자인데,『소
작집주』중에서도 이를 보여주는 내용이 보인다. 또한 의례의 구성 혹은 의식이
서로 유사하다. 예를 들면 앞에서 이야기한 것처럼『소작집주』에서는 사원용 토지
의 만다라에 금강계만다라의 존상들을 상징하는 물병을 늘어놓는 의례를 이야기하
고 있는데, 이때에『반야경』등의 대승경전을 소리 내 읽어야 한다고 이야기하고
있다. 한편 시바교 의례 매뉴얼인『소마샨브팟다티』는 시바링가를 봉납하는 준비
의례 때에 네 방향에서 4베다를 소리 내 읽어야 한다고 이야기하고 있다.[13] 밀교에
있어 대승경전이 정통적이지만 제한된 유효성만을 갖는 것과 마찬가지로 시바교에
서 베다 성전은 정통적이지만 제한된 유효성밖에 갖지 않는 것이다.

이와 같은 유사한 요소들 외에『소작집주』와 시바교의 프라티슈타탄트라 사이
에는 상호 평행하는 텍스트들이 발견된다.『소작집주』에서는 사원의 건설 예정지
에 끈을 매어 구획을 나누는데, 그때 맨 끈이 끊어지거나 그 끈을 동물이 뛰어넘으면
그곳에 동물의 뼈와 같은 이물 異物이 발견된다고 이야기하고 있다. 이 부분은 '전조

前兆의 설시 說示'라고 불리는데, 시바교의 프라티슈타탄트라나 팟다티의 '이물 異物의 제거'라는 부분에 대응되는 것이라고 할 수 있다.[14]

　유사한 규정은 바라하미히라의『브리핫트삼히타』등에도 보이고 있다. 이를 통해 밀교·시바교 모두 이들 공통의 자료로부터 독자적으로 자신들의 규정을 만들었다고 생각할 수도 있을 것이다. 그러나 밀교·시바교 모두『브리핫트삼히타』등보다 규정이 상세하고, 앞에서 이야기한 밀교·시바교 사이에 보이는 성전의 서열, 의례의 구조나 양식의 유사성을 고려하면 이 두 종교가 독자적으로 공공의례 체계를 발전시켰다고 생각하는 것보다 한쪽이 다른 쪽을 모델로 하였다고 생각하는 것이 자연스러울 것이다.

4.
결어

　이상에서 살펴본 것처럼 근년의 일차자료에 기초한 연구들을 통해 밀교와 시바교는 다양한 점에서 유사하다는 사실이 밝혀졌다. 이러한 양자의 유사성은 다양한 차원에서 보이고 있다. 의례와 같은 구체적 형태를 띠는 것은 물론 명상방법이나 사상적·교리적 측면, 성전의 텍스트, 성전의 계층적 서열 등에서도 보인다. 양자를 포함한 중세 초기의 종교 상황을 고찰하기 위해서는 앞으로 문헌자료, 비문자료, 미술자료, 고고학자료 등등 다양한 증거를 검토하여 고찰하지 않으면 안 된다. 그와 같은 연구는 이제 막 시작되었다.

1 본 논문의 확대개정판이 Groningen Orientals Studies에서 출판될 예정이다.

2 『대일경』息障品. 티벳역: 데르게판(東北494) f.177r1-3, 북경판(大谷 126) f.141r4-5. 漢譯은 T18 13c23-25.

3 시바교 성전과 밀교경전의 분류에 관해서는 2절 3항 '시바교 성전의 분류와 밀교경전의 분류' 참조.

4 『문수사리근본의궤경』2 32-34b(제1권 34쪽). 해당 부분의 산스크리트어 원문은 Sanderson[2009]: 130, note 304 참조. 『문수사리근본의궤경』의 서지정보는 같은 논문의 참고문헌 참조.

5 『비밀성취』8 8c-16b. 해당 부분의 산스크리트 원문에 대해서는 Sanderson[2009]: 144, note 33 참조. 『비밀성취』의 서지정보에 대해서는 같은 논문의 참고문헌 참조.

6 화장터의 인골로 만든 도구나 장신구를 손에 쥐거나 몸에 걸치고 있는 시바교 수행자. 2절 3항 참조.

7 '진언의 추출'이란 진언의 기억을 돕기 위하여 진언을 특정한 방법을 써서 詩句의 형식으로 암호화하고, 입문자가 그 시구를 해독함으로써 바른 진언을 얻게 하는 방식이다. 이러한 암호화에는 (1)a字, I字 등의 직접 알파벳을 사용하는 방법, (2)자모표나 다이아그램을 사용하여 특정 알파벳을 나타내는 방법, (3)알파벳을 특정의 존격이나 교리 개념에 대응시키는 방법 등 크게 세 가지의 방법이 있다.

8 해당 부분의 텍스트와 분석은 Sanderson[2009]: 203-212 참조.

9 이 점에 대해서는 이미 피터 산토도 지적하고 있다(Szántó[2008]: 218 참조).

10 산스크리트어 텍스트는 Tanemura[2004]: 135 참조. 또한 같은 책 233쪽도 참조.

11 산스크리트어 텍스트는 Tanemura[2004]: 125 참조. 또한 같은 책 218쪽도 참조. 비슷한 규정은『브리핫트삼히타』등, 예를 들어 건축서『마아마타 Mayamata』나 시바교 의례안내서『소마샴브팟다티』등에도 보이고 있다.

12 『칼라차크라탄트라』의 주석서『비말라프라바』는 카스트에 기초한 토지의 분류는 세속적 관습에 의한 것이라고 이야기하고 있다. Tanemura[2004]: 218-219, 주석 16 참조.

13 산스크리트어 텍스트는 Tanemura[2004]: 136-137 참조. 같은 책 235쪽도 함께 참조.

14 『소작집주』해당 부분의 산스크리트어 텍스트는 Tanemura[2004]: 148-155 참조. 또한 같은 책 245-250쪽도 참조.

참고문헌

Davidson, Ronald M.

2002   *Indian Esoteric Buddhism: A Social History of the Tantric Movement.* New York: Columbia

        University Press.

Goodall, Dominic and Isaacson, Harunaga.

    2007   "Workshop on the Niśvāsatattvasaṃhitā: The Earliest Surviving Śaiva Tantra?" *Newsletter of the*
                NGMCP, No.3, pp.4-6.

Gray, David B.

    2007   *The Cakrasamvara Tantra (The Discourse of Śrī Heruka) (Śrīherukābhidhāna): A Study and*
                Annotated Translation. New York: The American Institute of Buddhist Studies at Columbia
                University. Treasury of the Buddhist Science Series.

Housman, A.E.

    1989(1922) "The Application of Thought to Textual Criticism." In: A.E. Housmann. *Collected Poems and*
                Selected Prose, Penguin Books, pp.325-339. (再版. 初出은 *Proceedings of the Classical*
                Association 18, 1922)

Sanderson, Alexis.

    1994   "Vajrayāna: Origin and Function." In: *Buddhism into the Year* 2000: *International Conference*
                Proceedings. Bankok/ Los Angeles: Dhammakaya Foundation, pp.87-102.

    2007   "The Śaiva Exegesis of Kashmir." In: Goodall, Dominic and Padoux, André (eds.) *Mélanges*
                tatrique à la mémoire d'Hélène Brunner. Tantric Studies in Memory of Hélène Brunner.
                Pondicherry: Institut français de Pondichéry. École française d'Etrême-orient, pp.231-442.

    2009   "The Śaiva Age: The Reis and Dominance of Śaivism During the Early Medieval Period." In:
                Einoo, Shingo (ed.) *Genesis and Development of Tantrism*, Tokyo: Institute of Oriental Culture,
                University of Tokyo, pp.41-349. (이 책은『タントラの形成と展開』라는 제목으로 山喜房仏書
                林에서 출판되었다.)

Seyfort Ruegg, David.

    2008   *The Symbiosis of Buddhism with Brahmanism/Hinduism in South Asia and of Brahmanis with*
                'Local Cults' in Tibet and the Himalayan Region. Wien: Verlag der Österreichischen Akademie
                der Wissenschaften, Philosophisch-historische Klasse, Sitzungsberichte, 774.Band.

Sferra, Francesco.

    2003   "Some Consideration on the Relationship between Hindu and Buddhist Tantras." In: Verardi,
                Giovanni and Vita, Silvio (eds.) *Buddhist Asia I: Papers from the First Conference of Buddhist*
                Studies Held in Naples in May 2001. Kyoto: Italian School of East Asian Studies, pp.57-84.

Szántó, Péter-Dániel.

    2008   "Review. *The Cakrasamvaratantra (The Discourse of Śrī Heruka): A Study and Annotated*
                Translation. Translated by David B. Gray. New York: The American Institute of Buddhist
                Studies (Columbia University Press), 2007." *Tantric Studies* 1, pp.215-219.

Tanemura, Ryugen.

2004   *Kuladatta's Kriyāsaṃgrahapañjikā: A Critical Edition and Annotated Translation of Selected Sections*, Groningen: Egbert Forsten. Groningen Oriental Studies 19.

Tomabechi, Toru.

2007   "The Extraction of Mantra (mantroddhāara) in the Sarvabuddhasamāyogatantra." In: B. Kellner, H. Krasser, H. Lasic, M.T. Much, and H. Tauscher (eds.) *Pramāṇakīrtiḥ: Papers Dedicated to Ernst Steinkllner on the Occasion of His 70th Birthday*, Part 2. Wien: Arbeitskreis für tibetische und buddhistische Studien, Universität Wien, pp.903-923. Wiener Studien zur Tibetologie und Buddhismuskunde 70.2.

West, Martin L.

1973   *Textual Criticism and Editorial Technique: Applicable to Greek and Latin Texts*. Stuttgart: B.N. Teubner.

제4장

만다라는 무엇인가

다나카 기미아키

1.
머리말

2008년 3월에 슌주샤 春秋社 편집부로부터『시리즈 대승불교』의 마지막 권에 「만다라론」이라는 제목으로 글을 써 달라고 의뢰받았다. 그런데 필자는 앞서 도쿄 대학에 제출한 학위논문『인도에서의 만다라의 성립과 발전』으로 막 문학박사 학위를 받았다. 이 논문은 필자의 기존의 연구를 집대성한 대작으로서, 만다라에 관해서는 생각할 수 있는 거의 모든 주제들을 다루려고 한 것이었다.

더욱이 필자의 박사논문은 심사에서 지적된 몇 가지 사항을 가필 수정하여『인도에서의 만다라의 성립과 발전』(슌주샤, 2010년)으로 간행되었다. 이번에도 다시 같은 내용의「만다라론」을 쓴다면 이중투고가 될 수 있다.

그래서 편집자의 양해를 구하여 필자의 학위논문 중에서 그 핵심만을 뽑아「만다라는 무엇인가」라는 제목의 일반인들을 위한 개설을 쓰기로 하였다. 따라서 이 글에서는 자세한 논증은 생략하고 결론만을 이야기하는 내용이 많은데, 이는 개설이라는 성격상 어쩔 수 없는 것이므로 독자들의 양해를 구한다. 그리고 이 글에서 다루는 문제들은 모두 학위논문에 상세히 논하였으므로 내용에 의문을 갖는 독자는 학위논문 혹은 단행본을 참고하기 바란다.

2.
만다라의 정의

그러면 먼저 이 글의 테마인 만다라의 정의에 대해 간단히 이야기하도록 하자.

한 마디로 '만다라'라고 하지만 일본에 전해진 만다라와 티벳, 네팔계의 만다라 사이에는 그 형태나 존상들의 배치에 큰 차이가 있다. 따라서 모든 사례에 적합하게 만다라를 정의하는 것은 대단히 어렵다. 일단 여기에서는 '불교에서 신앙되는 존격들을 일정한 패턴에 따라 배치한 것으로서, 불교의 세계관을 드러낸 것'이라고 정의하고자 한다.

즉, 여래설법도나 극락정토도와 같이 부처를 중심으로 다수의 존격을 표현하였어도, 그들이 조감적으로 묘사되었을 뿐 특정한 패턴을 갖지 않는 경우는 만다라라고 볼 수 없다. 일본에서는 정토계나 수적垂迹계의 만다라 중에 풍경을 조감도식으로 묘사하여 일정한 패턴을 갖지 않는 것들이 보이는데, 이 글에서는 그러한 일본에서 성립된 만다라들은 고찰 대상에 넣지 않는다.

또한 만다라에 그려진 존격이나 존상들이 모여 있는 누각의 각 부분에 일정한 교리개념이 할당되어 전체로서 불교의 세계관을 표현하고 있는 것도 만다라의 중요한 특징이다. 이와 같은 기하학적 패턴을 갖는 만다라는 하루에 성립된 것이 아니다. 또한 거기에 담겨 있는 상징체계는 인도에서의 불교사상 및 미술의 발전과 함께 점차적으로 형성되어 온 것이다.

일례를 들자면 바미얀 석굴에는 미륵보살을 중존中尊으로 하여 무수한 좌불들을 동심원 모양으로 배치한 천정화가 있었다(현재는 탈레반에 의해 파괴됨). 이들은 기하학적 패턴을 갖는 만다라의 선구라고 할 수 있지만 주변에 배치된 좌불들에는 도상적 개성이 없고, 존명도 특정할 수 없다. 여기에서는 각각의 존격이 어떠한 의미를 가지고 있는지 추측할 수 없다. 이와 같이 특정한 기하학적 패턴만을 가지고 있는 것들은 후대의 밀교와 같은 의미에서의 '만다라'라고 부를 수 없다.

이 글의 뒷부분에서 볼 수 있는 것처럼 존격과 교리이념 사이에 일대일의 대응관계가 설정되는 것은 『이취경』『금강정경』계 만다라의 성립 이후이다. 따라서 이 정의도 초기의 만다라에까지 엄밀하게 적용될 수 있는 것은 아니다.

3.
만다라의 탄생

불교는 개조인 붓다의 시대부터 헤아려 약 2천 5백 년의 역사를 가지고 있다. 불교미술도 기원전 2세기부터의 작품이 확인되지만 그때부터 불상을 예배 대상으로 하였던 것은 아니다. 최초기의 불교조각을 보면 붓다의 제자나 재가신도 등은 인간의 모습으로 표현되고 있지만 붓다의 존재는 보리수, 법륜, 발자국 등의 상징물로 표현되고 인간으로서의 모습은 그려져 있지 않다. 이것을 불상-불표현 혹은 불상-불출현이라고 한다. 이러한 불상-불표현의 전통을 깨뜨리고 간다라와 마투라에서 최초로 불상이 제작된 후에도 다르마를 상징하는 법륜과 열반에 든 붓다를 상징하는 불탑은 불교의 상징물로서 계속 사용되었다. 이러한 전통으로부터 만다라에 집약되는 밀교의 상징체계가 발전해 왔던 것이다.

간다라에서는 초기부터 삼존형식이 예배상의 형식으로 만들어졌다. 유명한 카니시카 왕의 사리용기에는 붓다의 좌상 좌우에 범천과 제석천이 시립하고 있다. 이것은 붓다가 천계에 올라 설법한 후 범천과 제석천을 좌우에 거느리고 지상에 내려왔다고 하는 「삼도보계강하三道寶階降下」의 전설에 기초하여, 인도의 신들을 숭배하는 바라문교에 대한 불교의 우위를 나타내려 한 것으로 해석할 수 있다. 또한 좌우에 두 구의 보살을 동반하는 여래상도 자주 보인다. 명문이 없어서 존명을 확정할 수 없는 작품이 많지만 일반적으로 석가-미륵-관음의 삼존으로 생각되고 있다.

한편 마투라에서는 붓다의 좌우에 연화를 가진 보살과 호법신인 금강수를 동반하는 삼존상이 제작되었다. 이것은 후에 서인도와 오릿사에서 유행하는 석가-관음-금강수 삼존상의 선구적 사례로 주목된다. 그리고 이 삼존형식은 불부佛部, 연화부蓮華部, 금강부金剛部의 3부로 발전해 가게 된다.

이러한 삼존형식에서 이윽고 만다라의 원초형태인 '서경敍景만다라'가 생겨났다. 인도에서는 3세기경부터 '파타[幀]'라고 불리는 두루마리 형태의 예배용 불화가 만들어졌다. 아쉽게도 인도에서는 13세기에 이슬람의 침입을 받아 불교가 쇠망하여서 파타는 한 점도 남아 있지 않다. 그러나 6-7세기에 성립한 초기 밀교경전에는 파타의 제작규정들이 보이고 있다. 대표적인 것으로는『보루각경 寶樓閣經』『문수사리근본의궤경』『문수사리법보장다라니경』『대방광만수실리경』(『관자재수기경』이라고도 함) 등을 들 수 있다.

이들 파타는 여래삼존상을 중심에 두고 불보살과 호법존상을 좌우대칭으로 배치하는 경우가 많다. 그리고 그 중심이 되는 삼존을 누각 가운데에 그림으로써 원시적인 서경만다라가 출현하였다고 생각된다. 그러나 부처가 설법하는 정경을 조감적으로 표현한 서경만다라에는 후대의 만다라를 특징 짓는 기하학적 패턴은 보이지 않는다.

한편 앞에 언급한『보루각경』의 경우「화상품 畵像品」에서는 예배용 파타를 그릴 때의 규정,「건립만다라품」에서는 같은 존격을 단 壇 위의 만다라에 그릴 때의 규정이 설해지고 있어, 두 가지가 분화했음을 보여주고 있다. 그리고 두루마리 형태의 파타는 수직으로 걸어서 예배하기 때문에 모든 존상들이 다리를 아래로 향하여 그려지는데 반하여 토단 土壇 위에 그리는 만다라에서는 본존을 중심에 두고 존상들을 방사선으로 배치하게 된다. 이 경우 존상들의 모여 있는 누각을 조감도식으로 그리는 것이 곤란하게 되어 마침내 사방에 문이 있는 누각을 전개하여 표현한 방형의 외곽구조가 출현하였다고 생각된다.

일본에서는 만다라가 두루마리 불화로서 전해졌기 때문에 존상들은 모두 다리를 아래로 향하여 그려졌다. 이와 달리 방사선 배치는 일본에 토단만다라의 대용품으로 사용된 '시키 敷만다라'에서만 보이고 있다. 현재도 모래만다라 제작이 활발한 티벳에서는 두루마리 불화(탕카) 만다라에도 방사형 배치가 사용되고 있다. 그러나 라다크와 서티벳의 오래된 작품들을 통해 예전에는 티벳에서도 벽화에서는 모두 존상들이 다리를 아래로 향하게 배치되어 있었음을 확인할 수 있다.

길기트에서는『보루각경』의 산스크리트어 단편이 발견되었는데, 서체로 볼 때 6세기경의 사본으로 추정되고 있다. 따라서 이미 6세기에는 서경만다라가 성립하였음을 알 수 있다.

한편 초기 밀교경전인『문수사리근본의궤경』에서는 존상들이 동일한 방향을 향하는 서경만다라 형태의 내원 內院을 힌두교 신들을 배치한 3중의 외원 外院이 둘러싸도록 하고 있는데, 기하학적인 다중구조를 가진 만다라로 한발 더 나아간 것이다.

4.
3부 部의 성립

이와 같이 초기의 서경만다라는 삼존형식을 중심에 둔 조감적 배치에 머물러서 아직 기하학적인 패턴을 갖지 않았다. 또한 중심이 되는 삼존도 '청우경 請雨經 만다라'는 석가-관음-금강수, '보루각 寶樓閣 만다라'는 석가-금강수-보금강, '보리장 菩提場 만다라'는 석가-문수-금강수 등으로 일정하지 않았다. 그러나 후대의 만다라에서는 그중 석가-관음-금강수의 삼존이 발전한 3부 구성이 일반화되었다. 이것은 관음이 중생을 구제하는 자비의 보살로서 널리 신앙된 것과 달리 붓다의 보디가드에서 발전한 금강수는 불교의 적들을 조복시키는 대조적 성격을 가진 것에서 기인하였다고 생각된다.

초기의 3부 구성 만다라에서는 화면 윗부분(동)에 석가여래를 중심에 둔 불부, 왼쪽(북)에 관음에서 발전한 연화부, 오른쪽(남)에 금강수와 그 일족들로 구성된 금강부의 존상들을 배치하였다. 한편 화명 아랫부분(서)에는 힌두 신들과 그들을 조복시키는 분노존 忿怒尊들이 그려지게 되었다. 이것은 아마도 예배용 파타에서도 화면의 아랫부분에는 불교를 수호하는 힌두 신들을 그렸었기 때문으로 생각된다.

초기의 만다라에서도 얼마 후 3부 구성의 내원 바깥에 방형의 외원을 배치하는 다중 구조가 출현한다. 그중에서도 『유희야경 蕤呬耶經』에는 후대의 태장계만다라에

① 문수사리 근본의궤의 만다라(내원의 주요 존격)　② 유희야경의 만다라(주요 존격)

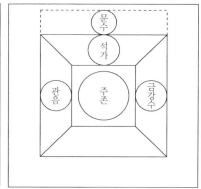

③ 티벳의 태장만다라(주요 존격)　④ 현재의 태장계만다라(주요 존격)

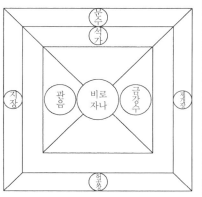 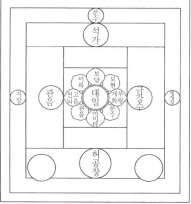

그림 1 태장만다라의 성립

도 영향을 미친 비교적 규모가 큰 만다라가 이야기되고 있다. 이 만다라에서는 중앙의 연화대 위에 주존(임의의 한 존상)을 그리고, 내원을 향하여 왼쪽(북)에는 연화부, 오른쪽(남)에는 금강부의 존상들을 배치한다. 한편 동쪽에는 석가여래를 중심으로 하여 불정존佛頂尊과 부처의 덕성을 존격화한 여래중덕장엄존如來衆德莊嚴尊 등의 불부 존상들이 배치된다. 또한 그 바깥의 외원 동쪽에는 문수보살과 그 권속들이 그려지고 남·서·북의 3면에는 불교를 수호하는 인도의 신들이 배치된다(그림 1의 ② 참조).

이 구조를 보면 내원은 불·연화·금강의 3부 구성이고, 중앙의 축선 상에 주존·석가·문수를 일렬로 배치한 것을 알 수 있다. 이것은 불·연화·금강의 3부가 석가·관음·금강수의 3존에서 발전한 것이고, 초기밀교에서 문수가 불부를 대표하는 보살로 여겨졌던 것을 염두에 두면 이해될 수 있다.

5.
오불 五佛의 성립

이와 같이 만다라에는 다양한 존격이 그려지는데, 그 근간을 이루는 것은 만다라의 중앙과 사방에 그려지는 5불五佛이다.

5불은 초기밀교계를 제외한 태장계胎藏系, 금강계계金剛界系, 후기밀교계의 만다라 모두에 등장한다. 또한 5불을 그리지 않은 만다라에서도 만다라의 중앙과 사방에 그려지는 존격이 5불에 대응되는 것으로 여겨진다. 그리고 이 5불은 대승불교에서 밀교로의 발전과정이 비교적 잘 확인된다는 점에서도 중요하다.

이에 이 절에서는 만다라의 근간을 이루는 5불이 어떤 과정을 거쳐 성립되었는지를 개관하고자 한다. 일본에 전해진 양계兩界 만다라(태장계만다라와 금강계만다라—역자)의 주존이 되는 대일여래는 초기 대승불전 중 하나인 『화엄경』에 설해진 비로자나불에 기원을 두고 있다. 이 경전은 붓다가야의 보리수 아래에서 깨달음을 열어 다르마와 일체가 된 붓다를 빛나는 부처 '바이로차나(비로자나)'라고 표현한 것이다.

『화엄경』에서도 초기에 성립된 부분에서는 바이로차나는 석가모니의 이칭으로서 다른 존격으로 생각하지 않았지만, 성립이 늦은 부분에서는 3세(과거·현재·미래)와 시방十方(동서남북에 중간방위 넷과 상하를 더한 것)의 부처들을 통합한 우주적 부처로 여겨지게 되었다. 그리고 여기에서 밀교의 대비로자나(마하-바이로차나), 즉 대일여래가 전개된 것이다. 일본밀교에서는 양계 만다라의 주존을 법신法身 대일여래라고 하는데, 인도와 티벳불교에서는 보신報身 혹은 현등각신現等覺身(붓다가야에서 깨달음을 연 순간의 부처)으로서의 비로자나불이라고 한다. 인도불교에서는 법신 대비로자나는 어디까지나 추상적 이법으로서 물질적 신체를 지닌 존격의 모습을 취하지 않는다고 생각된다.

이에 대하여 주존의 사방에 배치되는 4불은 대승불전에 설해지는 다른 세계의 부처들, 즉 타토불他土佛에서 발전되었음을 확인할 수 있다. 타토불 신앙은 대승불교의 발전과 함께 성행하였는데, 대승불전에서는 비교적 초기에 성립한 것들에서도 많은 타토불이 이야기되고 있다. 그러나 초기 대승불전에 설해진 타토불의 이름은 텍스트에 따라 다르며, 당시 널리 신앙되었던 동방 묘희세계의 아촉여래와 서방 극락세계의 아미타불을 제외하면 거의 일치하지 않는다.

그런 가운데 초기 대승경전 중 하나인 『아미타경』의 「육방단六方段」에 동방-아촉, 서방-무량수(아미타)뿐 아니라 서방-보상寶相, 북방-최승음最勝音 등의 타토불이 등장하는 것이 주목된다(그림 2의 왼쪽 위 참조).

나아가 후기 대승불전으로 분류되며, 굽타시대에 성립된 것으로 여겨지는『금광명경』에는 동방-아촉, 남방-보상(혹은 보당 寶幢), 서방-무량수(혹은 아미타), 북방-미묘성 微妙聲(혹은 고음鼓音)의 4불이 설해지고 있다(그림 2 중앙부분). 이 중 남방-보상(라트나케투)은 『아미타경』「육방단」의 서방불과 같은 이름이고, 북방-미묘성(둔두비스바라)은 『아미타경』「육방단」의 북방불 최승음(둔두비스바라 니르고샤)에 상응한다.

이와 같이 『아미타경』에 설해진 타토불의 조합이 『금광명경』에까지 계승된 것은 이 경전이 정토신앙의 근본 성전으로서 열렬하게 신앙된 것과 단편이어서 독송하기 쉬워서 인구에 널리 회자되었기 때문이 아닐까 생각된다.

그리고 태장과 금강계만다라에 그려진 5불은 『화엄경』에 설해진 비로자나불과 『금광명경』의 4불의 조합으로 생각된다. 그중에서 『대일경』에 설해진 태장 5불은 동방-보당(라트나케투), 남방-개부화왕 開敷華王, 서방-아미타, 북방-고음(둔두비스바라) 혹은 무동 無動(아촉의 다른 번역어)인데, 남방에 개부화왕이 끼어들고, 『금광명경』에서 남방에 배치되었던 보상(보당)이 동방으로 옮겨졌다. 그런데 개부화왕여래는 앞에 언급한 『문수사리근본의궤경』에 문수보살의 본국인 동북방 개화 開華 세계의 타토불로 등장한다. 또한 이 경에 설해진 만다라에는 보당여래와 아미타여래도 그려지고 있다(그림 1의 ① 참조).

『문수사리근본의궤경』에는 개부화왕, 아미타, 보당의 교리적 위상에 대한 설명은 없다. 하지만 만다라에서는 개부화왕이 중앙축선상, 아미타가 관음을 비롯한 연화부의 상부, 보당이 금강수를 비롯한 금강부의 상부에 위치하고 있어, 이들 3존이 불·연화·금강 3부와 관련될 가능성이 높다.

그런데 『대일경』에서 태장 5불 중 북방불의 존명이 일정하지 않은 것은 『문수사리근본의궤경』에서 설해지지 않은 아촉과 고음 중 어느 쪽을 북방불로 남길까에 대해 이설들이 있었기 때문이 아닐까 생각된다.

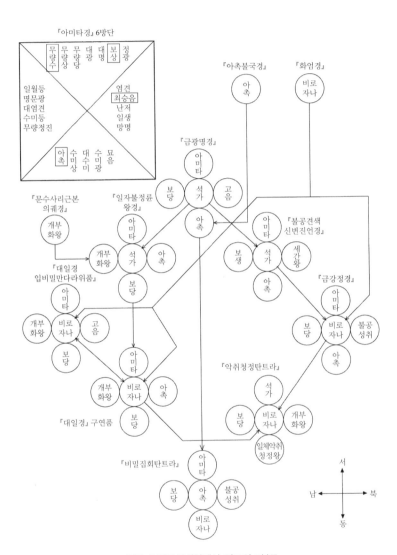

그림 2 타토불신앙에서 밀교의 5불로

태장만다라는 중대 8엽에 5불을 그리지만, 만다라 자체는 3부로 구성되어 있다. 따라서 『대일경』은 『금광명경』의 4불과 『문수사리근본의궤경』의 3존불을 절충하면서 개부화왕을 끼워 넣은 체계를 채용하였다고 추정된다.

이에 대해 금강계만다라의 4불은 동방–아촉, 남방–보생, 서방–아미타, 북방–불공성취 不空成就이다. 동방의 아촉과 서방의 아미타가 초기 대승 이래의 전통적 방위에 배치되어 있고, 남방의 보당(라투나케투)은 보생(라트나삼바바)으로 이름을 바꾸었지만 개부화왕이 끼어든 태장 4불에 비해 『금광명경』의 방위 배치에 보다 충실하다고 할 수 있다. 후술하는 것처럼 금강계만다라는 5부 구성이고 5불은 5부의 중심이 되므로, 3부 구성의 『문수사리근본의궤경』에서 개부화왕을 가져올 필요가 없었을 것이다.

이와 같이 태장과 금강계의 4불은 『금광명경』의 4방4불에서 각기 별도의 과정을 거쳐 성립하였다고 추정된다. 그리고 『화엄경』의 비로자나불과 금강계 계통의 4불을 조합한 밀교의 5불은 후기밀교에 이르기까지 만다라의 근간을 이루는 존격들로서 널리 행해졌다(그림 2 참조).

6.
만다라에 그려진 보살들

만다라에서 5불과 함께 중요한 위치를 차지하는 것이 다수의 보살들이다. 특히 7세기부터 8세기에 걸쳐서는 8대보살로 불리는 존격들이 유행하여 만다라의 발전에도 큰 영향을 미쳤다고 알려져 있다. 이 8대보살에도 다양한 구성이 있는데, 만다라에 자주 그려지는 것은 ①관음, ②미륵, ③허공장, ④보현, ⑤금강수, ⑥문수, ⑦제개장除蓋障, ⑧지장의 조합이다. 요리토미 모토히로賴富本宏 교수는 이를 '표준형 8대보살'이라고 이름 붙였다.

그중에서 미륵, 관음은 간다라조각 시대부터의 사례가 확인되고, 문수와 보현의 두 보살도 초기 대승불전에 자주 등장한다. 이와 달리 금강수는 간다라조각에서는 호법신에 불과하였고, 보살로 승격한 것은 중후기 대승불전부터이다. 또한 제개장은 가장 오래된 다라니경전으로 여겨지는 『미밀지경微密持經』(3세기 전반)에 '거개去蓋보살'로 등장하는 것이 처음 나타나는 사례이다. 그리고 허공장과 지장 두 보살은 초기 대승불전에는 등장하지 않고 후기의 대승불전에 비로소 나타나고 있다.

이와 달리 『이취경』에는 ①금강수, ②관자재(관음), ③허공장, ④금강수, ⑤문수, ⑥재발심전법륜纔發心轉法輪, ⑦허공고虛空庫, ⑧최일체마摧一切魔의 여덟 보살이 설해지고 있는데, '『이취경』계 8대보살'로 불리고 있다.

그런데 표준형 8대보살은 『대일경』과 관계가 깊고, 태장 만다라의 형성에도 영향을 미쳤음이 지적되고 있다. 이와 달리 『이취경』계 8대보살은 『금강정경』과 관계가 깊고, 금강계 만다라의 16대보살은 『이취경』계 8대보살을 증광시킨 것으로 생각된다.

그러나 인도에서는 표준형 8대보살의 사례만이 확인되고 있고, 후기밀교의 만다라에 등장하는 것도 표준형 8대보살이다. 후기밀교는 넓은 의미의 금강계만다라의 발전형태이지만 보살에 관해서는 태장만다라와의 관계가 깊은 표준형을 채용하였다는 점이 주목된다.

이들 보살들은 문수·관음·금강수가 불부·연화부·금강부의 주존으로 여겨지는 것처럼 교리상으로도 중요한 지위를 부여받고 있다. 그러나 만다라에 그려지는 것은 8대보살만이 아니다. 그리고 그들 중에는 8대보살과 달리 교리적으로는 그다지 중요하지 않은 보살들도 포함되어 있다.

한편 필자의 연구를 통해 외원에 배열된 그 보살들 중에는 대승이나 초·중기 밀교경전에서 부처의 설법을 듣는 대고중對告衆으로 이름이 나열되는 경우가 있다는 사실이 확인되었다. 대고중을 만다라의 외원에 배치한 것은 만다라가 역사적으로 붓다의 설법 모습을 그린 여래설법도에서 서경만다라로 발전해 온 것을 반영하는 것이라고 할 수 있다.

7.
태장만다라의 성립

초기밀교에서 발전해 온 3부 구성의 만다라는 이윽고 『대일경』에서 설하는 태장胎藏만다라로 발전하였다. 이 만다라에는 계界를 붙이지 않고 '태장'이라고 부르는 것이 옳다. 그래서 이 글에서는 일본에서 양계兩界 만다라의 하나로서 제작된 것만을 '태장계胎藏界'라고 부르기로 한다.

태장만다라에는 종래의 석가여래에 대신하여 비로자나불(태장대일)이 주존이 되며, 내원의 윗부분(동)에 불부, 바라볼 때의 왼쪽(북)에 연화부, 오른쪽(남)에 금강부의 존상들을 배치한다. 그리고 제2중의 동면 중앙에는 비로자나에 주존의 자리를 넘겨준 석가여래를 그리고, 남·서·북의 3면에는 석가모니의 교화를 받은 힌두 신들을 배치한다. 다시 그 바깥에는 불부를 대표하는 보살로 여겨지는 문수를 중심으로 하여 붓다의 교설을 듣는 대고중 보살들을 모은 제3중이 둘러싼다(그림 1의 ③ 참조).

태장만다라를 구성하는 각 부의 존상들에는 다양한 교리적 의미가 부여되고 있다. 그중 어디까지가 『대일경』 성립 당초부터 존재하였는지는 신중하게 검토하지 않으면 안 되는데, 구성요소들에 일정한 교리개념을 부여함으로써 전체적인 불교 세계관을 표현하는 만다라의 특성이 태장만다라에서 비로소 명확하게 되었다고 할 수 있다.

이와 같이 태장만다라는 초기밀교에서 발전해 온 3부 구성 만다라의 최종적 도달점으로서의 위상을 갖는다. 그러나 불부·연화부·금강부를 화면 윗부분과 좌우에 배치하는 3부 구성의 만다라는 기본적으로 좌우대칭이 되지만, 화면 아랫부분에 힌두 신들과 그들을 조복하는 분노존을 그리고 있으므로 상하좌우 완전 대칭의 화면을 구성하는 것은 곤란하다.

우리가 현재 (일본의) 진언종과 천태종 사원에서 보는 현도現圖 태장계만다라는 상하좌우가 거의 대칭을 이루는 화면이다(그림 1의 ④ 참조). 그러나 이와 같이 균형 잡힌 현도 만다라는 중국에서 홍법대사 구카이空海의 스승인 혜과惠果가 『대일경』의 만다라를 대폭 증보개정하여 만든 것에 다름 아니다. 상하좌우 완전 대칭의 기하학적 패턴을 갖는 만다라는 금강계만다라의 등장을 기다리지 않으면 안 된다.

8.
금강계만다라의 성립

이와 같이 초기밀교에서 발전해 온 3부 구성의 만다라는 『대일경』의 태장만다라에서 일단 완성되었다. 이에 대하여 7세기 말에 성립한 금강계만다라는 종래에 없던 획기적 체계를 가지고 있다. 그리고 인도에서는 9세기 이후 태장 계통의 만다라가 점차 퇴조하고 금강계 계통과 그 발전 형태인 후기밀교의 만다라가 유력하게 되었다.

금강계만다라의 가장 큰 특징은 태장만다라가 3부 구성인 것과 달리 5부로 구성되었다는 점이다. 이와 같은 5부가 갑자기 성립한 것이 아니고, 그 선구로서 『이취경』과 거기에 설해진 만다라가 있었음이 밝혀지게 되었다. 『이취경』의 만다라는 경전에서 설해진 교리 명제를 존격화하는 획기적 특징을 가지고 있다. 이에 의해서 경전에 설해진 교리와 그 표현인 만다라가 종래와 달리 긴밀하게 연결되었다. 그리고 『이취경』의 첫 단락 이외의 단락들은 넷 혹은 다섯 가지 교리명제로 구성되어 있기 때문에 존격화된 교리명제를 주존의 사방에 배치하는 방식으로 상하좌우 완전대칭의 소규모 만다라를 쉽게 구성할 수 있었다.

그러나 『이취경』의 발전 형태인 『이취광경』에서도 그 부족 구성은 불부·연화부·금강부에 보寶(마니)부를 더한 4부가 기본이고, 갈마羯磨부를 더한 5부 구성 만다라의 완성은 금강계만다라를 기다리지 않으면 안 되었다. 이 중 마니부는 초기밀교에서 쿠베라(비사문천)와 잠발라(보장신 寶藏神) 등 재보를 관장하는 야차신 그룹을 가리킨다. 이 마니부는 불보살을 부의 중심으로 하는 불부·연화부·금강부 등의 출세간 3부와 달리 세간의 부족으로서 한 단계 낮게 간주되었다. 그런데 『이취경』에서는 마니부의 부주에 대승의 보살인 허공장보살을 맞이하여, 보(마니)부를 불부·연화부·금강부에 필적하는 제4의 부족으로 하였다.

이와 달리 『금강정경』에서 설하는 금강계만다라는 여래(불)·금강·보·연화(법)·갈마의 5부 존상들을 중앙과 동서남북에 균등하게 배열하여 상하좌우 완전대칭의 만다라를 만들어냈다. 그리고 금강계만다라의 5부는 서로 포섭함으로써 25부·100부·무량부로 전개된다. 이러한 장대한 상호 포섭의 시스템을 밀교에서는 '호상섭입互相攝入'이라고 부른다. 다섯 개의 월륜月輪을 중앙과 사방에 그리고, 그 가운데에 다시 다섯 개의 작은 월륜을 배치하는 금강계만다라의 패턴은 이러한 상호섭입을 도형적으로 표현한 것에 다름 아니다.

그리고 5부의 상호 섭입에 의해 『금강정경』은 이제까지의 밀교에서 방대한 수에 달하였던 존격·수인·진언다라니·삼매야형 등을 체계적으로 분류, 정리하는 데 성공하였다. 다섯 개의 대월륜 속에 다섯 개의 소월륜을 배치하는 상호 섭입형의 패턴은 금강계 직계의 만다라에서만 나타나고 사라진다. 하지만 금강계만다라에서 시작된 5부 구성의 체계는 후기밀교에 계승되어 크게 발전하게 된다.

9.
『비밀집회』와 후기밀교의 만다라 이론

인도에서는 8세기 후반부터 9세기에 걸쳐 『금강정경』 계통의 밀교가 크게 발전

하여 후기밀교의 시대에 들어간다. 후기밀교는 일부의 예외를 제외하고는 일본에
는 전해지지 않았지만 티벳과 네팔에서는 밀교의 중심이 되었다. 그러한 후기밀교
를 대표하는 성전이 『비밀집회탄트라』이다. 후기밀교는 『비밀집회』의 성립과 함
께 시작하였다고 해도 과언이 아니다. 『비밀집회』에는 '성자聖者류' '즈냐나파다류'
등의 유파가 있지만 여기에서는 그에 대해 깊이 들어가지 않고 그 만다라의 기본구
조만을 개관하고자 한다.

　　『비밀집회』 만다라의 중심을 이루는 5불은 금강계의 5불과 기본적으로 동일하
다. 『비밀집회』가 『금강정경』의 5원론을 계승하고 있음은 이를 통해서 확인된다.
그러나 『비밀집회』에서는 금강계만다라에서 동방에 배치되어 있던 아촉여래가 주
존의 자리를 차지하고, 비로자나(대일) 여래는 동방으로 옮겨져 있다.

　　『비밀집회』 만다라 이론의 특징은 5불에 색·수·상·행·식의 5온을 배당한 것이
다. 이 경우 비로자나가 색온, 즉 물질을 상징하는 것에 대해서, 아촉여래는 식온
즉 의식을 상징하게 된다. 아촉여래가 비로자나에 대신하여 중앙에 자리한 것은
『비밀집회』가 식을 중심으로 하는 사상체계를 가지고 있었음을 암시하는 것이다.
한편 만다라의 네 모서리에는 4불모佛母가 그려진다. 5불이 5온을 상징하는 것에
대하여 4불모는 지·수·화·풍의 4대를 상징한다.

　　또한 『비밀집회』 만다라에는 지장을 비롯한 보살들도 그려진다. 이 보살들은
안·이·비·설·신·의의 6근, 즉 여섯 가지 감각기관을 상징한다. 이에 대해서 여성
보살들은 금강녀라고 불리는데, 색·성·향·미·촉·법의 6경, 즉 여섯 가지 감각대
상을 상징한다.

　　이와 같이 『비밀집회』에서는 남성인 여래와 보살이 5온·6근 등의 관념적, 주관

적 요소[능취 能取]를 상징하고, 여성인 불모와 금강녀가 4대·6경 등의 물질적, 대상적 요소[소취 所取]를 상징한다.

불교에서는 독립 자존하는 자아를 인정하지 않고, 이를 색·수·상·행·식의 5온의 집합체에 불과하다고 생각한다. 한편 외계의 물질세계는 지·수·화·풍의 4대 혹은 그것에 공 空을 더한 5대로 이루어졌다고 한다. 그리고 '근'(감각기관)이 '경'(감각대상)을 감지함으로써 우리들이 외계를 인식하고 일상생활을 하게 된다고 한다. 『비밀집회』는 이러한 범주들을 존격에 할당하여 우리가 인식하고 있는 세계를 표현하는 데 성공하였다. 이에 의해『비밀집회』만다라는 한정된 수의 존격으로 세계의 모든 것을 상징할 수 있게 되었다.

이와 같은『비밀집회』의 만다라 이론은 '온·계·처'라고 불린다. '온·계·처'는 5온·18계·12처의 총칭이다. 이 중 12처는 6근과 6경을 의미하는데, 후기밀교에서는 계를 18계가 아니라 지·수·화·풍의 4대(계)라고 하여『비밀집회』만다라의 체계와 대응하도록 해석하였다. 또한『비밀집회』의 만다라 이론은 다른 후기밀교의 만다라들에도 응용되었는데, 『비밀집회』에서 발전한 후기밀교 성전은 부 父탄트라 혹은 방편탄트라로 불리게 되었다.

한편 인도에서는 8세기 후반부터 모 母탄트라 혹은 반야탄트라라고 불리는 다른 계통의 후기밀교 성전이 출현하였다. 모탄트라는 본래『이취광경』의 발전형태인『사마요가탄트라』에서 전개되었는데, 모탄트라의 보다 발전된 체계인『헤바쥬라』『삼바라』에는『비밀집회』의 '온·계·처'설이 수용되어 있다. 이와 같이『비밀집회』의 만다라 이론은 본래는 서로 달랐던 계통의 만다라에까지 적용되게 되었다. 그중『삼바라』계통은 만다라의 존상들에 37보리분법 菩提分法을 배당하는 해석에 특징이 있다. 그런데 동일한 해석은 주요한 구성요원이 37존인 금강계만다라에도 보이고 있다. 37보리분법은 붓다가 최후의 여행 도중에 바이샬리에서 평생의 가르침을 총괄하여 설한 것이라고 전한다. 일본에서는 소승의 수도론으로서 경시되어 왔지만 인도에서는 후기 대승불교에 들어와서도 중요한 교리개념으로 여겨졌다. 후기대승의 중요 텍스트 중 하나인 『현관장엄론』에서는 37보리분법이 추상적 이법이면서 동시에 중생 구제의 공능을 가진 지 智법신의 구성요소인 '21종 무루지'의 첫머리에 거론되고 있다. 따라서 만다라의 존상들에 37보리분법을 결부시키는 해석은 인도에서 만다라가 부처의 법신의 상징으로 여겨졌음을 암시하는 것이다.

10.
『시륜탄트라』의 만다라

인도의 밀교는 11세기에 성립한 『시륜 時輪탄트라』로 최종 단계를 맞이하였다. 『시륜탄트라』는 부·모 양 탄트라의 만다라 이론을 종합하여 공전절후의 일대 밀교 체계를 구축하였다. 이와 같이 『시륜탄트라』는 인도에서 역사적으로 가장 늦게 등장한 불교 성전일 뿐 아니라 1천 7백 년에 걸친 인도불교 발전의 총결산적에 해당한다. 그리고 그 체계를 그림으로 표현한 것이 바로 『시륜탄트라』 「관정품」에 설해진 '신구의구족 身口意具足 시륜만다라'이다. 이에 본고에서는 마지막으로 『시륜탄트라』의 만다라 이론을 개관하고자 한다.

『시륜탄트라』는 『비밀집회』 계통의 '온·계·처' 설에 손발 등의 행위기관(업근 業根)

과 그 작용을 더하여, 이것을 신구의구족 시륜만다라의 중심부에 그려진 36존에 배당하였다.

우리들은 감각기관에 의해 외계의 사물을 감지하고, 행위기관에 의해 외계의 사물에 작용함으로써 일상생활을 영위한다.『시륜탄트라』는 '온·계·처'에 행위기 관과 그 작용을 상징하는 남녀의 분노존상을 부가하는 것으로써, 우리들이 인식할 뿐 아니라 또한 우리들이 그것에 작용을 가하는 세계, 즉 우리들이 경험하는 세계 전체를 상징하는 시스템을 만들어낸 것이다(그림 3 참조).

또한 신구의구족 시륜만다라에서는 5온과 5대, 6근과 6경, 6업근과 그 작용 등 상호 대립관계에 있는 요소들이 남녀의 존격에 할당되어 각기 남녀합체의 부모불 父母佛로 그려져 있다. 이들 남녀의 성을 갖는 부처와 보살, 분노존들이 남녀합체의 모습을 보이는 것은 '능취 能取와 소취 所取의 불이 不二,' 즉 주관과 객관의 대립이 해소된 깨달음의 세계를 드러낸 것이라고 말해진다.

이와 같이『시륜탄트라』는 우리들이 경험하는 세계를 존격에 배당함으로써 그 구조를 밝혔을 뿐 아니라 경험적 세계의 바탕에 있는 주관과 객관의 이원대립이 궁극적으로는 허망함을 보여주는 것이다. 또한『시륜탄트라』는 만다라에 인도의 우주론(코스몰로지)과 천문역학을 도입하였다. 불교의 우주론은 주로 4대·5대설과 수미산세계설의 두 가지이다. 전자는 물질세계를 질료인의 측면에서 본 것이고, 후자는 그 형상과 크기의 측면에서 본 것이라고 할 수 있다.

이 중 4대·5대설은 태장만다라 무렵부터 만다라에 도입되었다. 이에 반하여 수미산세계설의 영향은 금강계만다라의 발전형태인 후기 요가탄트라 만다라부터 나타난다.『시륜탄트라』는 이들 이론을 발전시켜 만다라와 수미산세계 사이에 완

능취(能取)		소취(所取)
5온	12처	오대(계)
	업근	

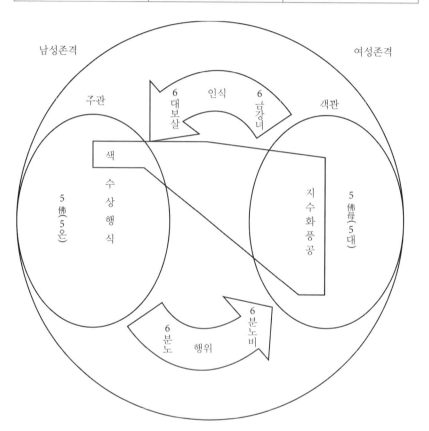

그림 3 사상적으로 본 시륜만다라의 구조

전한 대응관계를 설정하였다.

또한 『시륜탄트라』는 기본적으로 『비밀집회』의 5불을 계승하였지만, 그 방위 배당과 불신의 색깔 등에 있어서는 대폭적으로 변경하였다. 이 역시 종래의 5불설 과 5대설·수미산세계설을 통일적인 체계로 포괄하려한 개변이었음을 알 수 있다. 이러한 개변을 통해 신구의구족 시륜만다라는 교리개념의 존격에 대한 배당뿐 아 니라 누각 각 부분의 비율과 색깔 구분에 이르기까지 수미산세계와 동등한 우주도, 즉 코스모그람으로 되었다.

11.
맺음말

본고에서는 불교의 모국 인도에서 만다라의 원초형태가 나타난 때부터 인도불 교의 마지막 체계인 『시륜탄트라』에 이르는 만다라의 발전사를 시대의 흐름에 따 라 개관하였다.

초기부터 발전되어 온 3부 구성 만다라의 최종 도달점이라고 할 수 있는 태장만 다라는 7세기부터 8세기에 걸쳐 유행하였지만, 시대와 함께 쇠퇴하고 인도에서는 잊혀졌다. 이것은 단순한 유행이나 취미의 변화가 아니라 태장만다라보다 우월한 시스템인 금강계만다라가 출현하였기 때문이었다.

그러한 금강계 계통의 만다라도 후기밀교가 융성하면서 쇠퇴하지 않을 수 없었 다. 이것은 후기밀교의 만다라 이론을 확립한 『비밀집회탄트라』가 '온·처·계'의 획기적 시스템을 도입하였기 때문이다.

그리고 인도에서 마지막으로 등장한『시륜탄트라』는『비밀집회』의 시스템을 기본적으로 계승하면서도 그 구조에 변경을 가하였다. 이 역시 단순한 유행이나 취미의 변화가 아니라 만다라와 우주론을 하나의 체계에 통합하기 위한 개변이었다.

이와 같이 만다라는 예배상의 한 가지 형식으로 출현하였지만 존격에 교리를 배당함으로써 사상과의 결합이 강화되었고, 마침내는 불교의 세계관을 표현하는 일대 종교예술이 되었다. 만다라의 역사적 발전은 불교의 세계관을 일정한 패턴으로 표현하려 한 그 특성에 기인하는 것이었다. 인도 대승불교 1천 3백 년의 후반부를 차지하는 밀교 6백 년은 만다라 발전의 역사라고도 할 수 있다.

참고문헌

이시다 히사토요(石田尚豊)
  1975   『曼茶羅の研究』, 東京美術.
다나카 기미아키(田中公明)
  1987   『曼茶羅イコノロジー』, 平河出版社.
  1994   『超密教 時輪タントラ』, 東方出版.
  1996   『インド・チベット曼茶羅の研究』, 法藏館.
  2004   『兩界曼茶羅の誕生』, 春秋社.
  2007   『曼茶羅グラフィックス』, 山川出版社.
  2010   『インドにおける曼茶羅の成立と発展』, 春秋社.
요리토미 모토히로(賴富本宏)
  1990   『密教仏の研究』, 法藏館.

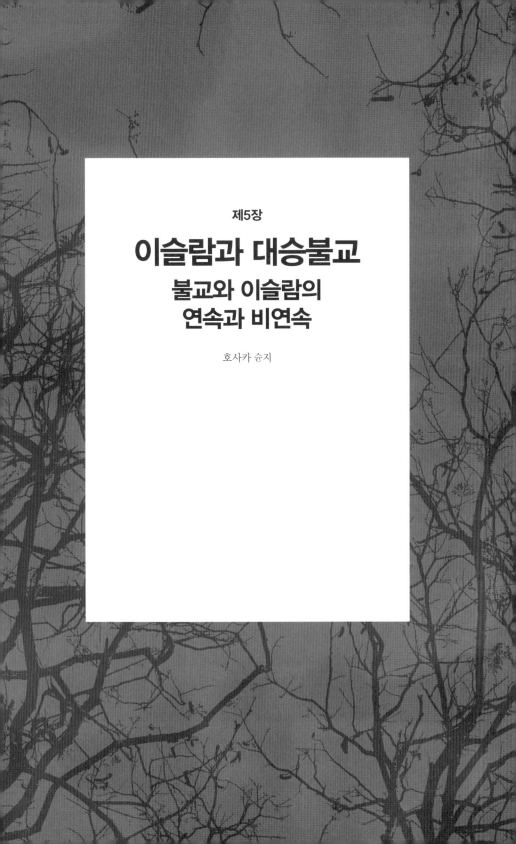

제5장

이슬람과 대승불교
불교와 이슬람의 연속과 비연속

호사카 슌지

1.
머리말

이상한 일이지만 일찍이 불교가 융성했던 인도아대륙(거기에 붙어 있는 중앙아시아를 포함)에서 동남아시아에 걸친 지역에 이슬람이 우세한 지역들이 다수 존재한다. 예를 들어 중앙아시아, 인도 서북부(현재의 파키스탄 등), 인도 동부(현재의 방글라데시), 그리고 동남아시아의 이슬람화한 나라들, 이들 지역의 대부분은 일찍이 불교, 특히 대승불교가 융성하였던 지역과 중복된다. 그런데 현재 이들 지역에는 이슬람 세력이 우세하고, 불교는 유적만으로 그 흔적을 남기고 있을 뿐이다.

물론 인도아대륙의 경우 인도-파키스탄의 분리 독립이라는 인위적인 종교 인구의 이동으로 인해 현재 파키스탄 인구의 97퍼센트, 방글라데시 인구의 85퍼센트를 넘는 이슬람신도(무슬림)가 집중된 것과는 거리가 있지만 두 지역의 무슬림 인구는 역사적으로 다른 인도 지역들(이 글에서 인도라고 하는 것은 기본적으로 문화적 영역, 즉 인도아대륙의 거의 전 지역을 가리킨다. 다만 현재를 논할 때에는 인도공화국을 원칙적으로 가리킨다)에 비하여 대단히 높았다. 또한 현재의 인도에서도 유명한 불교 유적 가까이에는 무슬림 촌락이 다수 존재하는 등 불교와 이슬람교 사이에 모종의 역사적인 관계성이 추측되는 사례가 많이 보이고 있다. 이 점에 대해서는 필자는 이미『인도불교는 왜 멸망하였는가 ─ 이슬람 사료로부터의 고찰 インド仏教はなぜ滅んだか ─ イスラム史料からの考察』(호쿠쥬출판北樹出版, 2004년)[한국어 번역은『왜 인도에서 불교는 멸망했는가』(김호성 번역, 동국대출판부, 2010년) ─ 역자]에서 충분하지 않지만 필자 나름의 검토를 한 바가 있다.

그러나 양자의 관계성을 적극적으로 고찰하기에는 이 장의 주제는 너무나 큰 주제로서 그에 대한 연구는 이제 그 단서를 찾은 것에 불과하다. 그렇기는 하지만 중앙아시아를 비롯한 인도아대륙에서도 이슬람의 정착 및 발전과 거의 같은 시기에 불교가 해당 지역에서 자취를 감추고 있으므로, 역사적으로 양자의 사이에 직접적인 관계가 있었음은 충분히 생각할 수 있다. 물론 그것이 반드시 단순한 폭력에 의한 개종 강제나 혹은 살육과 같은 것은 아니었다.

이 점에 관해서 필자는 앞의 저서에서 해당 지역들에서 불교가 쇠퇴하는 한편 이슬람이 큰 세력을 얻게 된 배경에 대한 기본적 요인들로서, 불교가 이슬람에 인수되었다는 가설을 기초로 이슬람 사료인『차츠나마』등을 중심으로 역사적으로 고찰하였다.

그 결과 서기 711년 무함마드 카심에 의한 서인도 정복 당시의 불교와 이슬람 관계로부터 불교도들의 이슬람으로의 개종이 같은 지역에서의 불교의 소멸에 커다란 역할을 한 사정을 밝혔다. 물론 그 배경에는 오랫동안 계속된 인도사회에서의 불교와 힌두교의 대립 혹은 대항 관계가 있었다. 즉, 불교와 힌두교의 사회적 긴장 관계는 이슬람의 침공과 정착까지 천 년 가까운 긴 시간 동안 인도사회를 관통하는 대원칙이었다. 특히 불교는 그 가르침의 기본이 힌두교의 성전인『베다』의 권위를 부정하는 것이었다. 그러한 의미에서 불교는 인도에서는 최대의 이단종교로서, 안티힌두의 역할을 담당해 온 종교였다. 자세한 것은 필자의 책을 참조하기 바란다.

이러한 불교와 힌두교라는 기존의 대항축에 새롭게 강력한 이슬람이라는 대항축이 출현하여 기존에 불교가 담당하고 있던 안티힌두의 역할을 이슬람이 담당하게 되면서 인도사회에서 불교는 그 역할을 마치게 되었던 것이다. 불교가 가지고 있던 안티힌두교적인 기능을 요구했던 사람들은 이슬람으로 개종하였고, 한편으로 불교라고는 하여도 인도의 정신풍토에서 생겨난 인도계의 종교이므로 그러한 요소를 중시했던 사람들은 힌두교에 흡수되었다고 필자는 생각한다. 그렇기는 하지만 그 과정은 수십 년 혹은 수백 년 단위이므로 보다 깊은 연구가 필요하다.

어쨌든 이슬람의 인도 침공과 정착 이후의 인도에서는 현재에 이르기까지 힌두 대 對 이슬람이라는 구도가 유지되고 있다. 이와 같이 생각하면 불교와 이슬람의 관계는 단순한 인도에서의 사회적 기능의 바톤 터치에 불과하다고 생각될지도 모르지만 사실은 그렇게 간단하지는 않다. 즉, 가령 이슬람이 불교를 대신하여 안티힌두의 역할을 담당하게 되었다고 하여도 그와 같은 역할을 담당할 정도의 세력으로 발전하기 위해서는 다른 나라의 종교인 이슬람이 인도에서 인도인에게 수용되기 쉬운 이슬람으로 변모될 필요가 있다. 적어도 근본적으로 이질적인 이슬람과 불교·힌두교 사이의 중개자가 있지 않으면 안 된다. 그런 점에서 오늘날 인도-이슬람이라고 불리는 다분히 인도화된 이슬람의 형성이 인도불교의 쇠망과 밀접한 관계를 가지고 있다고 생각된다. 즉, 이슬람이 인도화됨으로써 불교도를 비롯한 힌두교에 대항의식을 갖는 사람들이 개종하기 쉬워졌던 것이다.

물론 불교가 이슬람에 대체되었다고 할 때 반드시 평화적으로 교체되었던 것은 아니고, 역사적으로는 다양한 사례들이 있다. 그럼에도 불구하고 적지 않은 불교도가 있던, 혹은 불교가 우세를 보였던 지역들이 이슬람으로 이행 혹은 흡수되었다는 역사적 사실의 배경에는 어떠한 요소, 특히 사상적인 배경이 있었던 것인가. 이러한 의문에 대하여 생각하는 것이 필자의 연구의 최대 관심사이며, 이 글은 그러한 성과의 일부이다.

자연환경에 있어서나 문화적으로나 다양한 인도에서 태어난 이른바 일신(법)다현—神(法)多現적[1] 요소를 갖는 불교와 사막의 오아시스에서 태어난 배타적이고 엄한 일신교인 이슬람 사이에 있는 커다란 틈을 어떠한 사상적 작용이 메웠던 것인지 하는 점에 초점을 맞추어 고찰하고자 한다.

2.
이슬람 사료 중의 불교

불교와 이슬람의 접점을 보여주는 인도–이슬람의 가장 오래된 문헌으로『차츠나마』가 있다. 이 책은 622년경에 멸망한 라이 왕조의 멸망에 관한 기술로 시작하여 무함마드 카심(693-716)이 이끄는 이슬람 군대의 서인도 지배 달성을 기록한 인도–이슬람의 최고 문헌이다. 이 이슬람 문헌은 불교를 신봉하는 라이 왕조 최후의 왕 사하시 라이 2세(재위 610경-622경)에 대한 기술로 시작된다. 이 왕은 중국 승려 현장이『대당서역기』에서 경건한 불교도였다고 이야기한 신드(파키스탄 동남부의 인더스 강 하류지역–역자)의 왕과 동일 인물이라고 생각되고 있다. 다만 현장의 인도 방문 때에는 이미 생존하고 있지 않았다(자세한 것은 필자의 책을 참조).

이 라이 왕조를 타도한 사람이 바라문 계급 출신의 차츠 왕(재위 625경-670경)인데, 그의 왕조는 711년의 무함마드 카심(이하 카심)의 신드 정복에 의해 멸망한다.『차츠나마』는 이 라이 왕조 말기에서 카심에 의한 신드 정복 완료까지의 기록이다.『차츠나마』는 페르시아어로 전승되고 있고, 아라비아어로 쓰여졌던 원본은 산일되어 전하지 않는다. 그 번역 사정이 전해지고 있는데, 그에 의하면 시리아 출신의 쿠피가 이슬람력 613년(서기 1216-7)경에 인도에 이슬람을 전한 영웅임에도 당시 이미 잊혀져 있던 무함마드 카심의 사적을 역사서로 기술하려고 신드를 방문하였다. 당시에 신드를 통치하고 있던 카심의 10대손인 이스마일로부터『차츠나마』의 원본에 해당하는 아라비아어 문헌을 받아서 번역하였다. 그 아라비아어 원본의 성립이 753년 이전이라는 것은 책 속에 보이는 몇 가지 중요한 용어를 통하여 증명된다.

이『차츠나마』는 필자의 저서에서 검토한 것처럼 현장 삼장의『대당서역기』의 내용과 지역 및 시대적으로 중복되는 부분이 있으므로『대당서역기』와의 대비 연구도 중요하다.『차츠나마』에 의하면 7세기 초의 인도불교, 적어도 서인도불교는 현대적으로 말하면 밀교화, 적어도 국가와의 결합이 강한 호국 종교로서 기능하고 있었으며, 승려는 국가 및 국왕을 수호하기 위한 기도 등을 행하고 있었음을 알 수 있다.

『차츠나마』에 나오는, 현장 삼장이 서인도를 여행하기 10년 이상 이전인 620년대 중반의 사건에서 불교와 국가의 관계를 엿볼 수 있다. 현장이 말하는 수드라 왕, 즉 사하시 라이 왕으로부터 왕권을 찬탈한 바라문 왕조의 창설자 차츠(600경-670경)는 자신의 국왕 취임에 반대하는 아쿠함 왕(번왕)을 토벌하기 위하여 브라흐마나바드에 출병하였다. 이 사건은 대략 620년 중엽으로 생각되는데, 전투는 농성전이 되면서 1년 가까이 계속되었다.

차츠는 어떻게 아쿠함 왕이 이런 긴 기간 동안 농성을 견딜 수 있는지 이상하게 생각하여 그 이유를 찾게 하였다. 그 결과

> 아쿠함 왕에게는 사문으로 고행자이며 붓다에게 보호받는 붓다라크라는 이름의
> 벗이 있습니다. 그는 우상 사원을 가지고 있는데, 붓다나비하라라고 하며 (그
> 안에) 우상들 및 승려들과 함께 생활하고 있습니다. 그는 고행자로서 유명하며
> 그 지역 사람들은 모두 그의 신봉자입니다. 그는 자신의 제자와 고행자들에게
> 명성이 있어 그 지방의 사람들은 모두 그를 따릅니다. 아쿠함은 그를 신앙하며,
> 그를 종교적 지도자로 하였습니다. 아쿠함이 요새에서 농성할 때 고행자도 또한
> 그와 동행하지만 그는 전투에는 참가하지 않고 우상이 있는 집(사원)에서 종교의
> 책을 읽습니다. (『차츠나마』)

라는 보고를 받았다.

이 내용을 통하여 불교의 승려는 왕의 수호승의 지위에 있으며, 국왕이나 국가
가 위기에 처했을 때에는 국왕과 함께 전투에 참가하여 기도와 주문 등으로 국가
수호를 위한 활동을 하였음을 알 수 있다. 이것은 명백히 불교가 힌두교와 마찬가지
로 기도 등을 행하는 종교로서 기능하고 있음을 의미하는 것이다.

또한 『차츠나마』에서는 밀교화로도 생각되는 주술적인 불교의 모습이 구체적
으로 소개되고 있다.

> 부라흐마나바드가 함락되자 차츠는 브라흐마나바드에 입성하였다. 차츠는 아쿠
> 함과 그 아들이 (수호승 붓다라크의) 마법 sihr과 기술(奇術 atlbis)과 마술 jadu로 인해
> 그 고행자에게 충성심(절대적인 신뢰 혹은 신앙)을 가지고 있었고, 또 그의 능력으로
> 전투가 1년이나 지속될 수 있었음을 알았다. 이에 차츠는 그 승려를 살해하려고
> 결심하고 나아가 그의 가죽을 벗겨 북으로 만들어 그 가죽이 찢어질 때까지 두들

기겠다고 적의를 드러내며 화냈다.(『같은 책』)

이 인용문에서 이른바 밀교적 불교의 모습과 관련하여 주목되는 것은 고행승의 존재와 그 행동일 것이다. 위의 문장에서 주목되는 붓다라크라는 이름의 승려는 커다란 사원의 장으로서, 많은 승려와 신자들로부터 절대적인 귀의를 받는 고승이다. 더욱이 그는 전투에서 보호자인 아쿠함 왕과 함께 전장(이 경우는 농성이었으므로 사원이었지만)에서 전승을 기원하고 경전을 읽는 존재였다. 이것은 종래 추정되어 온 이성적인 불교 승려의 존재와는 사뭇 다른 모습이다. 더욱이 이 승려는 마술이나 기술, 마법과 같은 환술幻術을 구사하는 능력을 가지고 있었다고 생각되며, 그 때문에 국왕 이하의 사람들로부터 절대적인 신뢰를 받았다. 이것은 어떤 의미에서 밀교적, 주술화된 불교의 모습을 나타내는 것이 아닐까 생각된다. 덧붙여 말하자면 이 사건은 620년대 중엽의 일로서 『대일경』이 출현하기 조금 전이었다.

이와 같이 불교 승려가 권력자를 위해 자신의 법력을 사용하여 많은 전공을 세우는 사례는 불도징(232-348)이 후조後趙(319-352)의 석륵과 석호에 협력하여 그들의 군영에서 신통력을 크게 드러낸 사례가 알려져 있다. 힌두교에서는 이러한 일은 일상적인 것이었는데, 그런 의미에서 불교도 국가수호와 같은 의례를 일찍부터 행하였다고 할 수 있을 것이다.

또한 붓다라크는 점성술에도 뛰어났으며, 붓다라크는 자신의 운명을 점에 의해 결정할 정도였다. 어쨌든 당시의 불교는 오늘날 이야기하는 이성적 불교상과는 상당히 거리가 있는 것이었다. 이것은 11세기에 인도에 온 이슬람의 대학자 알 비루니(970경-1030경?)가 '불교 승려는 점성술을 잘 한다'는 기술과 합치하는 것이다.

3.
불교화 힌두교는 대립관계에 있었는가?

앞에서 이야기한 사실들로부터 힌두교와 불교의 관계에 대해 특히 정치적으로 7세기의 서북인도에서 양자가 결코 우호적이지 않았다는 것을 알 수 있다. 그것은 종교가 순수하게 사상이나 예술과 같은 비非일상적 차원에 머무르지 않는 존재라는 것을 생각하면 당연한 것이라고 할 수 있다. 즉, 순수하게 사상이나 문화적 차원에 한정되는 종교활동은 적어도 인도에서는 생각할 수 없는 것이었다.

고대 이래의 이른바 카스트제도－그것은 힌두교의 구제론이 현실사회에서 전개하는 사회적 차별과 밀접하게 관계되는 사회 시스템이다－라고 일컬어지는 출생을 기준으로 하는 계급차별에 고통받아 온 인도의 민중이 평등을 설하는 불교에서 구한 것은 단순한 말이나 예술 등에 의한 위로가 아니라 현실사회에 그 이상이 실현되는 것이었다. 즉, 불교 가르침의 근본인 카스트제도의 부정과 평등사회 건설의 실현이었다. 다시 말하여 인도사회를 변화시켜 줄 종교의 출현을 민중들이 기대하였던 것이다.

그런데 불교는 그러한 요청에 응답할 수 없는 소수의 종교였다. 그러나 힌두교의 종교적, 나아가 사회적 근간에 관련되는 카스트제도를 정면에서 부정하는 불교에 대하여 힌두교는 결코 우호적이지 않았다. 특히 7세기의 서북인도와 같이 국가권력과 종교가 밀접하게 연결되어 있는 경우 국가들끼리의 투쟁이 그대로 종교적 대립으로 연결되는 경우가 적지 않다. 이와 관련하여 『차츠나마』에도 힌두교도의 왕 차츠에 의한 불교도 박해가 기술되고 있다. 예를 들어 그들(=유목민으로 불교도였던 사람들)은 긴급한 때 이외에는 칼을 지녀서는 안 되었고, 면과 비단을 몸에 걸쳐서도 안되었다. 그들은 그들의 베일이라고 하여도 (그것을 몸에 걸치는 안 되며), 양모로 만든 그들 하층민의 베일의 색은 검정이나 붉은색이어야 했다.

그들은 말을 탈 때에도 안장을 사용해서는 안 되었다. 또한 그들은 머리에 무엇을 써서도 안 되었고, 발도 맨발이지 않으면 안 되었다. 그리고 그들의 집 바깥을 걸을 때에는 개를 끌고 걷지 않으면 안 되었다. 또한 도둑질을 하는 자가 있으면 일가 전체를 화형에 처하였다. (『차츠나마』)

또한

차츠 왕은 신드 왕국을 힌두교화하기 위하여 구자라트 등에서 바라문을 이주시켜 수만 명 단위의 바라문이 이 지역에 정착하였다고 전한다. (『차츠나마』)

이와 같은 불교와 힌두교의 대립은 인도사회에 특유한 사정이었지만 한편으로는 이 시대에 불교의 보편주의 및 인도주의에 대하여 바라문 우위의 사회질서를 구축함으로써 왕권의 안정을 추구하였던 보수적인 힌두 왕조의 정책에 의해 대립 구조가 형성된 점도 간과할 수 없다.

물론 불교는 그 발생 이래 힌두교의 최대, 최강의 대항세력이었다. 그러나 굽타 왕조 이래의 인도사회의 보수화 경향이 한층 현저해지는 가운데, 이슬람이 확대되어가자 그에 대한 위기의식으로 인해 힌두화가 진전되고 사회적 차별화 및 고정화가 더욱 강화되었다고도 추측된다.

그렇지만 이제까지의 양자의 관계는 같은 인도계 종교로서의 공통성을 자각한 위에서의 대립이었다. 그것은 이슬람의 공격과 같은 이교도에 의한 파괴나 살육과 같은 일들로 발생한 대립은 아니었다. 하지만 굽타 왕조 이래의 보수화와 함께 서서히 양자의 관계는 긴장되어갔다고 생각된다. 그리고 그 균형이 깨어지는 시기가 왔다. 그것은 이슬람의 본격적인 인도 침공과 지배의 시대였다.

4.
불교는 친 親이슬람이었다

이상의 고찰을 증명하는 기술이『차츠나마』의 내용 중에 등장한다. 그것은 뒤에 소개하는 것처럼 적극적으로 무슬림 군대에 협력하는 불교도들에 대한 것이다. 이 점은『차츠나마』가 이슬람 사료이기 때문에 편향된 것이라고 생각하는 것만으로는 설명될 수 없는 것이다. 물론 그 내용이 이슬람에 편향된 시각에서 기록된 것은 사실이다. 그러나『차츠나마』에 서술된 것이 모두 부정되어야 하는 것은 아니다. 예를 들어 현실의 인도사회에서 이전에 불교가 발전하였던 지방과 지역에 이슬람교도가 다수 거주하는 것은 인도 전역에서 보이는 경향이다.

불교와 힌두교의 관계가 정치적 사정에서 대립적이었던 사례를『차츠나마』가 제시하고 있다. 카심이 아라비아 해 연안의 유명한 항만도시 다이바르 공략 이후에 향했던 무자라는 도시에서의 일을 예로 들 수 있다.

이 도시에는 사람들에게 존경받는 (불교) 승려와 국왕 바자하라가 있다. 이 왕은 차츠의 아들 다하르의 사촌으로 찬드라의 아들이며 이름을 바자하라라고 한다. (아랍 군대가 공격해 오는 것을 알고서) 승려들이 모여 바자하라에게 의견서를 제출하였다. "우리들은 고행자입니다. 우리들의 종교에서는 평온을 설하고, 우리들의 교의에서는 싸우는 것과 죽이는 것을 허락하지 않습니다. 또한 피를 흘리는 것도 허락하지 않습니다. ……(중략)……" (이러한 이야기를 한 후 전쟁을 계속할 것을 주장하는 국왕에게 항복을 진언하였다. 그러나 그것이 받아들여지지 않자 자기들 마음대로 이슬람 군에 사신을 보내어) "우리들은 농민이고, 장인이고, 상인들로 각기 보잘 것 없는 사람들입니다. 그리고 우리들은 바자하라를 지키는 자들도 아닙니다. 우리들은 당신들에게 칼을 향하지도 않습니다." (이렇게 말하고 성문을 열어 그들을 맞아들였다. 이에 왕은 달아났다.) (『차츠나마』)

이러한 내용은 힌두교도인 왕을 추방하면서 불교도가 승려들을 중심으로 한 덩어리가 되고, 지배자와 대결하면서 무슬림 군을 받아들인 과정을 상징적으로 보여주는 것이다. 이때 불살생계를 방패로 전쟁을 회피하려고 하는 점에 불교도로서의 특징을 볼 수 있다. 동시에 불교도를 탄압해 온 힌두교 권력자에 대한 반발도 볼 수 있다.

어쨌든 무자라는 도시에서 불교 승려가 그 정치력과 민중의 신뢰를 획득하였음을 알 수 있다. 즉, 8세기 초의 서북인도에서는 민중 차원에서 불교교단이 충분히 사회적 역할을 담당하고 있었던 것이다.

또한 『차츠나마』에서는 불교도가 이슬람교로 집단 개종한 사례가 보이고 있다. 그것은 현재의 파키스탄의 하이데라바드 근교에 위치한 니룬에서 일어난 일이다.

그 지역의 장로적 존재인 불교 승려 반다르카르-사마니가 솔선해서 (부처의) 우상 사원 안에 모스크를 세우고 이슬람의 기도를 올렸다. 그리고 이맘의 지시에 따라 종교적 의례가 거행되었다. (『차츠나마』)

이 기록은 불교 승려가 솔선해서 무슬림 군을 절에 받아들이고 나아가 그곳을 모스크로 바꿔버린 사실을 이야기하고 있다. 이것은 불교도들이 이슬람교로 개종 하였음을 보여준다. 물론 이때에 불교도들이 이슬람의 기도를 수용하는 것의 의미 를 이해하지 못하였다고 생각되지만 이슬람의 관점에서 볼 때에는 이 불교도들이 이슬람으로 개종하였다고 이해하였음에 틀림없다. 또한 인도에서는 불교 사원과 힌두교 사원들이 모스크로 전용되는 것은 드문 일이 아니었다. 위의 기록은 상당히 신빙성이 높다고 생각된다. 물론 이때에 모든 사람들이 불교를 저버렸던 것은 아니 다. 그러나 위의 기록에서 주목되는 것은 불교도들이 자발적으로 이슬람교로 개종 하였다고 생각되는 것이다.

5.
서북인도의 불교도가 개종한 이유

앞의 기록을 통해 우리는 이슬람교에 자발적으로 개종했던 적지 않은 수의 불교 도가 존재했음을 알 수 있다. 그리고 그 이유 중 하나로서 정통 힌두교에 대한 대항세 력으로서 기능해 온 불교의 역사적 역할이 있었음을 알았다. 즉, '서북인도에서의 불교는 반反힌두교 혹은 항抗힌두교의 역할을 이슬람에게 양보했거나 아니면 빼앗겼기 때문에 인도사회에서의 사회적 기능을 잃고 최종적으로 소멸하였다.' 적어도 서북인도에 대해서는 이와 같은 가설이 성립한다.

이슬람세계의 폭발적 전개가 인도에 밀려오는 과정에서 인도의 정통파 신앙인 힌두교도들에게 종교적, 사회적 위기감이 발생하고, 그것이 이른바 내셔널리즘을 야기시켜서, 전통적으로 뿔뿔이 흩어져 있던 힌두교의 통합 및 그에 의한 국가 수호 의식이 고양되어 인도 전체가 급속히 힌두교화되었던 것이다. 그 과정에서 소수파 혹은 이단적 존재로서 억압 내지 탄압되었던 불교도 사이에 반反힌두교적 기운이 일어나면서 그것이 인도에서의 이슬람의 발전에 결과적으로 도움이 되었다고 할 수 있을 것이다.

물론 이상의 고찰은 『차츠나마』라고 하는 불교와 이슬람이 조우하였던 그 순간에 발생하였던 일을 실시간적으로 고찰한 것이다. 따라서 그것을 일반화하는 것은 지나친 해석이라는 비판도 있다. 하지만 그 이후의 불교, 이슬람, 힌두교의 관계에 대하여 몇 세대, 몇 백 년에 걸친 역사를 보면 이러한 가정이 유효하다는 것을 부정하지는 못할 것이다.

어쨌든 긴 세월을 단위로 하여 고찰하면 역시 불교는 이슬람으로 개종하거나 힌두교로 동화, 소멸되었다는 종래부터 이야기된 현상에 귀착되는 것은 다시 말할 필요가 없다. 다만 그 과정에서의 사정은 단순히 이슬람의 폭력이라든지 힌두교로의 접근과 흡수라고 하는 설명만으로는 설명되지 않는 다양한 사회적 요인들이 있었음이 사실이다. 적어도 기존의 고찰에서는 확실히 불교도의 이슬람으로의 개종이라는 관점은 그다지 강조되지 않았었다.

또한 이슬람의 지배에 불만을 가졌던 불교도 중에는 다른 지역으로 이주하였던 사람들도 있었다. 결과적으로 9세기 중엽 무렵에는 "일찍이 불교 승려가 행하였던 것을 이제는 이슬람의 지도자인 이맘이 행하고 있다."라고 증언되는 지역들이 있으며, 10세기 초의 페르시아 지리서인『세계의 여러 지역』에서는 해당 지역은 무슬림의 토지로 인식되고 있다.

지금까지 검토한 것은 이른바 최초기의 이슬람과 불교의 우연적 만남이라고 할 수 있는 것이다. 그러나 그 후 이슬람은 인도에 본격적으로 침공하여, 결과적으로 제2의 종교가 된 반면 불교는 인도의 대지에서 거의 자취를 감추었고, 그 한편에서 이슬람이 확대되었다. 양자 사이에는 모종의 인과관계가 인정될 수 있을 것이다.

그렇기는 하지만 현시점에서는 불교와 이슬람의 관계, 즉 불교도의 다수가 이슬람으로 개종하였다고 말할 수 있는 문헌은『차츠나마』에 보이는 서인도의 사례와 뒤에 소개할 벵갈의 사례가 확인되는 정도이다. 물론 앞으로의 문헌조사를 통하여 더욱 명확하게 될 수 있을 것으로 기대하지만, 현재는 충분한 연구나 사료가 부족한 형편이다. 이에 시점을 바꾸어 인도의 이슬람이 어떠한 경위로 인도에 정착하였는지를 수피 사상의 인도화를 통하여 살펴보고자 한다.

6.
인도-수피 융화사상의 원형

불교도와 힌두교도가 다른 지역의 종교인 이슬람으로 개종하는 것을 용이하게

했던 사상적 배경, 즉 이슬람의 인도화 나아가 힌두교화에 대하여 간단히 고찰해보
자. 이것은 바로 인도-이슬람의 발전과 확대에 커다란 역할을 담당했던 '신인합일
神人合一'을 설하는 수피들의 사상이 어떻게 형성되었는지에 대한 것이다. 그들은
교조주의적인 일신교의 경향을 완화하여 이슬람교도와 힌두교 및 다른 종교 신자
들과의 공존을 추진하였다. 이슬람의 다른 종교지역으로의 전파에도 커다란 공헌
을 한 것으로 알려져 있다. 특히 이슬람의 인도에의 전파와 정착에 있어 수피의
존재가 중요하였던 것은 잘 알려진 사실이다.

그러한 수피들 중에서도 인도와의 관계에서 주목되는 것은 할라지(A.M.al-Hallāj,
대략 857-922)이다. 여기에서 할라지에 대해 자세하게 검토할 수는 없지만 간단히
그의 생애를 살펴보면, 이란 남부의 테르에서 태어났으며 조부는 조로아스터교 신
자였다고 한다. 그는 바스라에서 교육받고 최초기의 수피교단에 속하였으며, 스스
로도 젊어서부터 수피로서 활약하였다.

당시의 수피즘은 사상적으로는 아직 확정되지 않은 상태였는데, 할라지는 그
수피즘 사상의 형성에 커다란 역할을 하였다. 특히 그는 페르시아 각지를 순례한
후에 인도와 투르키스탄 등의 비非이슬람교도가 우세한 지역을 방문하였다(대
략 897-902). 이때 힌두교도와 불교도가 우세한 지역을 돌아다니며 커다란 영향을
받았다고 한다. 이때 할라지는 유명한 'Ana'I-Haqq(나는 진실이다. 혹은 나는 신이다)'
라는 말을 제시하여 이슬람세계뿐 아니라 이슬람 사상에 엄청난 충격을 주었다고
한다.

일반적으로 할라지가 그러한 사상에 도달한 배경으로는 그노시스의 영향이 있
었다고 이야기되고 있지만 동시에 인도의 사상, 즉 '범아일여'를 설하는 우파니샤드

와 베단타 철학, 나아가 '법일원론 法一元論'으로 이야기되는 화엄철학과 같은 불교 사상의 영향이 있었다고도 생각되고 있다. 그런데 이러한 신인합일사상을 전개한 할라지는 이슬람 정통파의 비판을 받아 교수형에 처해졌고, 그의 사체는 이슬람에 서는 이례 중의 이례라고 할 수 있는 화장, 즉 죄의 무거움을 드러내기 위해 불태워 폐기되었다.

그러나 그의 사상은 확실히 수피들에게 계승되어 이슬람세계에 커다란 영향을 미쳤다. 특히 이슬람이 인도 아대륙으로 진출하는 데 있어 그러한 신인합일적 이슬 람 신비주의 사상은 커다란 공헌을 하였다. 후대의 일이지만 무굴 왕조시대의 궁정 에서 악바르(1542-1602)와 달라 시코(1640-1690)에도 커다란 영향을 미쳤다.

또한 수피즘 사상의 형성과 깊은 관계가 있다고 여겨지는 인물로 알 비루니 (al-Berunī 970경-1040경)가 있다. 그는 1030년 무렵까지 상키야 철학에 관한 책과 『요 가수트라』를 번역하여 이슬람권에 소개하였다. 이 책들이 수피즘 사상의 형성에 커다란 역할을 하였다는 이슬람 연구자들이 적지 않다. 그런데 이슬람에 미친 불교 의 영향에 관하여 사상 차원에서 엄밀하게 밝혀내는 것은 수피즘과 같은 예를 제외 하면 현시점에서는 용이하지 않다. 물론 인도아대륙과 동남아시아의 이슬람은 불 교나 힌두교의 영향하에 사상 해석에 있어서 다분히 인도적 사고와 타협한 자기 변용의 모습을 보이고 있다. 그에 대해서는 뒤에 서술하기로 하자. 근년(2012년)에 네팔의 이슬람교도인 무스타파 바지리 박사가 『이란의 불교 Buddhism in Iran』에서 이란 이슬람에 불교사상과 불교문화 전통이 형태를 바꾸어 계승되고 있는 것을 체 계적으로 소개하고 있다. 그의 논문에 의하면 현재 이란 시아파의 독특한 모스크 돔의 모습 등에는 인도 스투파의 영향이 보이며, 카담가하 성자의 발자국에 대한 숭배는 불교의 불족석 佛足石 숭배의 영향이 강하게 있다고 한다. 또한 불교설화라고 할 수 있는 자타카(본생담) 이야기가 이슬람 교리해석과 민간신앙에 계승되고 있다고 한다.

자세한 것은 다른 기회로 미루지만 현재 이란의 많은 지역은 과거 파르티아(중국식 이름으로는 안식 安息)로서, 이 지역에는 일찍부터 불교가 침투하였었다. 그 문화적 영향을 생각하면 이 지역의 이슬람문화에 불교의 영향, 특히 대승불교의 영향이 있는 것은 당연하다고 할 수 있다. 오히려 필자를 포함한 불교도측 연구자들의 연구에서 이러한 역사적 사실의 실상을 알지 못하여 이러한 모습들이 간과되어 왔던 것이다. 사실 필자는 2008년에 이란의 종교도시 쿠무를 방문했을 때 그 지역 도서관 전시 진열장 안에서 많은 산스크리트어 경전의 단편이 있는 것을 보았는데, 해당 도서관에는 그것을 해독할 수 있는 직원이 없어서 때로는 위아래 부분을 바꾸어 전시하는 등 전혀 정리되지 않은 상태였다. 이제는 이슬람교도 연구자 중에서도 불교와의 영향 관계에 관심을 갖는 사람이 나타났으므로 앞으로는 사상면에서도 심화된 연구를 기대할 수 있을 것이다.

7.
인도-이슬람 관용사상의 형성

이슬람의 인도 정착에 공헌했으며, 인도-이슬람의 특징이라고도 할 수 있는 관용사상을 구체적으로 전개한 것은 이른바 수피들이었다. 그리고 인도 수피의 관

용사상이라는 사상적 경향을 결정지은 사상가로 여겨지는 인물이 파리드 웃딘
(Faridʻdīn 1176-1265년)이다.

파리드는 인도 수피의 2대 조류 중 하나인 티슈티파에 속하는 신비주의자이다.
그는 아프간에서 온 이주민의 아들로 인도에서 태어났다. 그의 어머니는 인도출신
으로, 그는 인도의 언어를 자유롭게 구사할 수 있었다. 말하자면 파리드는 인도적
환경 속에서 힌두교에 대한 관용사상을 형성했던 최초기의 인물이다. 따라서 그의
사상에는 이슬람적인 동시에 베단타적 사상이라고 할 수 있는 절대적 존재인 일자
一者와의 합일, 즉 신인합일과 그것에 기초하여 현상계의 차이를 초극하려는 사상
이 나타나고 있다. 그 사상은 앞에 소개한 할라지의 사상에 기본적으로 공통되는
것이다. 그 한 가지 예를 제시하면 다음과 같다.

> 신부는 신랑이 없으면 마음의 평안을 얻을 수 없다(마치 그와 같이 인간은 신의 사랑이
> 없으면 마음의 평안, 영혼의 구제를 얻을 수 없다). 신이 자비 khmul를 내려줄 때 우리는
> 신과 하나가 된다. 또한 배우자도 없고 벗도 없는 여자가 외로움에 발버둥치는
> 것처럼(신의 사랑을 갖지 않은 사람에게 마음의 평안, 영혼의 주제는 없다). 나는 신의 사랑에
> 의해 신과 일체가 된다. 구원의 길은 좁고 내가 걷는 길은 칼날과 같다. 그것이
> 우리들의 구원의 길이다(그러므로 신의 사랑에 의지하라). (시크교 성전『그란드 사히브』)

이 문장에서 알 수 있는 것처럼 파리드의 가르침은 신인합일에 의한 현상세계의
차이를 초월하는 것이 전제가 되고 있다. 그에게 있어 중요한 것은 신과의 합일에
의한 구제이며, 그것은 신에 대한 사랑에 의해 획득된다고 한다.

또한 파리드는 힌두교와 이슬람의 차이에 대해서 다음과 같이 힌두와 이슬람의

형태적 차이를 초월한 본질적 일치를 전제로 하는 사상을 전개하고 있다.

> 옳은 것을 말하고, 옳은 것을 행하라. 사람은 영원한 생명을 가질 수 없으므로
> (사람은 반드시 사후에 신의 심판을 받지 않으면 안 된다). 그때에는 아홉 달 걸쳐 만들어진
> 몸도 한순간에 사라진다. ……(중략)…… 어떤 사람은 다비되고 (힌두교도의 경우),
> 어떤 사람은 무덤 속으로 간다 (이슬람교도의 경우). 그러나 그들의 영혼은 생전의
> 행실에 의해 심판을 받는다. (『같은 책』)

이 문장에는 신에 대한 절대적 귀의 혹은 신인합일에 대한 희구 앞에서는 종교의 차이는 문제가 되지 않는다고 하는, 인도적으로 말하면 우파니샤드 혹은 불교나 베단타의 사상, 이슬람적으로 말하면 수피즘의 사상이 제시되고 있다. 이 사상은 다수의 인도-이슬람들에게 수용되어 하나의 전통이 되었다. 그러한 전통을 계승한 사람들 중 대표적 인물이 15-16세기에 활약했던 카비르(1425-1492경)와 나나크(1469-1538) 등이다.

카비르와 나나크는 모두 인도 중세 신비주의 사상가 중의 대표적 인물로서, 그들은 민중사상가로서 정통파의 교의에 구애되지 않는 자유로운 사상을 전개하였다. 특히 나나크의 가르침은 후대 힌두-이슬람 융합종교라고 평가되는 시크교로 발전하여 오늘에 이르고 있다.

카비르와 나나크로 대표되는 신비주의 사상가를 힌두교적으로는 바크타(신에게 신애 信愛를 바치는 사람)라 부르고, 이슬람적으로는 수피라고 부른다. 카비르와 나나크는 힌두와 이슬람 양쪽에서 성자로 숭배되고 있으며 그런 의미에서 인도 중세

의 종교적 분위기를 상징하는 존재이다. 즉, 카비르와 나나크는 교조적인 종교 이해에 반대하고 참된 신에 대한 신앙에는 힌두교니 이슬람교니 하는 차이는 존재하지 않는다고 설하였다. 이 점을 카비르는 다음과 같이 말하고 있다.

> 카비르는 말한다. 람(힌두교의 신)이라고 부르는 것에는 불가사의한 힘이 있다. 그 안에는 신의 구원이 있다. (카비르가 사용하는) 같은 람이라는 말을 사람들은 (다샤랏트의 아들) 라마의 호칭으로 사용하지만, (카비르는) 유일한 신에게 사용한다. 카비르는 말한다. 나는 편재하는 당신만을 람이라고 부른다. 우리들은 이 말의 차이를 알지 않으면 안 된다.
> 유일한 신 람은 모든 것 안에 계시며, 하나인 신으로부터 유출된 것(힌두교에서 말하는 람)은 유일한 신의 일부(화신)이다. 유일한 신은 어디에도 계신다. 그러나 유일한 람은 하나이다. (『같은 책』)

카비르가 이슬람교도라는 것을 고려하면 그가 얼마나 이슬람의 교조적 사고로부터 벗어나 있는지 알 수 있을 것이다. 더욱이 그러한 대담한 주장이 이슬람교도에 의해 제시되고, 그것을 힌두교도뿐 아니라 이슬람교도가 받아들였다는 점은 이슬람교와 다른 종교의 공존 가능성을 생각할 때 큰 의미를 갖는다고 할 수 있다.

한편 기본적으로 힌두교도이면서 이슬람교와의 융합, 궁극적 일자에 의한 통합을 주창했던 나나크는 신은 유일하며 힌두교의 신들도 이슬람의 알라도 모두 유일한 신의 부분적 표현에 불과하다고 하였다. 그러나 그 진실은 바라문이나 이슬람의 종교 엘리트 모두 알지 못한다고 하였다. 나나크는 다음과 같이 말하였다.

바라문은 연꽃 속에 들어가 주변을 둘러보아도 신을 발견하지 못한다. 그는 신의 명령을 받지 못한다. 다만 험한 길에 떨어질 뿐이다. ……(중략)…… 종교적인 권위를 몸에 지닌 카지(이슬람 법학자), 샤에이크(이슬람 종교지도자), 파킬(이슬람 종교지도자) 등은 자신을 위대하다고 말하지만 그들의 마음은 병들어 있다. (『같은 책』)

그는 또한 힌두교에도 이슬람에도 치우치지 않은 유일한 신의 가르침이야말로 참으로 인간을 행복하게 한다고 말하였다.

(진실의 신의 가르침에 따르면) 죽음이 그를 만지는 일은 없다. (중략) (구루의 가르침에 의해) 어디에 있더라도 유일한 신을 볼 수 있다. (『같은 책』)

이와 같이 카비르와 나나크는 힌두와 이슬람이라는 두 종교에 대하여 양쪽에 공통되는 유일성, 즉 알라와 브라흐만은 표현은 다르지만 모두 유일한 존재라는 점을 토대로 이를 상대화시켜서 보다 높은 차원의 일자一者를 상정한 후, 양자의 차이를 초월하려고 하였다. 이것이 인도사상을 토대로 출현하였던 힌두-이슬람 융합사상의 한 형태이다.

그러나 이러한 가르침은 정통 힌두나 이슬람 모두에게 받아들여지기 어려운 것이다. 즉, 그들은 두 종교의 통합을 시도하였지만 결과적으로는 두 종교의 바깥에 새로운 집단을 만들어내게 되었다. 물론 그러한 지적 시도는 숭고한 것이지만, 현대 사회가 안고 있는 이슬람과의 공존이라는 시점에서 보자면 다음에 검토할 악바르와 달라 시코의 사상이야말로 이슬람의 가능성을 넓혔다는 점에서 주목할 필요가 있을 것이다.

8.
악바르의 융화사상의 의의

카비르와 나나크로부터 수십 년 후에 무굴 왕조의 제3대 황제 악바르는 독자적인 힌두-이슬람 융화사상을 전개하였고, 또한 그것을 현실의 세계, 즉 정치·사회정책으로 전개하였다. 이 글에서는 이에 관하여 자세히 검토할 여유가 없으므로 악바르와 달라의 사상을 간단히 소개하고자 한다.

앞에서 이야기한 것처럼 인도에는 종교적 차이를 초월하는 신비주의사상 전통이 그 저류에 존재하였고, 그러한 전통은 이슬람교도의 세계에서도 무리 없이 받아들여졌다. 그리고 스스로 수피로서 종교적 체험을 가지고 있던 악바르 황제는 그 종교 사조를 적극적으로 종교뿐만 아니라 정치, 문화적으로도 전개하였다. 그 결과 힌두-이슬람 융합문명이라고 말할 수 있는 여러 종교·문화가 융합되어 이슬람 문명을 중심으로 하여 힌두, 기독교, 유대교, 파르시(이란) 문화를 융합하는 궁정문화가 악바르에서 달라까지의 약 백 년 동안 인도-이슬람세계에서 꽃피었다. 특히 악바르 황제는 1579년 이슬람 지상주의에 대한 반성을 담아서 제 종교의 융합을 내세운 딘-일라히(Dīn Ilāhī 신성종교)를 시작하였다. 이것은 1575년 이래 지속되어 온 신앙의 집 Ibādat-khāna에서의 제 종교의 대론을 통하여 악바르 황제가 도달한 결론이었다. 이 '신앙의 집'에서는 '이 신성한 장소는 영성의 구축을 위하여 제공되며, 이 땅에 신성한 지혜의 기둥이 높이 출현하였다'(『악바르나마』)라고 표현되었는데, 이곳에는 수피로서의 악바르 황제를 중심으로 '그의 관용과 신의 그림자를 밝히는 (황제의) 관용에 의해 여기에는 수피, 철학자, 법학자, 법률가, 수니, 시아, (힌두의)

바라문, 자이나교도, 순세파(順世派 쾌락주의자), 기독교도, 유대교도, 사비, 조로아스터교도 등이 이 엄숙한 모임에서 함께 모여 논의하였다'(『악바르나마』)고 말해진다.

이 악바르 황제의 종교 융화에 대해서는 다양한 비판도 제기되었다. 그러나 그의 융화사상이 단순한 아이디어나 정치적 테크닉으로서 제안된 것이 아님은 그 사상을 계승한 증손자 달라의 사상활동을 통해서도 확인할 수 있다. 그리고 그는 다양한 종교에 관용적이었고 모든 종교를 정책적으로도 평등하게 대하였다.

이 악바르의 관용정책에 대해서는 그가 힌두교도를 중용한 것에 분개한 신하가 항의하자 '그대의 밑에도 한두 명의 힌두교도가 일하고 있을 것이오. 왜 내 밑에서는 힌두교도가 일하면 안 된단 말이오'라고 거꾸로 상대방을 나무랐다고 전해진다.

9.
달라의 융화사상

달라의 사상에 대해서 일본에서는 악바르의 사상 이상으로 알려져 있지 않다. 그러나 그의 업적은 위대하며, 본격적으로 비교문명학적 연구가 시작되어야 할 것이다. 예를 들어 그가 산스크리트어에서 페르시아어로 번역시킨 우파니샤드 문헌, 『우프네캇트 Oupnek'hat』가 후에 라틴어로 번역되어 유럽 지식인들에게 커다란 영향을 주었음은 잘 알려져 있다.

이러한 힌두교 성전의 번역사업은 그가 수피로서 스스로 신비주의사상을 궁구하고, 또한 힌두교 성자 바바 랄의 감화를 받은 후에 시행한 것인데, 어떤 의미에서 바크타로서의 입장에서 힌두와 이슬람 두 종교의 융화를 사상적으로 시도한 것은 그의 대표작인 『두 개의 바다가 만나는 곳 Majmā al-Baḥrayn』이다.

달라 스스로 쓴 이 책의 서문에는 그 경위에 대해서 다음과 같이 이야기하고 있다.

> (그, 달라는) 진실 속의 진실을 알고, 수피의 참된 종지(가르침의 근본)의 훌륭함에 눈뜨고, 위대하고 심원한 수피의 뛰어난 지혜를 깨달은 뒤에는 그(달라)는 인도의 (존재) 일원론자들 movahedan의 교의를 알기를 간절히 원하였다. 그(달라)는 학자들과 교류하면서 인도 종교에서의 신의 성스러움[聖性]에 대하여 계속하여 논의하였다. 그 인도 학자들은 종교적 훈련과 지성과 통찰에 있어서 최고로 완성된 경지에 도달한 사람들이었다. 그리고 그(달라)는 그들(인도의 종교인)이 탐구하고 획득한 진실에 대하여 언어적 차이 이외에는 차이를 발견할 수 없었다. 그 결과 두 가지 종교(집단)의 생각을 모으고, 여러 주제를 모아, 진실을 추구하는 사람들에게 기본적이고 유익한 지식을 제공하는 하나의 책자를 만들어 그 이름을 『두 개의 바다가 만나는 곳』이라고 하였다.

이 책은 이른바 '존재의 일원성론'에 입각한 수피 사상과 마찬가지로 '일원적 존재론'을 전개하는 베단타 사상에서 공통성을 발견하고, 그에 기초하여 '이 세계가 신의 현현이며, 인간은 신의 본질의 미크로코스모스'라는 우파니샤드적 세계관의 강한 공감을 표하고 있다. 또한 그들은 조식 調息(호흡법)과 성음 聖音 등에 대해서도 이야기하며, 생전해탈 生前解脫도 인정하고 있다.

이들을 통해서 달라는 이슬람교와 힌두교의 공존이 사회적, 문화적인 것은 물론 종교적으로도 가능하다고 생각하게 되었던 것이다. 이는 이슬람의 관용성을 최대한 끌어낸 인도 수피의 지적 노력의 극치라고 말할 수 있을 것이다. 그리고 또한 이러한 관용의 정신을 이슬람신학에서도 구축할 수 있음을 보여준 뛰어난 역사적 사실이다.

10.
융화사상의 전통과 그 쇠퇴

이와 같이 달라는 이슬람교도이면서 스스로의 신비체험을 토대로 수피의 입장에서 힌두교에 대한 깊은 공감과 이해를 확립하였다. 즉, 이슬람 정신과 신앙을 버리지 않고도 교조적 이슬람의 입장에서 볼 때에는 다신교이고 우상숭배자로서 기피되었던 힌두교와의 공존, 나아가서 융합까지도 가능하다고 달라는 보았던 것이다.

물론 달라의 이러한 운동은 할라지 이래 수피들이 시도해 온 이슬람 관용성의 궁극점이라고 말할 수 있다. 그러나 그의 이러한 방향성은 친동생인 아우라가지브 황제(재위 1628-1658)와의 제위 계승전쟁에서 패배함으로써 그의 목숨과 함께 무굴제국의 궁정에서 사라지게 되었다.

그러나 인도에서 전개된 관용적인 이슬람 정신은 결코 사라지지 않고 오늘날까지 이어지고 있다. 그리고 무명의 수피와 악바르, 혹은 달라가 제시했던 관용적 이슬람의 가능성은 21세기의 인류에게 커다란 역사적 희망을 제시하는 것이라고 볼 수 있다. 또한 무굴제국 궁정에서 발전, 전개되었던 융화적 이슬람의 풍조는 벵갈에서 동남아시아로 전파되어, 동남아시아 이슬람과 기존의 종교(힌두교, 불교)와의 평화적 공존 및 그들을 느슨하게 포용하는 동남아시아의 독자적인 이슬람으로 발전시키는 원동력이 되었다.

11.
벵갈불교의 최후와 이슬람

한편 동인도의 벵갈 지방에 마지막으로 남아 있던 불교는 13세기 초엽 이슬람 군의 공격으로 거의 멸망의 비극을 맞게 되었다. 그러나 여기에서도 이슬람의 최후 일격이 있기 전에 불교와 힌두교 사이에 사회적 긴장관계가 있었음을 전하는 사료가 있다.

이미 소개한 것처럼 수피가 중심이 되어 풀뿌리 차원에서 이슬람이 벵갈인 사이에 침투해 들어가는, 즉 이슬람이 그 세력을 증대하는 바로 그러한 흐름에 반비례하여서 벵갈의 불교는 그 세력을 잃고 마침내 벵갈의 대지에서 사라져 갔다. 물론 현재까지도 치타공 등을 중심으로 바루아(불가촉천민 – 역자) 카스트로서 불교도 집단이 존재하고, 현재도 활발하게 활동하고 있다. 하지만 현재의 불교교단은 19세기 말에서 20세기 초의 불교부흥운동의 일환으로서 그때까지 오랫동안 힌두교의 일부 혹은 그것과 밀접하게 섞여 있던 불교로부터 생겨난 것으로서, 스리랑카 불교, 즉 남방불교[상좌(부) 불교]의 이른바 소승불교로서 이 글에서 다루는 7-13세기에 융성하였던 대승불교 및 금강승계(이른바 밀교)의 불교가 아니다. 때문에 이 글에서는 현재의 불교교단의 존재와 별도로 7세기경부터 이 지역에 융성하였던 금강승계

불교교단의 쇠망에 한정하여 다룬다.

그런데 앞에서도 이야기한 것처럼 동인도불교에 대해서는 그다지 많은 사실이 알려져 있지 않다. 그것은 다른 지역도 마찬가지이지만 7세기 전후의 불교의 상황을 전하는 역사 자료가 중국 승려 현장과 의정이 남긴 자료에 의존하지 않으면 안 되는 점에서 분명하게 드러난다. 이 글에서는 기본적으로 그러한 자료에 고고학적 자료를 새롭게 더하여 동인도불교의 쇠망에 대해 고찰하고자 한다.

12.
현장이 전한 동인도불교의 모습

7세기 전반에 중국과 인도를 왕복하였던 현장 삼장의 기록이 당시 인도불교의 사정을 아는 데 있어서 대단히 중요한 사료라는 것은 주지의 사실이지만, 이는 7세기 동인도불교의 상황을 파악하는 데 있어서도 마찬가지이다.

현장은 날란다 승원에서 공부한 후 인도 각지를 순례하였다. 법현의 행적을 따르려는 목적도 있었으므로 스리랑카에도 갔을 것이다. 이 여행은 635년 혹은 637년부터 시작하였던 것 같다. 현장은 아마도 간선도로 역할을 하였던 갠지스 강을 따라 내려갔다고 생각된다. 『대당서역기』에 의하면 날란다에서 동인도의 경계의 국가, 현재의 서아샘의 고우하티 일대에 해당한다고 여겨지는 가마루파국迦摩縷波國(카마루파)을 향하여 동진하였다. 현장은 그 후 벵갈 델타를 남진하여 탐마율저국耽摩栗低國(타말리파, 현재의 벵갈만 연안의 타말리크로 생각됨)을 통과하여 남인도에 이르렀다.

이번에 주목하고자 하는 지역은 이 카마루파에서 타말리파 사이에 나오는 나라들 중에서 삼마달타 三摩呾吒(사마타타)국이다. 현장은 사마타타국에 대해서 "사마타타국은 주위가 3천 리(1리는 5백 미터가 조금 안 됨)이다. 벵갈만에 가까워서 토지는 저습하다. 나라의 도성은 주위가 20여 리이다. 농업이 번성하고, 꽃과 과실이 무성하다. 기후는 온화하고, 풍속은 솔직하다. 사람들의 성격이 뜨거운데, 모습은 작고 피부빛이 검다. 학문을 좋아하여 열심히 하며, 외도와 불교를 함께 신앙하고 있다. 가람은 30여 곳이고 승도는 2천여 명인데, 모두 상좌부의 가르침을 따르고 있다. 천신을 모시는 사당은 1백 곳이며 외도의 사람들이 잡거하고 있다. …… "(『대당서역기』 제10권 삼마달타국 부분)라고 이야기하고 있다.

이 사마타타에 대해서는 의정(635-713)의 『대당서역구법고승전』에도 기술되어 있다. 그것은 승철 僧哲이라는 승려에 관한 항목에서이다. 그에 의하면 호남성 풍주 灃州 출신의 승철은 인도의 불적을 순례한 후, 이 사마타타에 이르렀다. 이 나라의 "국왕의 이름은 갈라사발다 曷羅社跋多라고 하며 카두카 왕가의 후손이다. 왕은 불·법·승 3보를 깊이 신앙하며, 독실하게 불교에 귀의하는 신자를 의미하는 대우파색가(불교 교단을 지원하는 네 집단 중의 남성 신자를 우파색가(우바새)라고 한다)의 이름을 얻었다. 지성스런 마음과 신앙의 독실함은 역대의 어떤 왕보다 뛰어났다. …… (중략) …… 왕성 안에 승니는 4천 명 정도 있는데, 모두 왕의 공양을 받았다. …… (중략) …… 이 사마타타국에는 인도의 여러 고승, 학자, 그리고 범어 음운학, 어법학, 기술, 공예, 천문, 수학, 의학, 약학, 점술, 논리학, 그리고 불교 전체에 대해 공부하여 불교학에 정통한 논사들이 모두 모여들었다."(이토 츠카사 伊藤丈 외 역, 『대당서역구법 고승전·해동고승전』 다이토출판사 大東出版社, 1993년에서 인용)고 한다. 이 기록을 통하여, 그리고 유적의 발굴품을 통해서도 이 사마타타에서 불교가 대단히 번성하였음을 알 수 있다.

그런데 이 사마타타국에 해당하는 지역은 현재의 방글라데시의 코밀라 주변의 마이나마이티 Mainamaiti와 랄마이 Lalmai 마을 주변의 고지대라고 한다. 이것은 현장의 삼마달타와 같은 나라이다. 이 사마타타는 '해안의 나라, 평지의 나라'라는 의미라고 한다.

이와 관련하여 방글라데시 고고학국의 M. 호세인 씨는 코밀라 주변의 마이나마이티, 랄마이 마을 주변에 대하여 "현장이 사마타타라고 한 곳으로 이 왕국에는 많은 승원과 승려가 있었다고 전하고 있다. 또한 이 지역의 발굴조사를 통해 많은 불교에 관한 유물이 발견되었는데, 이를 통해 사마타타의 역사가 확실하게 되었다."고 말하고 있다.

13.
코밀라 주변의 불교 유적

현장의 사마타타국에 대응한다고 여겨지는 코밀라 주변의 마이나마이티 마을과 랄마이 마을에 걸쳐있는 마이나마이티 – 랄마이 구릉은 코밀라에서 7.5킬로미터 서쪽(북위23도 2분-29분, 동경 91도 6분-9분)에 위치하고 있다. 이 코밀라는 방글라데시의 수도 다카와 같은 대도시로서 항만도시이다. 또한 전통불교가 숨 쉬는 도시 치타공을 연결하는 도로상에 있다. 수도 다카에서는 동남쪽으로 약 120킬로미터

거리에 있다. 또한 코밀라는 고속도로, 철도, 항공로 등의 교통편이 좋다. 아마도 옛날부터 이 지역의 중심으로서 번영하였던 것으로 보인다.

이 야트막한 구릉은 해발 약 40미터로, 평지에서는 약 10미터 정도의 높이이다. 겨우 해발 40미터라면 일본에서는 별것 아닌 높이이지만 국토의 대부분이 갠지스와 브라흐마푸트라 두 강의 델타 위에 펼쳐져 있고, 국토의 대부분이 해발 몇 미터에 불과한 초평탄국가에서는 이 해발 40미터의 높이는 커다란 의미를 갖는다고 현지의 연구자는 말한다. 이 코밀라는 이제는 평야의 한가운데(라고 해도 메가나 강의 지류인 가마티 강까지의 수 킬로미터 정도)이지만, 현장의 시대에는 벵갈만에 근접해 있었다고 한다. 즉, 지금 이상으로 주위가 저습지였으므로 이 야트막한 구릉이야말로 이 지역에서 인간이 쾌적하게 생활할 수 있는 유일한 장소였던 것이다. 이 마이나마이티–랄마이 구릉은 남북 약 17킬로미터, 동서 2킬로미터 정도의 길다란 구릉이다. 이 구릉 지역에 현재 24-25곳의 불교 유적이 확인되고 있다.

그 명칭을 하나하나 드는 번거로움은 피하지만 방글라데시 관광성에서 발행한 팜플렛에는 24곳의 유적이 제시되어 있다. 즉, 방글라데시 정부가 공인하고 있는 유적이 이 좁은 지역에 24곳이나 있으며(자료에 따라 숫자의 차이가 있다), 이는 현장의 '승원이 30여 곳'이라는 기술에 가까운 숫자이다. 이 중 주요한 것들을 소개하면, 현재 이 유적군의 중심적 존재로서 박물관(매우 소박한 건물이지만)이 부설되어 있는 통칭 사르반 비하라(정식 이름은 슈리바반데바 마하비하라 혹은 사르바나라쟈발리 사원이다)와 미술적으로도 훌륭한 청동 금강살타상이 발굴된 아난드 비하라(사원), 그리고 마찬가지로 훌륭한 관음상이 1994년에 발굴된 바조 비하라 등이다(사진 참조).

현재 이 지역 불교 유적군의 중심적 존재라고 할 수 있는 사르반 비하라는 한

변의 길이 167.06미터의 거의 정사각형의 유적이다. 사원은 스투파를 중심으로 3개의 주요 건물과 승방으로 구성되어 있다. 이 사원은 두 차례 개축되었음이 발굴조사 결과 밝혀졌다. 또한 이 사원 유적에서 동판이 발견되었는데, 그에 의하면 이 사원 건설에 깊이 관여한 것은 데바 왕(710-780)이었다고 한다. 그 때문에 이 사원의 정식 명칭이 슈리바반데바 마하비하라라고 말해진다. 이 사원의 승방에서는 금화 4개, 은화 225개, 그 밖의 다수의 동전들이 발견되었다.

특히 제3승방에서는 굽타왕조기의 금화 2개를 비롯하여 52개의 은화와 다수의 동전 등이 출토되었다. 또한 13호에서는 175개의 은화, 여섯 개의 귀걸이와 함께

그림 1 멋진 청동 금강살타상

그림 2 불에 타 녹은 관음상으로 생각되는 청동상
(바죠비하드)

* 이 불상에 대해서는 오차노미즈여자대학의 아키야마 미츠후미 秋山光文 선생의 교시를 받았다.

금화 3개가 발견되었다. 자세한 것은 앞으로의 연구로 밝혀지겠지만, 승방에 따라서는 이와 같이 다량의 화폐가 축적되고 있었던 것이다. 이것이 특별한 자산가 승려, 즉 보시를 많이 받은 승려의 재화인지 아니면 우연히 이슬람의 약탈을 피해 남았던 것인지, 그 배경은 알 수 없지만 승방 중에 이와 같은 대량의 자금을 가진 승려가 살고 있었음은 사실이다.

예부터 승려는 대부업 등의 부업을 행하였다고 하는데, 그러한 승려가 머물던 방이었는지도 모른다. 어쨌든 이 사원의 쇠퇴에 관한 구체적인 사실은 알 수 없다. 그러나 현재 파괴된 스투파 등을 보면 단순한 불교의 쇠퇴에 의한 자연적 붕괴라고 할 수 없을 정도로 철저하게 파괴된 점 – 특히 중앙의 스투파 등의 종교시설에 현저한 파괴 흔적이 보이고 있다 – 은 역시 이슬람의 지배와 관계가 깊을 것이다. 물론 이슬람교도의 습격인지 아니면 일본에서의 폐불훼석과 같이 불교에서 이슬람으로 개종한 사람들에 의한 파괴인지, 혹은 힌두교도에 의한 것인지 현시점에서는 알 수 없다. 그러나 중심에는 이슬람의 모스크로 재이용된 것도 있다는 점으로 볼 때 무슬림에 의한 파괴의 가능성이 높다고 할 수 있다. 그러나 그 무슬림이 이방인이었는지 아니면 현지의 개종자였는지는 확실하지 않다. 그런데 이슬람의 습격으로 모든 불교도가 살육되었다고는 생각하기 힘들기 때문에 개종한 이슬람 혹은 그 자손들에 의해 파괴되었다고 추측된다. 그렇다면 그들과 불교가 어떠한 관계에 있었는지를 살펴볼 필요가 있다.

14.
벵갈불교의 최후

벵갈불교의 마지막 모습은 팔라 왕조의 최후와 거의 일치한다. 그런데 앞에서 언급한 발굴된 불상들은 대단히 불교적인 양식으로 만들어져 있다. 특히 삼고저 三鈷杵처럼 생긴 것을 든 금강살타상은 뛰어난 작품이다. 현장과 의정의 시대로부터 이 상들이 만들어질 때까지는 대략 2백 년 정도가 경과했다고 추정되는데, 그 사이에 이 지역의 불교는 이른바 밀교라고 불리는 주술성과 의례성이 높은 불교로 변모하였다. 인도불교 특히 동인도불교의 쇠망에 관해서는 불교의 밀교화가 먼저 고려되지 않으면 안 될 것이다.

그것은 8세기 이후의 인도불교는 이른바 윤리성이 높은 대승불교 이상으로 주술성과 의례성을 중시하는 밀교(탄트라)로 변모하였기 때문이다. 즉, 8세기 초엽의 서인도 지역에서의 이슬람교도의 침략과 정착지배는 다른 인도 지역에 대단히 커다란 위기의식을 불러일으켰다. 그 때문에 인도 전체가 현재 용어로 이야기하자면 국수주의화, 즉 힌두교라는 토착종교로의 강한 회귀와 재구축화로 나아갔는데, 불교도 예외가 아니었다. 물론 밀교는 서인도에서 시작되었고, 그 속에는 다양한 요소가 들어 있었을 것이다. 그러나 이슬람의 서인도에 대한 실효지배가 계속되면서 그 강대한 힘을 직접 보게 된 당시의 인도인들은 위기의식을 가졌음에 틀림없다.

그 점은 14세기 벵갈의 유명한 불교도 시인인 챤디다스의 『니란자네르 루시마 Niranjanēr Rushma』에 다음과 같이 보이고 있다.

1만 6천의 브라만 가족이 구자라트에 살았다. 그들은 임시수입을 구하여 각지로 이동하다가 벵갈에 이르렀다. …… (중략) …… 그들의 교활함은 이루 헤아릴 수 없었다. 그들은 더욱 강대해졌다. 그들 중 열 명 혹은 열두 명이 찾아와 다르마의 예배소(불교 사원)를 파괴하였다. 그들은 베다를 노래하고 불의 제례를 그치지 않았다. 아! 다르마여. 그들을 보호해주소서. 당신은 우리보다 그들을 보호하시는 것인가요?

즉 불교는 13세기 초엽의 이슬람 군의 공격으로 괴멸된 것이 아니고 커다란 타격을 받은 후에 다시 세나 왕조의 보수화 정책으로 궁지에 몰리게 되었다. 그 후 결과적으로 인도화한 이슬람, 즉 수피사상을 경유하여 이슬람으로 개종하는 길을 통해 실질적으로 소멸되어 갔다고 추측된다. 동인도에서의 이러한 사실을 반복하는 것처럼 이전에 불교가 번성하였던 동남아시아 여러 나라에서도 급속히 이슬람화가 진행되어 갔다.

이슬람의 인도지배가 진전됨에 따라 그 반동으로서 힌두교도 사이에 인도 고유의 문화·종교전통으로의 회귀가 강하게 의식되게 된 것은 극히 자연스러운 일이었다. 그 때문에 인도사회의 힌두교화가 진전되고, 겨우 살아남은 인도 국내의 불교도들도 곧 이슬람 신비주의자들의 포교 등을 통하여 적지 않은 사람들이 이슬람으로의 개종을 선택하였다고 생각된다.

특히 벵갈 지역은 비-아리아, 즉 힌두교의 영향이 최후까지 미치지 못했던 지역으로, 이른바 애니미즘적인 현지 종교와 불교는 일찍부터 습합되어 있었다. 그 연장선상에 밀교와 탄트라불교가 발달하였다. 이 밀교는 이른바 샥티(성력 性力) 숭배를 중심으로 하는 독특한 가르침으로, 그 한편에서 외설적인 상징을 이용하는 불교가 되었다. 이른바 사하쟈나 밀교이다. 이런 속에서 불교는 더욱 특수화되고 비도덕적인 의례에 경도되어 일상생활로부터 괴리되어 갔다. 한편으로 이슬람의 침투가 힌두교와의 긴장을 심화시켜, 불교는 양자의 대립 속에 분해되어 갔다고 필자는 생각한다. 그러한 양상은 배경은 다르지만 서인도불교의 쇠망과 궤를 같이 하는 것이었다고 생각된다.

15.
맺음말

인도불교의 쇠망에 인도화한 이슬람의 가르침, 즉 수피즘이 커다란 역할을 하였다는 것, 그리고 그 사상 형성에 대승불교의 사상도 관계되었다는 것을 생각하면 역사의 얄궂음을 느끼지 않을 수 없게 된다.

그렇기는 하지만 인도불교의 쇠망을 고찰할 때에는 단순히 불교라는 한 종교의 인도에서의 쇠망이라는 관점만이 아니라 이것을 문명론의 입장에서 정치·경제·문화·사회의 여러 측면, 나아가 국제관계 등의 입장에서 종합적으로 생각할 필요가 있다. 그러나 이 주제는 아직 단서를 발견하였을 뿐으로 앞으로의 연구가 기대되는 분야이다. 다른 측면에서 동인도불교의 쇠퇴는 결과적으로 머지않아 동남아시아, 특히 도서지역 불교의 쇠망을 이끌게 되었다는 의미에서도 중요한 문제이다.

1 '일신(법)다현주의'는 필자의 용어로서, 인도사상에 공통의 진리나 진여, 구체적으로는 불교
   의 법, 힌두교의 브라흐만 등 일반 사람들이 알 수 없는 궁극적 진실이 구체적인 형태를 띠
   고서 나타난다고 하는 생각을 표현한 것이다. 여기서의 '다현'이란 일반적 화신 혹은 권현 權
   現이라고 이야기되는 것이다.

참고문헌

호사카 슌지(保坂俊司)
   2004   『インド仏教はなぜ亡んだか－イスラム史料からの考察』北樹出版社.
Mostfa Vaziri
   2012   Buddhism in Iran, Palgrave Macmillan, New York.
M. Hossain
   2006   Mainamati-Lalmai - Anecdote to History, Dibyaprokash, pp.114-16.

* 이 글은 일본학술진흥회과학연구비(C)의 연구성과를 활용하였다. 또한 가와사키제철 21세기재단의
  연구비의 연구성과도 포함되어 있다.

제6장

의경(疑經)을 둘러싼 문제들
경전의 이야기화와 개작

오치아이 도시노리

1.

경전의 이야기화: 중국불교 최초기의 의경 疑經 『비라삼매경 毘羅三昧經』의 세계

(1) 『비라삼매경』의 발견

중국불교에서 의경 疑經이라는 분류는 석도안 釋道安(312-385)이 편찬한『종리중경목록 綜理衆經目錄』[1]의 정의에서 시작되었다. 그때까지의 불교신앙 및 경전 독송의 일반적 사례로 볼 때 4세기의 중국에서는 대단히 엄밀한 제안이었다고 생각된다. 이러한 석도안의 태도는 진지한 불교 존숭에서 나온 것임에 틀림없으며, 불교와 이질적인 '금언 金言'을 사칭하는 의경에 일대 경종을 울리는 것이었다. 그렇다면 어떻게 의경을 구별하였던 것일까. 석도안은 26부 30권의 의경을 제시하면서 그것은 모래를 금이라고 이야기하고, 풀을 벼라고 하는 부끄러움을 모르는 태도라고 비난하고 있다.

석도안의 비분강개를『출삼장기집』제5권에 수록된「신집안공의경록 新集安公疑經錄」[2]을 통해 살펴보도록 하자.

천축의 불교교단에 있어서는 전법의 방법은 모두 스승으로부터 직접 상승해 가는 것이었다. 같은 스승으로부터 10회 혹은 20회 반복하여 전수받았다. 만일 한 글자라도 틀리면 스승과 제자는 함께 검토하여 마침내 잘못을 정정하는 방식이었다. 교단의 규정(승법 僧法)은 마음대로 변경해서는 안 되는 것이다.

불교 경전이 중국(진 晉)에 들어와서 그다지 시간이 흐르지 않았음에도 불구하고 나쁜 일을 좋아하는 자는 모래를 금이라고 말하면서 모른 척 하고 있다. 잘못을 바로잡지 않는다면 무엇을 가지고 진위를 구분할 수 있겠는가.

농가에서 벼와 잡초를 구별하지 않으면 (생산을 늘릴 수 없다.) 그 때문에 (농업 장관이었던) 후직 后稷은 탄식하였다. 또한 금상자에 들어 있는 옥과 돌을 똑같이 없애는 것에 대하여 변화 卞和는 매우 부끄러운 일이라고 생각하였다.

(나) 도안은 (의도하지 않게) 불교의 가르침에 관여하게 되었지만, (탁한) 경수 涇水와 (맑은) 위수 渭水가 섞여 흐르고, 용과 뱀이 나란히 나아가는 것을 보게 되었다. 이와 같은 일이 어떻게 부끄럽지 않은 일인가. 이제 불교 경전이 아니라고 생각되는 경전을 가만히 제시해보면 다음과 같다. 후대의 젊은 학승들에게 보여서 그 옳지 않음을 함께 인식하기 바란다.

여기에 보이는 가치판단의 기준은 천축(서역)의 언어이다. 천축의 언어로부터 번역되지 않은 것을 의경이라고 명명하였던 것이다. 인도불교에 나오는 수메르산을 태산(泰山, 혹은 太山)이라고 번역하는 정도는 도안도 잘 알고 있었고, 후세에 이야기되는 것처럼 중국인의 이름이 부처님의 말씀 중에 당당히 나오는 경전은 구별 가능하였다고 생각된다.[3] 그렇다면 구체적으로 어떠한 내용을 지적한 것일까. 그것을 검증하는 것이 현대의 연구이다. 그러나 20년 전까지는 안타깝게도 석도안이 열거한 의경목록에 게재되어 있는 경전은 한 점도 확인되지 않았다. 그 때문에 약간의 인용된 문장을 통해 유추할 수밖에 없었다. 이러한 격화소양 隔靴搔癢의 상태에서 벗어날 수 있게 해준 것은 돈황문헌이 아니라 일본의 헤이안시대 후기에 서사된 나나츠데라 七寺의 일체경에서 발견된 고일 古逸 경전이었다.[4]

석도안의 의경록에 실려 있는 『비라삼매경 毘羅三昧經』(2권)이 갑자기 출현함으로써 일거에 해명의 수단을 얻어 연구가 크게 진전될 수 있을 것 같았다. 하지만 복원된 나나츠데라본『비라삼매경』에서는 석도안이 지적한 것 같은 내용은 엿볼 수 없었다. 오히려 의경이 아니라 진경 眞經이 아닌가 하는 인상을 갖게 하였다. 이것은 의외였지만, 역사적으로는 실제로 진경으로 인정되었던 시기도 있었다. 측천무후의 시대에 편찬된『대주록 大周錄』에 입장 入藏되어 천하에 널리 유포되었던 것이다.[5] 4세기의 석도안 시기에서 7세기 후반의 측천무후 시기까지 이『비라삼매경』이 현실의 불교계에 전해졌다는 것은 기이하다고 할 것이지만, 실제로는 석도안의 의경 단정에도 불구하고『비라삼매경』을 계승하는 지지층이 광범위하게 존재했음을 보여주는 것이다.

(2) 『비라삼매경』의 개략

그렇다면 유일하게 남아 있는 의경인『비라삼매경』을 검증해보도록 하자. 이『비라삼매경』의 교설은 개략하면 셋으로 나누어진다.[6] 첫 번째는 혜법 慧法 보살이 선정의 위력으로 다양한 고난과 유혹들을 물리치는 모습을 이야기 형식으로 설하는 부분이다. 두 번째는 질병의 귀신을 쫓아내 역병을 퇴치한 거사(혜법보살의 제자)의 이야기 부분이다. 세 번째는 섭라국 葉羅國 태자 아차왕 阿遮王의 보시행이 이야기되고 있는 부분이다.

첫 번째 단락: 혜법보살의 가르침

첫 번째 단락에 설해지고 있는 혜법보살의 가르침은 삼매, 즉 선정의 견고함을 재삼, 재사 이야기하는 것이다. 그 때문에 혜법보살과 마왕, 두 사람을 등장시켜 서로를 대비적으로 묘사하고 있다. 혜법보살은 부처님의 설법에 모인 30억의 사람들 중에서 가장 부처님의 가르침을 잘 이해한 보살로 위치 지어지며, 이때 스무 살이었다고 한다. 혜법보살은 선정에 들어가 생각한다. 천상과 그 아래의 모든 생명체들은 사람과 사람이 아닌 것의 구별 없이 모두 태어나서 반드시 죽으며 여기에서 벗어날 수 없다. 다만 지혜 있는 사람만이 생사의 도리를 알 뿐이라고 하면서 혜법보살은 30억 명의 사람을 가르치고 인도하여 경전과 계율을 실천시킨다. 이에 대해서 부처님은 혜법보살이 개도시킨 30억의 사람들은 용맹하게 정진하였으므로 모두 반드시 부처가 되어 대자대비의 마음을 일으켜 사람들을 구원할 것이라고 선언한 것이다.

어둠의 천지를 지배하는 마왕은 이러한 모습을 보고서 증오의 불길을 태우며 휘하를 소녀로 변신시킨다. 나이는 모두 어려서 16-17세이며, 얼굴은 하얗고, 단정하며 아름답게 화장하고, 몸에 걸친 옷은 옥환과 금은진보 등으로 장식하였다. 향수의 향기가 진하며 청정한 가운데 아름다운 몸을 하였다. 이 어린 미소녀들은 혜법보살이 가르친 30억 명의 사람들을 유혹하였다. 하지만 30억 명의 사람들은 마음속으로 생각하였다. 이 여인들은 본래 세상에 존재할 수 없다. 얼굴이 아름다운 여인으로 모습을 바꾸어 우리들을 유혹하러 온 악마의 부하에 틀림없다라고. 30억 명의 사람들은 부처를 생각하고, 법을 생각하고, 비구승(교단)을 생각하고, 혜법보살을 생각하며 굳은 마음을 흔들리지 않았다. 이리하여 마녀군단은 뻗었던 유혹의 손을 거둘 수밖에 없었다. 아름다운 얼굴은 무너지고, 아름다운 옷은 찢어졌으며, 무참한 모습을 노정하며 물러날 뿐이었다.

마왕은 다음으로 큰 불을 일으켜서 협박하였다. 그 붉은 연꽃과 같은 불길은 욕계의 첫 번째 하늘까지 올라갔지만 30억 명의 사람들은 마음속으로 생각하였다.

이러한 큰 불은 본래 세계에 존재할 수 없는 것이라고. 30억 명의 사람들은 부처를 생각하고, 법을 생각하고, 비구승(교단)을 생각하고, 법혜보살을 생각하며 굳은 마음을 흔들리지 않았다. 그러자 하늘에서 큰비가 마법의 불에 쏟아져 큰불이 소멸되었다.

마왕은 발을 동동 구르면서 이제는 대용왕을 불러 함께 큰 홍수를 일으켰다. 다시 30억 명의 사람들은 불, 법, 승과 혜법보살을 생각하며 흔들리지 않았다. 그 견고한 삼매에 응하여 사방에서 큰 산이 융기하여 홍수를 중단시켰다. 뿐만 아니라 하늘이 개고, 뜨거운 햇볕이 많은 물을 증발시켰다.

마왕과의 싸움은 이것으로 끝나지 않았다.『비라삼매경』은 부처전생담의 기본적 플롯을 염두에 두고서 보다 극적인 형식으로 전개하기 위해 여러 가지 고비들을 배치하였다.

마왕은 천하의 모든 마귀들을 소집하였다. 그 숫자를 이루 다 헤아릴 수 없는 매우 방대한 규모의 마귀 무리였다. 그 모습은 사람 머리에 호랑이 몸, 호랑이 머리에 사람 몸, 개의 머리에 말의 몸, 뱀의 머리에 사람의 몸, 코끼리 머리에 개의 몸, 원숭이 머리에 소의 몸, 닭의 머리에 사람의 몸, 사람 머리에 돼지의 몸, 양의 머리에 사람의 몸 등으로 다양하였고, 열 명씩, 백 명씩, 천 명씩, 만 명씩 몰려들어 왔다. 그 모습을 표현함에 있어서 말로 다 할 수 없었다. 말 병사 백 억만 무리, 소 병사 백 억만 무리, 코끼리 병사 백 억만 무리, 사자 병사 백 억만 무리, 돼지 병사 백 억만 무리가 운집하여 30억 명의 사람들을 둘러싸고 대치하였다. 과연 이것으로 모든 일이 끝난다고 생각될 때 30억 명의 사람들은 한 나무 아래에 모여 깊은 삼매의 경지에 들어갔다. 이 뜻이 견고한 30억 명의 사람들을 본 마왕의 군대는 흩어져 도망해야 할 처지가 되었다. 이 단락에 이르러 마왕은 잘못을 참회하고, 마귀의 군대를 이끌고 30억 명에게 머리를 숙이고 가르침을 청하였다.

복종의 뜻을 표한 마왕의 군대였지만 30억 명의 아래에 속할 것을 거부당하자 일단 모습을 감추게 된다. 그렇지만 마왕의 악의는 소멸하지 않고, 다음에는 육지의 높은 산을 훨씬 능가하는 홍수를 준비하는 엄청난 공방전을 전개하게 된다. 여기까지인가라고 생각될 즈음에 30억 명의 사람들은 삼매에 들어 있던 큰 나무의 아래에서 위로 한사람씩 올라간다. 왜 그럴까하고 자기도 모르게 이 경전에 몰두하게 되는데, 천축의 불교 경전도 예상하지 않았던 더 확대된 전개를 보여주는 것이다. 홍수는 이 큰 나무조차 물속에 잠기게 할 형세로 다가왔다. 그러자 큰 나무는 "변하여 연꽃으로 되었다."(상권 101-102행). 연꽃은 물위에 떠서 꽃을 피웠다. 진흙탕 속의 연꽃은 청정함을 상징하지만 그것이 대홍수를 대비하는 부낭浮囊이 되는 것에는 두 손 들지 않을 수 없다. 이러한 변화에는 실제로 마왕도 두려워 떨게 되고, 초췌한 모습으로 소리 높여 울게 된다. 그러자 부처는 웃음을 띠면서 입에서 5색의 빛을 발한다.

이상과 같은 멋진 구성은 도대체 어디에서 얻은 착상일까. 몇 가지의 부처전생담 경전(『태자서응본기경』 『수행본기경』 등)들에 나오는 이미지를 부풀린 것임은 쉽게 생각할 수 있지만, 큰 나무가 변하여 연꽃이 된다거나, 나무 아래에 모여 있던 30억 명의 불교도들이 물에 빠져 죽지 않는다는 전개는 대담하고 특색 있는 것이다. 그러나 기본적 논지는 명확하고 명료하다고 말할 수 있다. 선정의 위력을 이야기하기 위해서 극적인 구성을 마련한 것일 뿐이라고 하면 그만일 수 있기 때문이다. 이것은 경전의 이야기화로서 많은 사람들이 쉽게 받아들일 수 있도록 대폭적으로 손을 댄 것이라고 할 수 있다.

두 번째 단락

두 번째 단락에 보이는 경전의 내용은 혜법보살의 감화를 받은 재가신자 거사가 질병의 귀신과 싸우고, 사람들에게 전염되어 있는 역병을 몰아내는 내용인데, 이야기가 길어지기 때문에 생략한다.

세 번째 단락: 아차왕 阿遮王의 보시행

세 번째 단락은 보시행의 실천으로, 섭라국 태자인 아차왕의 실천이 이야기되고 있다. 보시는 대승불교의 주요한 실천항목으로서, 그 실천이 보시태자의 이야기로서 경전에 자주 등장한다. 아차왕의 산스크리트에 대해서『번범어 翻梵語』에는 '아차태자, 정확하게는 아라라차 阿羅羅遮라고 해야 함. 번역하여 공 供이라고 한다'[7]고 하였지만, 본래의 범어는 알 수 없다. 부동명왕인 아차라(阿遮羅 Acala)로도 상정되지만 아마도 정토경전인『관무량수경』에 나오는 아사세왕 阿闍世王을 모방하여 만든 말일 것이다. 후한 시기에 지루가참이 번역한『불설아사세왕경』이 있지만, 이 보시행을 설하는 경전은 별도의 경전들을 기초로 한 것이다. 그중의 하나로 생각되는 것이 삼국시대 오 吳나라에서 강승회가 번역한『육도집경 六道集經』이다. 그 제2권에「수대나경 須大拏經」이 있는데, 이것은 보시태자 Sudāna의 설교담이다.

옛날 섭파 葉波국은 왕을 습수 濕遠라 불렀다. (왕의) 이름은 살도 薩闍였다. 나라를 올바르게 다스려서 백성들은 원망이 없었다. 왕에게 태자가 있었는데, 이름이 수대나

須大拏였다. …… (중략) …… 항상 보시하여 많은 사람들을 구제하기를 원하였다.[8]

이 섭파국왕을 『비라삼매경』에서는 섭라국왕으로 바꾸어 등장시킨 것으로 생각된다.

그때 섭라국왕의 태자가 있었는데, 이름이 아차왕이었다. 아차왕은 보시하는 것을 좋아하며 아까워하지 않았다. 부왕은 태자에게 한 나라를 나눠주고 스스로 다스리게 했다. 아차왕은 마음에 무상을 깨달았다. 나라의 보배를 내어 모두 보시하여 명성이 여러 하늘에까지 미쳤다.

이와 같이 아차왕은 차례로 보시행을 실천해갔다. 아차왕에게는 아름답고 젊은 부인이 7백 명이나 있었는데, 제석천이 7백의 바라문 승려로 변하여 아차왕에게 간절히 부인을 요구하였다. 아차왕은 크게 기뻐하며 '어서들 데리고 가시오'라고 말하였다. 7백의 부인들은 울면서 하늘에게 구원을 요청하였다.

하늘은 우리들의 원통함을 모르시는 것입니까. 이 늙은이들은 머리는 새하얗고, 얼굴과 눈은 늘어졌으며, 발목은 骨遭(의미 미상)하고, 얼굴은 수척하며, 옷은 냄새 나고, 이빨이 빠져서 말은 웅얼거리는 무서운 귀신 같습니다. 어찌 도를 구하는 사람들이 이와 같이 험상궂단 말입니까. 우리들은 차라리 왕의 눈앞에서 죽더라도 결코 이 늙은이들을 따라가지 않기 바랍니다.

이 내용은 불가사의하게도 매우 생생하게 느껴진다. 사람들이 생활 속에서 공상한 것이거나 비슷한 이야기를 들었기 때문일 것이다. 부인들은 '하늘은 우리들의 안타까운 괴로움을 모르십니까'라고 간절히 하소연하였다. 지금까지는 왕궁 안에서 우아하게 생활해 왔는데 갑자기 노인들과 재혼하지 않을 수 없게 되었다. 늙은이들을 잘 보니 '머리카락은 새하얗고, 얼굴과 눈은 부풀어 고름이 나오고 있으며, 낯빛은 하얗고, 옷은 냄새가 심하게 나고, 이빨은 모두 빠져버렸기 때문에 하는 말을 확실하게 알아들을 수 없는' 모습이었다. 이러한 대비는 매우 간명하며 또한 그 모습을 눈앞에 떠올리기 쉽다.

아름다운 부인들은 이제는 왕을 향하여 하소연한다. 조금 전에는 하늘에게 하소연하였지만, 그 변화의 모순 같은 것에는 신경 쓰지 않고 있다. '이 사람들은 사람의 모습을 한 귀신들입니다. 왕이시여, 불도를 추구하는 것이 어째서 이렇게 지나치신 것입니까. 우리들은 왕의 곁에서 죽기를 원하는데 어째서 노인을 따라서 가지 않으면 안 되는 것입니까.' 보통의 왕이라면 이러한 왕비들의 말에 기가 질릴 터이지만 이것은 이야기화된 경전의 내용이다. 불도수행의 중요한 보시행을 어떻게든 지키려고 하여 아차왕이 다음과 같이 말하게 하고 있다.

그대들은 좋은 사람들이다. 세간의 무상함을 알지 못하는가. 잠시 이 사람들을 따라가라. 이 여러 노인들은 좋은 사람들이다. 귀신이 아니다. 그대들은 나이가 어리다. 이 노인들이 그대들을 얻으면 그대들을 사랑할 것이다.

이 또한 기묘한 전개이다. 눈앞의 노인들은 젊은 부인을 잘 대해줄 좋은 사람이라고 말하고 있다. '젊은 그대들은 좋은 사람이다. 인생의 무상함을 알지 못한다.

그러므로 좋은 사람인 이 노인들과 함께 가라.' 여자들을 유혹하는 말이 아닌가 생각
될 정도의 표현이지만 경전의 독자는 독송을 그칠 수 없을 것이다. '노인들은 결코
귀신 같은 것이 아니다. 그대들은 젊다. 만일 이 노인들과 함께하게 되면 자연히
그대들을 사랑하고 잘 대해줄 것이다.' 누구라도 과연 그럴까 하고 의심하지 않을
수 없다. 이와 같은 잔혹한 일을 하는 왕이 있을가. 왕은 도대체 무엇을 즐기며 살아
가는 것일까. 7백 명의 젊은 부인들을 모두 놓아버리는 심경은 어떤 것일까. 『비라
삼매경』의 불가사의한 세계에 빨려든 사람들이 거기에 있었을 것이다. 그리고 그것
이 이 경전이 계속하여 읽혀진 중요한 요소이기도 하였다.

『비라삼매경』의 특색과 과제

이상의 이야기는 불교적 무사無私의 정신을 고양하기 위한 극적인 장치이라고
도 할 수 있는데, 이후에는 숭고한 보시행이 이야기되고 여러 신기한 일들이 전개되
면서 대단원으로 나아간다. 이들 보시행 이야기의 전개는 불교 경전의 세계에서
벗어난 것으로서, 풍부한 표현을 가진 '이야기'로 간주되기에 충분하다. 그 흥미로
움은 『비라삼매경』 원전을 직접 읽어보면 곧바로 알 수 있을 것이다. 스노비즘으로
가득한 프롤로그로 시작하여 대승불교 6바라밀의 실천이라는 정신적 연주로 이어
지다가 부처의 신통력이 대중 앞에 드러나는 에필로그를 맞이하고 있다. 극적 장치
는 과장되어 있지만 그 교설은 부처님의 가르침과 전혀 다르지 않다. 아니, 인도불
교의 경전에는 이렇게까지 극적인 장치가 준비되어 있지 않으므로 일탈하였다고
말할 수도 있을 것이다. 인도불교의 대승과 소승 경전을 잘 알고 있던 석도안으로서
는 도저히 용납할 수 없는 "중국적" 모습을 보았기 때문에 곧바로 위경 목록에 올렸

던 것이라고 생각된다.

또한 다른 표현을 사용한다면 『비라삼매경』에 제시되고 있는 사상적 내용은 대승불교가 자신들을 대표하는 것으로 활발하게 주장해 왔던 키워드들의 문학적 해설이라고 할 수 있다. 문장에는 수식어가 대단히 많고, 또한 이상하다고 할 수 있을 정도로 극적인 구성을 하고 있음을 부정할 수 없다. 이 책이 천축의 언어로 존재했었다고 해도 이상하다고 할 수 없지만 문장의 수식은 어디까지나 중국적이었으므로 인도 불전에 정통한 학승을 속이기는 불가능하였을 것이다.

또한 『비라삼매경』의 도처에서 보이는 음사어와 의역어들은 이해하기 어려운 점도 있지만, 약간의 와전이나 번역자의 특징으로 여겨질 수 있는 여지도 보이고 있다. 이 방면에 대한 상세한 연구가 기대된다.

그런데 문제는 무엇이었을까. 석도안이 인정한 이들 위경들의 성립연대는 중국불교 초기의 것으로서 – 다시 말하면 4세기 말까지 성립한 것들로서 – 왜 '의경'을 편집 혹은 작성하려고 하였는지 하는 '내적 이유'야말로 탐구하지 않으면 안 된다. 한역경전은 안세고가 후한의 낙양에서 역출(실제로는 구술?[9])한 2세기 후반에 시작되었다. 그로부터 겨우 2백 년이 되지 않는 사이에 의경은 26부 30권이나 출현하였다. 단순히 나눠보면 7년에 한 가지 의경이 세상에 나온 것이 된다. 실제로는 7년에 한 책이 아니라 – 이것이 중요한 점인데 – 그와 같은 것을 편집해도 괜찮다고 하는 분위기가 점재하고 있던 작은 그룹들 내부에서 무르익게 된 이유를 밝혀야 하는 것이다. 이것이 중국에만 보이는 중국적 특징인지, 아니면 인도불교에 먼 원인[遠因]이 있었던 것인가 하는 문제인데, 이에 대한 연구도 역시 앞으로의 과제라고 할 수 있다.

2.
지통 智通역 『천안천비관세음보살다라니경 千眼千臂觀世音菩薩陀羅尼經』의 개작을 둘러싼 문제

(1) 『천안천비관세음보살다라니경』과 지통 智通

다음으로 번역 경전을 수정한 사례 – 그것은 의경이 편집으로도 이해될 수 있다고 생각된다 – 을 검증해보도록 하자. 일본의 고사경[10] 중에 지통 역 『천비천안관세음보살다라니경 千臂千眼觀世音菩薩陀羅尼經』 2권이 전하고 있는데, 간본대장경(고려 재조판, 남송 사계 思溪판, 원 元판, 명 明판)들과는 차이가 있다.

이 경은 당대 초기의 번역이다. 본래 현장 귀국 이전의 당 왕조에서는 도교를 중시하면서도 불교를 배척하지 않고, 일부에서는 새로운 번역을 권장하는 움직임도 있었다. 이 경의 텍스트 개작에는 흥미 깊은 부분이 있다.[11]

이 지통역 『천안천비관세음보살다라니신주경』 2권[12]은 『개원록』 권8에 의하면 정관 貞觀 년간(627-649)에 번역되었다고 한다. 그 근거는 이 경에 대한 파륜 波崙 (생몰년 미상)의 서문에 의한 것이다. 이 서문은 고려판에만 있는 것이다. 서문의 찬자에 대하여 지승 智昇은 『개원록』 권8에서 '천안천비관세음보살다라니신주경 2권'을 제시한 후 '혹은 1권. 정관 년간에 궁궐에서 번역하였다. 처음 보인다. 당 唐 유지 流志의 천안천수신경 千眼千手身經과 같은 책[13]. 사문 파륜이 서문을 지었다'고 주를 붙이고 있다. 파륜의 전기는 알려져 있지 않지만 실차난타 實叉難陀(652-710)가 성력 聖曆 2년(699)에 번역한 80권본 『화엄경』의 역경사업에 필수 筆受로서 참가하여 활약하였다. 또한 북천축 남파국 嵐波國[14] 출신의 이무첨 李無諂이 구시 久視 원년(700) 8월에 번역한 『불공견색다라니경 不空羂索陀羅尼經』의 서문도 지었다. 거기에는 '복수사사문 福壽寺沙門 파륜 波崙'이라는 찬자 이름이 있다.

두 경전 서문의 작자가 파륜이라는 것에 이론은 없다고 생각되는데,[15] 그렇다면 지통이 번역한 정관시대와 50년 혹은 60년 가까운 거리가 있게 된다. 경전의 서문이 지어지는 것은 보통 번역한 때이지만, 어떠한 요청이 있을 때에는 새롭게 지어지는 일도 있다. 그 경우는 출판사업과 관련되는 경우가 많다. 그러나 당대의 이 시기에는 아직 간본이 인쇄되던 시대가 아니었으므로 별도의 이유가 있었을 것이다. 서문에는 그와 관련된 사정이 이야기되고 있다고 생각된다. 약간 간략하게 서문을 살펴보도록 하자.

천안천비관세음보살다라니신주경서
생각건대 성스러운 힘[聖力]은 헤아리기 어렵고 신령한 마음[靈心]은 알기 어렵다. 6신통의 묘업 妙業과 8자재 自在의 현공 玄功은 겨자씨[芥實. 원문에는 恭實이지만 내용상 芥實의 誤字로 생각된다—역자]에 숭산 崇山을 집어넣고 터럭 끝을 잘라 큰 바다를 담는다. 어찌 몸을 백억으로 나누는 것뿐이겠는가. 삼천대천 모든 세계에 모습을 드러낸다. 천수천안보살은 곧 관세음이 변하여 드러나 마귀를 굴복시키는 신비한 자취이다. 무덕 武德 년간에 중천축의 바라문승 구다제파 瞿多提婆(전기와 생몰년 미상)가 고운 모직물[細氎]에 형태[形質]를 그려 단 壇(=만다라)을 만들고, 수인 手印이 그려진 경본 經本을 서울로 가져와 진상하였다. 태무 太武(태종 太宗?)께서 보시고 귀하게 여기지 않으시니 그 승려는 부끄러워하며 고삐를 돌렸다.

정관 貞觀 년간(627-649)에 이르러 다시 북천축의 승려가 천비천안다라니경의 범본을 가지고와서 바쳤다. 문무성제 文武聖帝께서 대총지사 大摠持寺의 법사 지통 智通에게 인도의 승려와 함께 다라니경과 수인 등을 번역하라고 명하시었다. 지통법사는 세 번 절하고 마쳤다.

정관의 치세[貞觀之治]라고 칭송되던 당나라 초기 태종 때에 북천축에서 『천비천안다라니』의 범본이 전래되어 태종에게 헌상되었다고 하는데, 이 다라니경전이 서역에서 상당히 유행하였음을 보여주는 것으로 생각된다. 문무성제는 태종을 가리키는 것으로 생각되는데, 대총지사의 지통에게 번역시켰다. 지통법사는 그때 이미 명성이 있던 사람일 것이다. 『속고승전』에는 전기가 수록되어 있지 않지만 『송고승전』 제3권에 전기가 보인다.[16]

당 唐 경사 京師 총지사 摠持寺 석지통 釋智通의 전기

석지통. 성은 조 趙씨. 본래 합주 陜州 안읍 安邑 사람이다. 수나라 대업 大業 년간(605-617)에 출가하여 구족계를 받았다. 후에 이름을 총지사에 두었다. 계율의 수행에 밝았고 경론에 해박하였다. 어려서부터 뛰어났으며, 여러 곳을 돌아다니며 공부하려는 뜻이 있었다. 그래서 낙양의 번경관 翻經館에 가서 인도의 문자와 언어를 공부하고, 밝게 알게 되었다. 마침 정관 년간에 북천축 승려가 천비천안경의 범본을 가지고 오는 일이 있었다. 태종이 천하의 승려 중에서 학문이 뛰어난 자를 모집하여 번경관의 철문 綴文·필수 筆受·증의 證義 등을 맡게 하였는데, 지통에 거기에 응모하여 인도 승려와 함께 번역하여 2권을 완성하였다. 천황 天皇의 영휘 永徽 4년(653) 다시 본사에서 천전 千囀다라니관세음보살주 1권, 관자재보살수심주 觀自在菩薩隨心呪 1권, 청정 淸淨관세음보살다라니 1권을 번역하였으니 모두 4부 5권이다. 지통은 인도 문자를 잘 알았으며 중국어도 뛰어났다. 상대하여 함께 번역하는 사람들이 모두 인정하고 존경하였다. 또한 유가비밀교 瑜伽秘密敎를 수행하여 큰 감통이 있었다고 한다. 후에 마친 곳을 알지 못한다.

이 내용에 의하면 태종이 지통을 지정하여 번역시킨 것이 아님을 알 수 있다. 그렇지만 당시의 외국어학교인 번경관에서 우수한 성적을 거두었던 인물이라고는 할 수 있을 것이다. 지통이 이미 주위 사람들에게 인정받고 있던 것은 『중경목록』(정태록 靜泰錄) 제1권에 보이고 있다.[17]

정관 9년(635) 4월, 칙명을 받들어 원내 苑內에서 일체경을 서사함. 대총지사 승려 지통이 사인 使人 비서랑 저수량 褚遂良 등과 함께 신역 경전들을 추가하여 경전을 교정하고 아룀. 칙명을 받들어 시행함.

저수량(596-658)이 비서랑으로 나타나고 있는데, 그가 후에 기거랑 起居郎이 되어서 태종의 깊은 신뢰를 받은 인물이라는 것은 잘 알려져 있는 사실이다. 대총지사의 승려 지통이 그와 어깨를 나란히 하고 있었다는 것은 그가 당시 불교계를 대표하는 승려였음을 보여주는 증거라고 할 수 있을 것이다.

그러나 『송고승전』에서 마지막에 '후에 마친 곳을 알지 못한다.'고 한 것은 어떤 까닭일까. 이것은 현장의 귀국과 관계가 있다고 추측된다. 현장과의 관계는 어떠하였던 것일까. 태종의 현장에 대한 압도적인 신뢰는 전무후무한 것이었다. 실제로 현장의 범어 이해력은 발군이었고, 누구도 이의를 제기할 수 없었다. 현장의 귀국은 정관 19년(645)인데, 이때를 경계로 하여 지통의 우월성이 사라졌다고 하는 것이 자연스러울 것이다. 먼저 지통과 현장의 교류를 보여주는 문장을 소개한다. 지통역 『관세음보살수심주경』의 후서 後序**18**에 다음과 같은 내용이 있다.

이 다라니[呪]는 마음에 따라서 귀신을 굴복시키는 데 사용한다. 이 일인 一印은 (지)통 스님이 스승인 삼장 현장법사의 곁에서 직접 배웠다. 삼장은 이 인印이 빠진 것을 알고서 지통에게 주었다. 스승은 중천축국의 장년 長年 발타나라연 跋吒那羅延(전기 등 미상), 계빈국 사문 갈라나승가 喝羅那僧伽(전기 등 미상)와 삼만다 라회 三曼茶羅會를 함께하여 이 법을 수지 受持하였다. 후에 칙명을 받아 서울에 들어왔는데, 대총지사 승려 지통이 이를 들어 이해하고 번역하였다. 수십 명의 대덕들이 이 인법 印法을 구하였으므로 마침내 번역한 것을 유포하였다. (지)통은 이에 의거하여 단을 만들어 7·7일 동안 법에 따라 수지하였다. 바라는 것이 모두 만족하게 이뤄지니 위력이 보통과 달랐다.

현장이 밀교에 대하여 거의 관심을 보이지 않은 것은 주지의 사실인데, 지통에게 밀교의 다라니를 수여하였다고 하는 본 서문의 내용이 사실이라면 지통을 밀교 다라니의 전문가로 인정하였던 것이 되고, 현장 귀국 이후에도 당 왕조에서 지통의 번역승으로서의 위상에 변화가 없었다고 추정된다. 그러나 불교계의 표면에서는 한 발자국 물러나 있었음에 틀림없다. 그것이 '후에 마친 곳을 알지 못한다.'고 한 것이라고 추정된다.

지통의 행적을 연대순으로 정리해보면 다음과 같다.

수나라 대업 년간(605-617): 출가, 구족계 받음 (『송고승전』 권3)

당나라 정관 9년(635): 저수량과 일체경을 서사하여 진상함 (『중경목록』 권1)

당나라 정관 년간(627-649):『천안천비관세음보살다라니신주경』(2권) 번역 (파륜 찬 경전의 서문, 『송고승전』 권3)

당나라 영휘 4년(653):『천전다라니관세음보살주』(1권), 『관자재보살수심주』(1권), 『청정관세음보살다라니』(1권) 번역 (『송고승전』 권3)

몰년 미상: 죽은 상황을 알 수 없음(『송고승전』 권3)

이제 파륜이 지은 서문에 대해 다시 살펴보자. 파륜은 지통이 번역할 때의 정보를 전해 들었음에 틀림없다. 그런데 당시는 이미 50년 혹은 60년이나 지난 때였다. 상세한 사정이 이미 망각되어 있었음을 부정할 수 없다. 파륜 자신이 경전 중에 기록된 주석의 내용에 의거하여 이야기한 부분이 있었다고 생각된다. 그러나 중요한 것은 무슨 까닭으로 이 시기에 다시 지통이 번역한『천안천비관세음보살다라니경』에 주목하였는가 하는 것이다. 아마도 이 경의 다라니가 신주神呪로서 다시 그 종교적 가치가 주목을 받았던 것이라고 생각하는 것이 자연스러울 것이다. 이 경전의 다른 번역본으로는 보리류지가 번역한『천수천안관세음보살모다라니신경 千手千眼觀世音菩薩姥陀羅尼身經』(1권)이 있는데, 이것은 경룡 3년(709)에 번역된 것으로서 파륜의 활약 연대와 일치한다. 이 다라니에 대한 신앙이 융성해지면서 지통 번역본이 다시 등장하게 되고, 경전의 서문이 찬술되고, 나아가 경전 자체에 대한 교정작업이 시작되었다고 생각된다. 이 교정작업은 그러나 실제로는 개작의 형태를 띠었던 것이 아닌가라고 말할 수 있을 정도로 대폭적인 편집작업이었던 것 같다.

(2) 이본 異本들의 차이점

다음으로 텍스트 본문에 있어서 이본異本들의 차이점에 대하여 살펴보도록 하자. 이 경은 고려판과 송판·원판·명판 사이에 커다란 차이점이 있다. 그 때문에 대정장본에서는 먼저 고려판을 게재한 후 뒤에 별본으로 명본을 게재하면서 대교본으로서 송판과 원판을 제시하고 있다.

고려판과 송원명 세 판본의 차이는 대정장 편찬자의 판단과 달리 그렇게 크지 않다. 하지만 이것은 커다란 차이를 보여주는 일본 고사경본과 비교할 때에 비로소 그렇다고 말할 수 있는 것이다. 고려판과 송원명 세 판본의 주요한 차이점은 ①서문의 유무, ②관정인灌頂印의 유무, ③협주의 유무 등이다.

① 서문은 고려판에만 첨부되어 있다. 이는 앞에서 언급한 것처럼 파륜의 찬술로 여겨지고 있다.

② 송원명 세 판본은 상권 말미에 관정인이 게재되어 있지만 고려판에는 보이지 않는다.

③ 협주의 유무는 조금 복잡하다. 협주가 본문으로 되어 있는 부분이 두 판본 모두에 보이고 있기 때문인데, 한편에만 있는 협주는 한 곳(고려판 관상 제12장 '此語智通親自供養, 蒙作此問, 以此錄之')뿐이다.

다음으로 두 계통의 본문에 산견되는 미묘한 어구에 대하여 살펴보자. 그것은 이 경의 제목에 보이는 '천안천비 千眼千臂'의 네 글자인데, 경의 제목은 고려판과 다른 세 판본 모두 차이가 없고, 또한 각 장별의 제목도 동일하다. 그러나 주의하지 않으면 안 되는 점은 고려판의 권상 끝부분에 '천비천안관세음보살상 千眼千眼觀世音菩薩像'[19]이라는 말이 있다는 것이다. 여기에서는 '천안천비'가 바뀌어 있다. 단순한 오사로 생각될 수 있는 작은 차이이지만, 무시할 수 없는 이유는 서문에 '천수천안보살은 관세음의 변하여 나타나는 모습[千手千眼菩薩者 卽觀世音之變見]'이라고 하면서도 '천비천안다라니의 범본을 가지고 와서 바쳤다[齎千臂千眼陀羅尼梵本奉進]'이라는 구절이 나오기 때문이다. 서문에서 제목 자체는 '천안천비관세음보살다라니신주경서'라고 일반적인 순서로 이야기하면서 그 안에서 이와 같이 도치된 문자 배열이 있는 것은 무언가를 드러내고 있음에 틀림없다.

나라현 야마토코오리야마 大和郡山의 사이호지 西方寺 일체경은 본래 다이몬지 大門寺에 있던 일체경이 옮겨진 것인데, 헤이안시대 원정기 院政期에서 가마쿠라시대에 걸쳐 서사된 일체경으로, 그 저본의 대부분은 나라시대 사경 계통으로 추정되고 있다. 이 일체경에 있는 지통역 『천안천비관세음보살다라니경』은 상권의 경우 외제와 내제 모두 '천비천안관세음보살주경품 권상'으로 되어 있고, 미제 尾題는 '천비천안관세음보살다리니경 권상'으로 되어 있다. 필사기에는 '닌페이 仁平 2년 (1152)'라는 연호가 보인다.

한편 교토 고쇼지 興聖寺 일체경에서도 권상의 외제와 내제는 모두 '천비천안관세음보살주경 권상'이고, 미제는 '천비천안관세음보살다라니경 권상'이다. 권하는 외제와 내제 모두 '천비천안관세음보살다라니경 권하'이고 미제는 '천비천안관세음보살다라니경 권하'이고, 필사기에는 '에이만 永萬 2년(1166)'의 연호가 보인다.

　이 두 사본은 모두 '천수천안'으로 된 한 곳을 제외하고 모두 '천비천안'의 순서로 되어 있다. '천수천안'도 결국에는 '천비천안'과 다르지 않은 것이므로 일본에 전래된 것 중에 '천비천안'을 제목으로 한 것이 존재하고 있었음을 알 수 있다.

　거슬러 올라가 나라시대의 사경 기록인 『정창원문서』를 살펴보면 '천안천비'라는 경전 제목과 '천비천안'이라는 제목이 혼재되어 있음을 알게 된다.[20] 이 경에 관한 일본 고사경은 고려판이나 송원명 세 판본 등의 현행본에 연결되는 것과 사이호지 일체경이나 고쇼지 일체경 등의 경권이 병행해서 유통되었던 것이다. 이것은 대단히 흥미 있는 일이라고 할 수 있다. 혼재 현상은 단순한 오사라고는 도저히 생각하기 힘들다. 아마도 둘 중 하나가 오래된 것이고, 다른 쪽이 이를 개작하였다고 상정하는 것이 타당할 것이다.

　그런데 '천안천비'에서 '천비천안'으로 개작하였다고 생각하는 데에는 약간의 무리가 있다. 왜냐하면 '천안천비'라는 현행본의 기원을 거슬러 올라가보면 10세기의 개보장 開寶藏,[21] 12세기의 남송판, 그리고 8세기의 나라시대 사경 기록 등이다. 반면 '천비천안'은 8세기의 나라시대 사경 기록과 다시 그것을 전사한 것으로 생각되는 12세기에 서사된 사이호지 일체경본과 고쇼지 일체경본이다. 일체경에 정식으로 입장되어 남은 것이 어느 쪽인지를 생각해보면 저절로 알 수 있다. 개원 18년(730)에 찬술된 지승이 『개원록』 입장 入藏 목록에는 '천안천비'라는 경전 제목이 보일 뿐이다. 즉, 당대 초기에 지통이 번역한 『천비천안관세음보살다라니경』은 개원 18년 이전에 『천안천비관세음보살다라니경』으로 개작되었던 것이다. 지통이 '천비천안관세음보살'이라고 번역한 경전의 제목을 '천안천비관세음보살'로 바꿀 수 있었던 인물은 누구일까. 그 문제를 검토하기 전에 일본 고사경의 또 다른 특징을 이야기할 필요가 있다.

일본 고사경본과 간본일체경본(고려판, 송원명판) 사이의 주요한 차이점 중 첫 번째는 대신주 大身呪(근본대신주 根本大身呪)의 수적 차이이다. 전자는 백 개의 다라니인데 반하여 후자는 94구이다. 전자가 지통역에 가깝다고 본다면 후자는 이를 정리하여 줄인 것이 될 것이다. 두 번째는 권상의 끝부분에 일본 고사경본에는 수나라의 사나굴다 闍那崛多가 번역한 『오천오백불명신주 五千五百佛名神呪』에서 경문과 다라니를 인용하고 있는 것이다.[22] 세 번째는 장의 구분이 다르다. 일본 고사경본은 20장, 간본일체경본은 25장으로 되어 있다. 지통역에 손을 대어 새로운 장을 추가한 것이다. 네 번째는 일본 고사경본의 하권 끝부분에 번역 당시의 사정을 이야기하는 약간 장문의 내용이 보이는 점이다.[23] 전반부에서는 '대총지사 승려 지통이 처음 이 법문을 얻어서 법에 의거하여 수지하였다. 당시 대당의 정관년중에 칙명을 받들어 (지)통이 대궐에 들어가 천비천안관세음보살다라니경법을 번역하였다. (지)통이 널리 통달하지 못하였기 때문에 사양하였지만 곧 황제의 부름으로 직접 뵙는 은혜를 입었다. 황제가 묻는 것을 모두 잘 대답하였다. 마땅히 알아야 할 것이다. 이 법은 불가사의하며 직접 스스로 이를 경험하였다. 그러므로 기록하여 앞의 대신주(앞의 여섯 번째. (지)통은 삼매인에 통달함)를 쓴다.'라고 하여 번역 당시의 사정을 알려준다. 파륜은 이 문장을 보았을 것으로 생각된다. 파륜의 서문에 '정관년중에 이르러 다시 북천축의 승려가 천비천안다라니범본을 가지고 와서 바치는 일이 있었다'고 하였는데, '정관년중'이라는 말은 현행의 간본일체경본에는 보이지 않기 때문이다.

이상의 네 가지 중요한 점들을 고려하면 분명히 지통이 번역한 『천비천안관세

음보살다라니경』 상하 2권을 개작하여 『천안천비관세음보살다라니경』 상하 2권
으로 만들고, 본문도 대폭적으로 손질하였음을 읽을 수 있다. 이것을 의경의 범주에
넣어야 하는지는 아직도 결론지을 수 없지만, 인도불교의 원전 그대로의 번역이
아님은 분명하다.

3.
소결

의경의 문제는 복잡하며, 또한 자료적 제약으로 고찰의 손길이 미치지 못하는
것들 투성이이다. 원전에 해당하는 산스크리트어 및 그것을 복원해낼 수 있는 티벳
어 번역경전으로 탐색할 수 없는 것들에 대하여 의경의 성립을 논하는 것은 쉽지
않다. 또한 의경 연구의 선구자인 마키다 타이료牧田諦亮 박사가 지적한 것처럼 많
은 의경들이 작성되었지만 그 대부분이 사라진 현재에 있어서 그들을 복원하는 것
도 어려운 일이다. 이 글에서 소개한 『비라삼매경』도 12세기 일본의 고사경에서
확인된 것이다. 당초에는 완전한 가짜(?)로 지적될 정도였지만 그것도 무리는 아니
었다. 잘못 쓰인 부분이 많고, 또한 옛 한문도 포함되어 있어서 해독이 대단히 난삽
하였다. 그러나 혜법보살의 기상천외한 이야기와 아차태자의 철저한 보시행은 불
교에 대한 기본적 이해 위에 구상된 커다란 구조의 '불교경전'이라고 파악할 수 있다
는 공통 인식에는 도달하였다고 생각된다.

또한 일본 고사경에 전하고 있는 지통역 『천비천안관세음보살다라니경』 상하

2권은 현행본과 달리 대폭적인 개작이 행해졌다고 추측된다. 그 개작의 정도는 범본 원전에 따라 개정된 것이 아니라 한문경전으로서의 체제를 갖춘 것으로 보인다. 이러한 개작을 행한 것은 누구일가. 아마도 이 책만의 단발적인 개작이 아니라 일체경 전체의 상당수에 걸쳐 개작이 행해졌을 가능성이 높다. 의정 義淨이 찬술한 『대주서역행인전 大周西域行人傳』을 『대당서역구법고승전 大唐西域求法高僧傳』으로 제목을 바꾸고, 『다라니잡집 陀羅尼雜集』의 본문 순서를 크게 바꾸었으며, 또한 『수능엄경』의 권7을 크게 손질하여 경문을 삭제해버렸다. 이들 모두 8세기 초엽에 일어난 일이다.

지통역본의 개작은 그러나 반드시 완전하게 정리되지 못한 상태로 마쳐졌을 가능성이 높다. 고려판과 송원명 세 판본의 차이가 그것을 보여주고 있다.

이러한 일련의 사업은 국가적 권위하에 진행되지 않으면 안 되는 것들이었음은 분명하다. 더욱이 그에 관한 기록들조차도 소거할 수 있을 정도의 절대적인 권력이 존재하여 오랫동안 감추어졌던 것이다. 일본 각지에 남아 있는 고사경 연구에 의해 비로소 그 일단이 드러나게 되었다. 앞으로 이에 대한 연구가 더욱 심화될 것이다.

1　이 책은 산일되었지만 僧祐의『出三藏記集』에 인용된 문장들을 통해 거의 복원될 수 있다. 常
　　磐大定,『後漢より宋齊に至る譯經總錄』(東方文化學院東京研究所, 1938년) 참조.

2　『大正藏』 제50책 38쪽 중단.

3　『開元錄』 권18에 '父母恩重經 一卷 (經引丁蘭董黯郭巨等, 故知人造. 三紙)'(『大正藏』55권 p.673上)라고
　　하였는데, 丁蘭, 董黯, 郭巨 등은 중국에서 효행의 인물로 알려져 있었기 때문에『개원록』 편
　　찬자 智昇은 '僞妄亂眞錄'에 포함하였지만, 현행본에는 이 세 사람의 이름이 나오지 않는다.
　　비판을 받아서 다시 편집한 것으로 생각된다.

4　牧田諦亮 監修・落合俊典 編,『七寺古逸經典研究叢書』全6卷, 大東出版社, 1994-2000년.

5　일본에 전하는『大周經』古寫經本 중에는『大正藏』본에 보이지 않는 '聖曆三年(700) 奉行'이
　　라는 문장이 쓰여진 것들이 있는데, 이『비라삼매경』의 부분에도 보인다. 金剛寺一切經本,
　　西方寺一切經本, 七寺一切經本 등.

6　牧田諦亮,「『毘羅羅三昧經』解題」, (『七寺古逸經典研究叢書』第1卷), pp.305-321 참조.

7　『大正藏』 제54권 p.1011중단 16행.

8　『大正藏』 제54권 p.7하단 28행-p.8상단 3행.

9　デレアヌ フロリン,「金剛寺一切經と安世高の漢譯仏典」(『いとくら』 제2호, 国際仏教学大学院大学学
　　術フロンテイア, 2007년).

10　日本 古寫經은 종래 奈良시대 寫經을 의미하였지만 여기에서는 刊本大藏經을 書寫의 底本으로
　　하지 않은 寫經本을 가리킨다. 鎌倉시대 사경의 다수도 이 범주에 들어가는데, 南北朝시대 전
　　후부터 간본대장경을 모본으로 하는 사경이 늘어난다. 다만 院政期의 平安시대 사경 중에 開
　　寶藏(北宋勅版, 蜀版)을 저본으로 한 것이 있다. 이들은 일본 고사경이라고는 칭하지 않지만 이
　　들은 겨우 일부에 지나지 않는다. 따라서 개략적으로 말하면 平安・鎌倉시대 사경을 일본 古
　　寫經이라고 일컬어도 지장이 없을 것이다.

11　拙稿,「大唐西域求法高僧傳の原題」(『三康文化研究所年報』21호, 1989년), 林敏,「日本における『首楞
　　嚴經』の展開」(『印度學佛敎學研究』120호, 2010년) 등 참조.

12　智通譯『千眼千臂觀世音菩薩陀羅尼經』 2권은 高麗版과 宋元明版 세 판본 사이에 차이가 있다.
　　서문은 고려판에만 있으며, 본문의 經文도 여러 차이가 있다.『大正藏』에서는 고려판은
　　No.1057로 하고, 宋元明版은 明版을 저본으로 하여 別本으로 게재하고 있다. 선행연구로는
　　大村西崖,『密敎發達志』(1918년), 長部和雄,『唐代密敎史雜考』(神戸商科大學學術研究會, 1971년),
　　平井宥慶,「千手千眼陀羅尼經」(『講座敦煌』 7「敦煌と中国仏教」, 大東出版社, 1984년) 등이 있다. 또한
　　티벳역본에 대해서는 礒田熙文,「『大悲心陀羅尼』について」(『臨濟宗妙心寺派敎學研究紀要』5호, 2007
　　년) 참조.

13　菩提流志 譯『千手千眼觀世音菩薩姥陀羅尼身經』 1권 (『大正藏』 제20권 수록). 景龍 3년(709) 번역.

14 玄奘의 『大唐西域記』 권2에 서술된 濫波國으로 상정된다. 현장은 이 濫波國은 북천축의 경계로서 伽藍 십여 곳에서 모두 大乘를 배우고 있다고 하였다. 8세기의 慧超는 覽波國에서는 三寶를 敬信하고 大乘의 法을 행한다고 하였다. 水谷真成 訳, 『大唐西域記』 (平凡社, 1971년), pp.75-76 참조.

15 長部和雄, 『앞의 책』, p.62

16 『大正藏』 제50권, pp.719하단-720상단.

17 『大正藏』 제55권, pp.188하단-189상단.

18 『大正藏』 제20권, pp.463상단 14행-24행. 이 後序의 후반부는 생략한다.

19 『大正藏』 제20권, p.87중단 14행. 한편 卷下의 제25장에 「請千臂觀世音菩薩心王印呪」(같은 책, p.89중단 19행)이라는 구절이 있는데, 이것이 千臂千眼인지 千眼千臂 중 어느 것의 생략인지 알 수 없다. 이와 관련하여 송원명 세 판본에는 '千臂千眼'이라는 말은 보이지 않는다.

20 木本好信 編, 『奈良朝典籍所載仏書解説索引』(國書刊行會, 1989년)에는 '千眼千臂'로 된 경전 제목이 16곳, '千臂千眼'으로 된 경전 제목이 19곳이다. 한편 石田茂作 編, 『奈良朝現在一切經目錄』(『写経より見たる奈良朝仏教の研究』수록, 東洋文庫, 1930년)에서는 모두 '千眼千臂'로 통합하고 있다.

21 開寶藏의 模刻本이 趙城金藏, 高麗初雕版, 高麗再雕版이다. 고려재조판은 守其 등이 여러 판본을 이용하여 대폭적인 정정을 하였으므로, 개보장의 모습을 찾는 데는 앞의 두 가지가 적절하다. 그러나 모두가 현존하는 것이 아니므로 隔靴搔癢의 감을 면할 수 없다.

22 興聖寺本 上卷 304-329행. 『大正藏』 14권 p.328하단 14행-329상단 9행.

23 興聖寺本 下卷 166-188행. 그 문장을 행수에 따라 인용하면 다음과 같다. (166)大總持寺僧智通初得此法門依法 (167) 受持于時於大唐貞觀年中奉勅 (168) 追通入內醲譯千臂千眼觀世音陀 (169) 羅尼經法通爲未達廣明遼便乞願 (170) 蒙親接引聖上所問皆悉知委當 (171) 知此法不可思議親自證驗是故錄其 (172) 用前大身呪(用前第六通達三昧印)爾時菩薩他 (173) 作阿難相貌具足來問仁者所須何 (174) 法何所求耶此諸語智通親自供養 (175) 蒙於此問以此錄之行者答言爲求 (176) 無上菩提陀羅尼法當蒙受記之時 (177) 唯振發願慈悲泣感懃心無希求名聞 (178) 利養所願救一切衆生如覗一子又 (179) 願一切鬼神悉皆順伏得如是願已 (180) 一切陀羅尼三昧皆悉見前但自知 (181) 耳不得向人傳說通翻此法與房中 (182) 侍子玄暮一本學得說卽焚却都本 (183) 都本卽根本身呪也唯有此本自外 (184) 更無如此供養一切陀羅尼法門悉皆 (185) 成就若欲得有所求者當作四肘 (186) (空格) (187) 水壇燒流水香誦呪一百八遍作前 (188) 第十乞願印卽得一切如願

제7장

불교회화와 궁정
남송 마원 馬遠의 「선종조사도」를 중심으로

이타쿠라 마사아키

1.
황제와 불교 · 미술의 관계: 남북조시대까지

중국에서 불교의 전개는 국가권력과 밀접한 관계 속에서 파악되었다. 즉, 전제군주의 통치권이 강고했던 중국에서는 불교가 초기단계에서와 같이 독립적으로 운영하는 것이 어렵고, 황제권력 아래 종속되어 국가와 권력자의 보호 · 통제하에서 발전하였다는 것이다. 그 때문에 당연하게도 불교에 대해서는 단순히 황제 등의 개인적 신앙으로서만이 아니라 국가 종교적 측면이 자주 강조되었고, 왕법(세속권력 · 질서)과 불법(불교의 이론과 교단의 활동) 사이의 상극, 길항이라는 형태로 이해되어 왔다. 진호국가鎭護國家라는 개념으로 집약되는 호국사상도 인도에서 이미 있던 것이지만 중국에 불교가 수용되는 과정에서 강화된 측면이라고 말할 수 있을 것이다.

불교의 전래 자체에 대해서도 실제로는 서방과의 교섭 과정에서 점차적으로 전파되었음에도 황제가 신비스러운 꿈에 영감을 얻어서 인도에 불교를 구하였다고 하는 전설(감몽구법설)이 뿌리 깊게 이야기되고 있다. 동진의 원굉袁宏이 편찬한『후한기後漢記』에는 다음과 같이 이야기되고 있다. 후한의 명제(재위 57-75)가 꿈에 금인(금빛 나는 사람)을 보았다. 신장이 장대하고 목에는 해 · 달과 같은 빛이 났다. 황제가 여러 신하들에게 누구인가 물어보았더니 신하 중에서 어떤 사람이 서방의 부처가 아닌지 모르겠다고 대답하였다. 이에 천축에 사람을 파견하여 가르침을 구하고 중국에서 그 형상을 그리게 하였다고 한다. 그렇다면 불교는 전래되던 당초부터 왕권과 밀접히 관계되었고, 불상과 불화도 당시에 전래하였다고 오랫동안 말해져 왔던 것이다.『후한서』권42에는 명제의 이복동생인 초왕楚王 영英(71년 사망)이 황제 黃帝 · 노자와 함께 부도 浮圖, 즉 부처를 같이 제사 지냈다고 한다. 실제 그 당시에는 종실이 불교를 신앙하고 있었음이 확실하며, 인체 형상을 한 부처가 일찍이 중국에 전해져 있었다고 생각된다. 더욱이 환제(재위 146-167)가 궁중에 황제 · 노자 · 부처를 제사 지냈다고 하는 것으로부터 후한의 황제가 불상을 궁중에서 제사 지냈음을 알 수 있다.

그 후 불교는 중국에 다양한 형태로 침투하였지만 그 과정에 커다란 장벽이 있었다. 하나는 '이적'의 가르침인 불교를 '중화'가 어떻게 받아들일 것인가 하는 것이었다. 예를 들어 동진의 명제(재위 322-325)는 스스로 궁중의 낙현당 樂賢堂에 석가상을 그려 봉안하였으며, 흥황사 興皇寺와 도량사 道場寺를 건립하고 의학 義學 승려 백 명을 모았지만, 『진서』 권77의 채모 蔡謨 전기에 의하면 명제가 다재다능하였기 때문에 그러한 것이지, 이적의 풍속인 불도를 좋아하였다고는 듣지 못하였다고 이야기하고 있다. 또 한 가지는 세속의 권위인 '왕법'과 출세간의 가르침인 '불법'이 어떻게 절충될 수 있는가 하는 것이었다. 이들 과제에 대한 해답이 모색되었던 것이 동진-남북조시대로서 국가종교로서의 측면이 준비된 것도 이 시기였다. 불교는 통치자의 지배원리로 이용되었고, 불교의 전륜성왕을 현실의 황제와 일체시하여 왕법과 불법의 일체화를 도모한 '황제즉여래'사상이 형성되게 되었던 것이다.

또한 이 시기는 동시에 불교미술의 제1차 황금기에 해당되기도 한다. 예를 들어 남조에서는 보기 드문 숭불황제로 일컬어지는 양의 무제(재위 502-549)가 등장하여 '전단불상'을 천축으로부터 수도 건강의 태극전에 맞아들였고, 대규모 사원을 차례차례 건립할 때에 그곳의 벽화를 장승요 張僧繇 등이 그렸음을 기록을 통해 알 수 있다. 그런데 실제 작품은 전하지 않고, 현존작품으로 이 시기를 대표하는 것은 화북을 무대로 했던 북조의 거대석굴들이다. 선비족의 탁발씨 왕조인 북위의 운강 雲岡·용문 龍門·공현 鞏縣 석굴들, 그리고 북제의 향당산 響堂山 석굴은 황제의 발원에 의한 것으로서 국가사업으로서 연이어 조영되었던 것이다.

그중에서도 북위 전반기의 수도인 평성 平城(산서성 대동 大同)에서 서쪽으로 15킬로미터에 위치하고 있는 운강석굴 중 높이 13-17미터의 불상을 굴에 가득 조각한 제16굴-제20굴의 '담요 曇曜 5굴'에는 법과 法果에 의해 제창된 '황제즉여래' 사상을 전제로 한, 황제숭배와 표리일체가 된 불교신앙의 모습을 찾아볼 수 있다. 흥광 興光 원년(454) 평성의 오급대사 五級大寺에 도무제, 명원제, 태무제, 경목제 등 과거의 네 황제와 발원자인 문성제(재위 452-465) 등 다섯 황제를 위해 다섯 구의 장륙석가불 입상을 주조하면서 황제의 모습을 부처에 투영하여 그 위덕을 현창하였다. 화평 和平 원년(460)에는 승니를 통괄하는 사문통에 취임한 담요가 무주새 武州塞에 다섯 석굴을 만들면서 각 굴에 불상을 만들 것을 주청하였는데, 이것이 '담요 5굴'이다.

수도의 사원에 높이 4미터를 넘는 다섯 구의 구리불상이 늘어선 위용을 토대로 한층 거대한 모습으로 전개된 석굴의 조상은 '조각의 기이하고 뛰어남이 일세의 으뜸이었다'(『위서』 석로지 釋老 志)고 평가되었다(그림 1).

황제 발원의 석굴로 계승되었던 것이 천도 후의 수도인 낙양에서 남쪽으로 15킬로미터 지점에 위치한 용문석

그림 1 북위 운강석굴 제19굴 불좌상

굴이다. 새겨진 여러 조상기록들을 모은 용문20품은 북위시대의 서법을 대표한다고 여겨지고 있으므로, 미술사상 이 석굴은 불교예술뿐 아니라 서법의 측면에서도 주목되었다. 그중에서 빈양동 賓陽洞은 경명 景明 원년(500)에 선무제(재위 499-515)가 부친 효문제와 모친 문소황태후를 위해 운강(대경代京 영암사 靈巖寺)의 석굴에 준하여 석굴 두 곳의 조영을 발원하고, 다시 환관 유등 劉騰의 진언에 따라 자신을 위한 석굴 한 곳을 추가했다고 하는데, 완성된 것은 효문제를 위한 중동 中洞 뿐이고 나머지 두 굴은 미완의 상태로 끝났다. 빈양중동의 본존불좌상(그림 2)과 좌우벽의 입상들은 중국식 착의형식으로 서방적 요소가 넘쳤던 운강의 초기 동굴과 다르며, 천정의 비천상과 장식모티브도 중국식이다. 또한 전벽의 좌우에 위치하고 있는 황제예불도와 황후예불도(그림 3)의 부조는 미국의 미술관들에 나뉘어 소장되고 있지만, 사람들을 겹쳐서 표현함으로써 깊이를 표현하고, 체구의 다양한 방향으로 화면에 감동을 주며, 옷주름의 유려한 선으로 서정적인 아름다움을 드러내고 있다.

그림 2 북위 용문석굴 빈양중동 불좌상

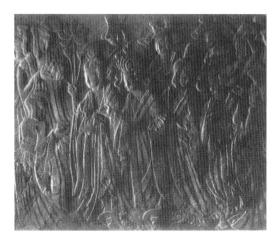

그림 3 북위 용문석굴 빈양중동 전벽 황후예불도(넬슨앳킨스 미술관)

2.
국가적 종교로서의 불교와 미술: 수·당·송

수나라

그 후 남북조를 통일한 수나라의 양견 楊堅, 즉 고조 문제(재위 581-604)는 태어나서부터 어린 시절에 이르기까지 불교사원에서 비구니에게 양육되었으므로 열렬한 불교신자였다. 북주 무제에 의해 단행된 폐불의 커다란 타격을 바꿔 적극적인 불교 부흥정책을 취하였다. 개황 開皇 2년(582)에 새 도읍인 대흥성을 조영하면서 동시에 불교와 도교의 종교사상연구기관으로서 대흥선사 大興善寺와 현도관 玄道觀을 건립하며 불교와 도교를 대등하게 대우하였고, 인수 仁壽 원년(601)에는 30개의 불사리를 천하 각지의 30개 주州에 보내 10월 15일 일시에 사리탑을 건립시켰다고 한다. 아육왕이 석가의 7대탑에서 사리를 수집하여 귀신을 시켜 하루에 8만 4천의 탑을 건립하였다고 하는 설화에 근거한 것으로서, 그 후 인수 2년과 4년 등 세 차례에 걸쳐 전국 1백여 주에 111기의 목탑사리탑을 건립하였다.

문제의 둘째 아들인 양제 煬帝(재위 604-618)는 오히려 폭군의 이미지가 인구에 회자되고 있지만, 불교와 도교에 관해서는 많은 고승을 존중하고 두텁게 대우하였다. 양제는 양주揚州 총관 시절부터 강도 江都 4도량, 즉 혜일사 慧日寺·법운사 法雲寺의 두 불사와 옥청관 玉淸觀·금동관 金洞觀의 두 도관을 설립하고 승려들에게 4사 四事(생활물품)를 공급하며 가승 家僧으로 예우하였다. 또한 황태자시절 대흥성에 건립한 일엄사 日嚴寺에는 전국의 고승들을 모아 개인 사찰의 성격을 가졌다. 즉위 후에 건립한 동도 東都 안의 혜일 慧日도량은 궁중 안에 설립된 불교도량, 즉 불사수행의 장인 '내도량 內道場'의 기원으로 볼 수 있다.

당나라

당나라 시기는 불교의 극성기로서, 국가권력을 이용하여 불교 세력을 신장함과 동시에 국가의 통제가 강화된 시기이기도 하였다. 당나라 초기 고조 이연 李淵(재위 618-626)은 노자(이이 李耳)와 동성이라는 이유로 건국 직후부터 도교에 대해 호의적이었다. 태조 이세민 李世民(재위 626-649)이 반포한 '도선불후 道先佛後의 조칙'에 의해 도사는 불교 승려의 상위에 자리하게 되었다. 이 시기의 불교는 국가의 안녕을 기원하고 황제의 권위를 내외에 선양함으로써 국가불교의 발전에 참여하게 되었다. 인도·서역에서 경전을 가지고 돌아온 현장 玄奘(602-664)은 태종과 고종의 신봉을 얻어 궁전에서 역경작업을 수행하였다.

　무주武周 혁명에 의해 중국사상 유일한 여성 황제인 측천무후(재위 690-705)가 탄생하였는데, 이 시기에 불교도 크게 발전하였다. 천수天授 2년(691)에 도선불후道先佛後가 바뀌어 불교가 도교의 위에 위치하게 되고, 두터운 보호정책이 시행되었다. 이 시기에 발전한 것이 북종선과 화엄으로, 북종의 신수神秀(?-706)는 무후의 예우를 받아 내도량에 들어갔으며, 두 수도의 법주法主, 세 황제의 문사門師로서 황제의 두터운 신임을 받았다. 무후의 불교에 대한 태도는 이후 중종(재위 684, 705-710)과 예종(재위 684-690, 710-712)에게도 계승되었다. 현종의 도교 존숭에 의한 반동, 회창會昌 5년(845)의 무제에 의한 폐불 등이 있었지만 당나라 시기는 불교의 극성기였다. 내도량은 황제에 의해 정치적으로 이용될 뿐 아니라 황실의 번영, 국가 평안 등의 현세이익을 바라는 권력자의 요구에 부응하는 장소로서의 성격을 강화하였고, 밀교세력이 확대되는 가운데 사리공양·우란분회·내재內齋와 같은 불교 의례를 거행하는 장소로서 커다란 역할을 담당하게 되었다.

　고종(재위 649-683)의 시기에 30년에 한 번 열어보는 때를 맞아 현경顯慶 5년(660)에 기주岐州(섬서성 부풍扶風) 법문사法門寺에서 부처의 손가락뼈를 낙양의 궁궐에 맞이하여 공양한 후 아홉 겹의 금상자를 보시하여 (거기에 담아) 도선道宣(598-667)을 시켜 법문사에 보냈는데, 이후 열광적인 신앙하에 이것이 항례화되었다. 고종은 등신대等身大의 아육왕상(아육왕이 만든 석가상)을 만들게 하여 사리탑 안에 안치하였다고 하는데, 이는 부처 및 인도의 전륜성왕인 아육왕과 자신을 겹쳐 보이게 하려는 행위였다고 이해해야 할 것이다. 이 법문사 탑 기단부의 지궁地宮에서 출토된 부처의 손가락사리 4개, 사리보함(그림 4), 진신사리를 받드는 보살상 등의 금은기, 견직

그림 4 당 팔중보탑(사리용기) 제1중
섬서성 부풍현 법문사 탑 기단부 지궁 출토
(법문사박물관)

그림 5 당 용문석굴 봉선사동 노사나불좌상

물, 도자기, 유리그릇 등의 봉납 물품들은 당나라 후기의 것들이 중심으로, 당나라 전기의 물품을 중심으로 하는 일본의 정창원 보물에 필적하는 것들이다.

또한 고종이 직접 발원하고, 함형 咸亨 3년(672)에 고종의 황후 무씨(후일의 측천무후)가 화장대 化粧代 2만 관을 기부하여 준공을 재촉한 끝에 상원 上元 2년(675)에 완성된 용문석굴 봉선사동 奉先寺洞은 입구 30-33미터, 깊이 38-40미터의 대규모 동굴로서, 높이 17.14미터의 중존 노사나불좌상(그림 5)은 얼굴이 단정하고 가슴과 배의 양감도 균형감 있게 표현된 이상적 인체표현의 완성된 모습으로 간주할 수 있다.

북송

태조 조광윤 趙匡胤(재위 960-976)에 의해 건국된 북송왕조는 후주 세종의 뒤를 이어 중국을 재통일하고 지방 군벌들의 권한을 빼앗아 중앙집권국가를 수립하였

다. (유·불·도) 삼교는 동등하게 중시되었지만 북
송 전기에 비하면 후기는 휘종조(1100-1125)의 숭
도억불 정책이 나타나는 것처럼 불교는 약간 저
조하였다.

북송초인 개보開寶 5년(972), 궁궐 내에서 승려
와 도사의 자리에 대해 '승선도후僧先道後의 조칙'
이 내려졌다. 중국 승려의 천축 구법여행, 천축
승려의 입송이 장려되었고, 많은 승려들이 황제
에게 사리, 패엽경 등을 헌상하고 자의紫衣 등을
하사받았다. 태평흥국사太平興國寺에 설립된 역
경원에서의 역경활동도 활발하게 진행되었다.

그림 6 북송 석가여래임상(세료지淸凉寺)

또한 내도량에서 백성들을 위한 기복의례가 거행되었는데, 그 자체는 인심수습을
목적으로 한 불교신앙이었다고 생각된다. 후주의 수도를 계승한 수도 개봉開封의
계성선원啓聖禪院에는 남당의 장간사長干寺에 있던 전단석가서상栴檀釋迦瑞像과
보지寶誌화상 진신상이 옮겨져 태종의 초상화와 함께 안치되었고, 개봉 제일의 사
원인 대상국사大相國寺는 새로 수리되어 고극명高克明 등의 궁정화가를 비롯한 전
국에서 선발된 화가들이 벽화를 그렸다. 또한 개보사의 영감탑靈感塔에는 오월국
의 아육왕산에서 옮겨온 사리가 안치되었다. 송나라의 수도는 이처럼 불교문물로
장식되어 있었다.

남송

정강靖康 원년(1126), 정강의 변으로 휘종과 흠종이 금나라 군대에 납치되어 금나라에서 객사하고 북송은 멸망하였다. 송나라 황실은 남쪽으로 옮겨가 불교국가였던 오월국의 수도였던 항주를 임안臨安으로 바꾸어 임시 수도로 삼았다. 남송시기의 고종(재위 1127-1162)의 소흥紹興 3년(1133)에는 '승선도후의 조칙'이 내려졌다. 그런 가운데 선종은 국가 종교적 성격을 강화하여 내관당內觀堂(북송의 내도량)에는 많은 선승들이 들어왔고, 동시에 총림은 국가의 강한 통제를 받게 되었다. 영종조(1194-1224)에 성립한 5산五山 제도는 그러한 모습을 상징하는 것이다. 5산제도는 선종 총림에 관료제도를 도입하는 이른바 선종사원의 격식제도로서, 명나라 송렴宋濂(1310-1381)의『송학사문집』권40의 「주지정자선사고봉선공탑명住持淨慈禪寺孤峰德公塔銘」 등에 의하면 재상 사미원史彌遠(1164-1233)이 영종에게 건의하여 가정嘉定 년간(1208-1224)에 성립했다고 한다. 5산의 첫 번째는 항주의 경산徑山 흥성만수사興聖萬壽寺, 두 번째는 같은 항주의 북산 경덕영은사景德靈隱寺, 세 번째는 영파의 태백산 천동경덕사天童景德寺, 네 번째는 항주의 남산 정자광효사淨慈光孝寺, 다섯 번째는 영파의 아육왕산 광리사廣利寺였다. 중국불교사상 이 시기가 궁정과 선종이 가장 근접하였던 시기이다. 선종의 역사서인 4대 등서燈書 중 가태嘉泰 2년(1202)에 뇌암정수雷菴正受가 편찬한『가태보등록』에는 송대의 '성군' 6인, 즉 북송의 태종, 진종, 인종, 휘종과 남송의 고종, 효종이 '현신' 49인과 함께 수록되어 있다.

선종사원에 대한 궁중과 재상의 비호가 특히 현저해지는 것은 영종의 조부인 효종조(1162-1189)로, 5산제도의 성립도 그것을 계승한 것으로 볼 수 있다. 고종조를 계승하여 효종은 대혜종고大慧宗杲(1089-1163) 및 그 문하의 졸암덕광拙菴德光

(1121-1203), 원오圓悟 문하의 별봉보인別峯寶印
(1109-1191)과 같은 양기파 승려, 그리고 교학에
뛰어난 천축약눌天竺若訥(1110-1191)과 영산자
림靈山子琳 등의 선승과 밀접한 관계를 맺고 있
었다. 또한 사미원의 부친은 효종조의 재상 사
호史浩(1106-1194)이고, 효종의 친형 조백규趙伯
圭(1119-1196)의 딸이 사미원의 동생 미견彌堅의
부인으로, 종실인 조씨와 사명四明 지역의 명문
사씨는 혼인관계를 맺고 있었다. 이러한 배경
에서 항주와 영파의 다섯 사찰이 5산으로 제도
화되었다고 생각된다.

남송시기 화원화가의 손에 의한 불교회화
가 여러 점 남아 있는 것도 이러한 배경에 의한
것이다. 다음 절에서 논하는 남송시기를 대표

그림 7 남송 양해 「출산석가도」
(도쿄국립박물관)

하는 화원화가인 마원馬遠의 「선종조사도」 3폭(텐류지·도쿄국립박물관. 그림 8·9) 이
외에 중기의 화원화가인 양해梁楷의 「출산석가도出山釋迦圖」(도쿄국립박물관. 그림 7)
를 들 수 있다. 무로마치시대에 「설경雪景산수도」 두 폭과 함께 3폭 세트로 취급되
었는데, 가운데에 위치한 이 그림에는 '어전도화御前圖畵 양해梁楷'라는 낙관이 있
다. 선종화단에서 유행하였던 주제를 전형적인 화원체 착색화의 정묘한 수법으로
그린 것이다. 또한 낙관은 없지만 「나한도」 두 폭(개인소장)은 같은 시기에 활약한
화원화가 유송년劉松年의 화풍을 보여주는 것으로, '소훈紹勳'이라는 도장으로 볼

때 5산제도의 성립을 위해 노력하였던 재상 사미원이 소장하였던 것으로 생각된다.
또한 남송시대 중후기의 것으로 보이는 낙관이 없는 「복호伏虎나한도」(광동성박물
관)도 마원의 화풍을 보여주는 작품으로 볼 수 있을 것이다.

3.
남송 마원 馬遠의 「선종조사도」에 관한 문제들

(1) 마원 馬遠과 양후 楊后

마원은 북송 - 남송 교체기에 화원화가들을 배출한 마씨 일족의 중심적 존재이
다. 하중河中(산서성 영제현 永濟縣) 사람으로 자字는 흠산欽山이다. 마씨는 불화佛畵
를 가업으로 하여 선화宣和 년간(1119-1125)에 화원에서 활약하였던 증조부 마분 馬
賁, 소흥년간(1131-1162)에 화원대조 畵院待詔였던 조부 마흥조 馬興祖, 부친 마세영
馬世榮, 형 마규 馬逵, 아들 마린 馬麟 등 5세대에 걸쳐 활동하였으며, 마원 자신은
광종· 영종조(1189-1224)에 화원대조였다. 마원의 작품에서도 대표작의 대부분에
는 영종의 황후인 양후 楊后(1162-1232)의 제찬 題贊이 있으며, 그 제작시기도 영종과
양후의 제찬을 통해 파악할 수 있다. 이들은 두말할 것도 없이 황제와 황후의 의도를
반영한 작품으로 생각된다.

낙관은 없지만 마원이 그린 것으로 여겨지는 「청량법안 淸凉法眼· 운문대사도
雲門大師圖」(교토 텐류지. 그림 8), 「동산도수도 洞山渡水圖」(도쿄국립박물관. 그림 9)도 양
후의 찬문을 가지고 있는데, 두 사람의 협업에 의한 선종조사 관련 서화의 표상이라

그림 8-1 남송 마원 그림·양후찬 「운문대사도」   **그림 8-2** 남송 마원 그림·양후찬 「청량법안도」
(교토 텐류지)   (교토 텐류지)

고 할 수 있다. 이들 세 폭의 그림은 비단의 재질, 크기, 화풍, 제찬의 형식, 서풍 등으로 볼 때 공통적이어서, 이른바 「선종조사도」로 총칭되고 있다. 세 폭에 찍혀 있는 도장은 '곤령지전 坤寧之殿'의 주문방인 朱文方印인데, 양후가 황후시대에 거주 하였던 곤령전을 의미하는 것으로서, 그에 따라 제작연대도 양황후 시기, 즉 1202년 에서 1224년 사이로 좁힐 수 있다. 마원은 남송시기를 대표하는 화원화가이고 양황

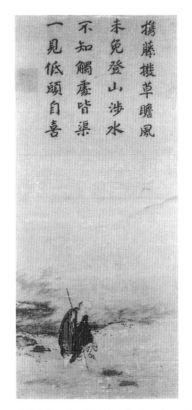

그림 9 남송 (전)마원 그림: 양후찬 「동산도수도」(도쿄국립박물관)

후는 궁정 최대의 화원 패트론으로서, 그러한 의미에서 이「선종조사도」세 폭은
「화등시연도 華燈侍宴圖」(타이페이 고궁박물원) 및「십이수도 十二水圖」(베이징 고궁박물
원)와 함께 남송시대를 대표하는 회화작품으로 위치 지을 수 있다.

이 세 폭의 그림은 모두 대각선을 의식한 단순한 구도 속에 등장인물을 배치한
형태로 당시 유행하였던 산수인물도의 전형을 따른 것으로 마원다운 특징을 띠고

있다. 하지만 한편으로는 다른 마원의 작품으로 전하는 그림들에는 보이지 않는 다양한 수법을 사용하고 있는데, 양후의 의도에 따르기 위해 한층 더 진전된 회화적 수법을 사용한 것으로 볼 수 있다.

당시 궁정에서 지지되었던 것이 대혜종고에 의해 완성된 간화선인데, 선종조사를 주제로 하는 것 자체가 공안선의 회화화라는 시대적 요청에 따른 것이라고 할 수 있다. 뿐만 아니라 양후 자신의 선종에 대한 경도도 단순한 시대적 지향을 넘는 것이었다. 예를 들어 일본 조동종의 시조 도겐(道元 1200-1253)의 중국에서의 스승인 천동여정 天童如淨(1163-1228)은 정자사에 머무를 때 양후에게서 돈을 받아 황실의 평안을 기원하는 수륙회를 개최하고, 스스로 '신승 臣僧'으로 자처하며 상당 上堂과 소참 小參을 행하였다(『여정어록』의 「정자사어록」). 또한 천동사에 머무를 때는 양후의 탄신절인 수경절 壽慶節(5월 16일)을 축하하여 상당하였고, 양황태후의 덕을 '관음의 옥장식[珞珞] 오묘하게 장엄하고, (대)세지의 꽃장식[華鬘] 오랫동안 자재하리'라고 칭송하였다(『여정어록』의 「천동경덕사어록」). 또한 양황태후는 紹定 5년(1232) 12월 7일에 자명전에서 붕어하였는데, 그다음 해 7월 15일에 무준사범 無準師範(1178-1249)이 궁중에 들어가 천도하였다(『무준사범선사어록』 권6 「경산무준화상입내인대승좌어록 徑山無準和尚入內引對陞座語錄」). 그날 무준은 경산의 승려들을 이끌고 궁중에 들어가 수정전 修政殿에서 이종황제를 알현하고 장수를 기원한 후 궤연전 几筵殿에 나아가 자리에 올라 염향 拈香 설법하면서 천도하여 신앙이 두터웠던 양황태후를 칭송하였다.

(2) 「선종조사도」 세 폭에 표현된 내용

그려진 대상은 조동종의 개창조 동산양개 洞山良价(807-869), 운문종의 개창조 운

문문언 雲門文偃(864-949), 법안종의 개창조 법안문익 法眼文益(885-958) 등으로, 원래
는 중국의 선종 5가 五家, 즉 위앙종, 임제종, 조동종, 운문종, 법안종 각각의 개창조
를 그린 「조사도」 다섯 폭짜리였다고 생각된다. 이 5가의 분류는 법안문익의『종문
십규론 宗門十規論』이 처음이라고 하는데,『경덕전등록』(1004년 성립)이 이 분류를
채용하면서 그러한 인식이 일반에 정착되었다고 한다.

　　그림 위쪽에는 각기 양후의 찬시가 있는데, 그 내용을 살펴보는 것이 그림의
주제를 이해하는 데 있어 가장 유효한 수단이라고 할 수 있을 것이다.

　　동산의 화폭(그림 9)의 찬시는 다음과 같다.

　　등나무를 짚고 풀을 뽑으며 바람을 바라보는데　[携藤撥草瞻風]
　　아직도 산 오르고 물 건넘을 면하지 못했네.　　[未免登山涉水]
　　이르는 곳마다 모두 도랑임을 알지 못하고　　　[不知觸處皆渠]
　　고개 숙여 한 번 보며 스스로 기뻐하네.　　　　[一見低頭自喜]
　　'곤령지전 坤寧之殿(주문방인 朱文方印)

　　동산이 스승 운암당성 雲巖曇晟(782-841)의 문하를 떠나서 길에 물가를 지나갈 때
자신의 그림자를 보고 활연히 깨달았다는 고사를 전제로 하고 있다(「동산과수오도 洞山過
水悟道」).

　　운문의 화폭(그림 8-1)의 찬시는 다음과 같다.

　　남산 깊숙이 코가 납작한 뱀이 숨어 있어　　　[南山深藏鼈鼻]

자라난 풀이 독한 기운을 길게 뿜는다.	[出草長噴毒氣]
논의할 때 모두 몸을 잃었는데	[擬義總須喪身]
오직 소양 邵陽만이 두려워하지 않았네.	[唯有邵陽不畏]

　'곤령지전 坤寧之殿(주문방인朱文方印)

설봉의존 雪峰義存(822-908)이 '남산에 한 마리 별비사鼈鼻蛇(코가 납작한 뱀)가 있는데, 너희들은 반드시 잘 보아야 한다'고 문하의 대중들에게 말하였다. 이에 대해 설봉 문하의 장경혜릉 長慶慧稜(854-932)과 현사사비 玄沙師備(835-908), 그리고 운문문언 등이 대답하였다. 운문은 주장자에 뱀을 감은 모양을 하여 설봉의 면전에 던지며 무서운 듯 떨었다고 한다(「설봉별비사」).

청량의 화폭(그림 8-2)의 찬시는 다음과 같다.

대지와 산하의 자연은	[大地山河自然]
필경은 같은가 다른가.	[畢竟是同是別]
만일 만법유심 萬法唯心을 깨달으면	[若了萬法唯心]
하늘의 꽃이나 물속의 달을 보지 않으리.	[休認空花水月]

　'곤령지전 坤寧之殿(주문방인朱文方印)

여기에서 전제가 되고 있는 것은 법안문익과 스승인 나한계침 羅漢桂琛의 문답이다. 계침의 '산하대지와 상좌의 자기는 같은가 다른가'라는 질문에 대해 철저한 해결을 얻지 못하였던 법안문익은 행각에 나서 지장원에서 수행한 끝에 계침의 '만일 불법을 논한다면 일체가 드러날 것이다'는 한 마디에 환하게 크게 깨달았다고 한다.

아쉬운 것은 양후와 선의 관계를 보다 깊이 검토하는 열쇠를 가지고 있었을 가능성이 있는 당시 선의 주류였던 임제종의 화폭이 전하지 않는다는 점이다. 찬자가 황후·여성이라는 점은 그다지 특별하다고 할 수 없는데, 이 세 폭의 찬은 모두 조사의 기연을 노래하고 있고, 찬과 그림의 내용이 조응하고 있으므로 세 폭은 모두 조사도라고 해야 할 것이다. 동산의 화폭은 등장인물이 한 사람 동산뿐인데, 문답의 그림이 아니라 대오의 순간을 그린 것이라는 점이 분명하다. 나머지 두 폭에 대해서 두 승려의 문답을 조사 자신과 특정할 수 없는 제자의 대화라고 하는 설도 있지만, 운문의 화폭은 운문이 설봉에게 가르침을 듣는 장면, 청량의 화폭은 법안문익이 계침에게 묻는 장면으로 해석되므로 조사의 문답을 그린 조회도祖會圖(선종 조사들의 문답을 그린 그림 – 역자)로 볼 수 있을 것이다.

그림 전경의 인물은 면밀하게 색칠하여 그려져 있으며, 특히 얼굴 모습을 세밀한 필선으로 그리고 있는 점은 세 폭 모두 공통된다. 육신의 외곽선을 그리는 등 백묘화白描畫를 의식하였다고 생각되는 「서원아집 西園雅集(춘유부시 春遊賦詩) 도권 圖卷」(넬슨앳킨스 미술관)의 그림과 비교하면 차이는 명백하다. 이 세 폭은 당시 참조할 수 있었던 초상화나 밑그림[紛本]을 전제로 한 것으로, 마씨 일족이 본래 불화를 그리는 화가들이었음이 크게 영향을 미쳤다고 생각된다. 다만 그 묘사밀도는 서로 꼭 같은 수준이 아니며, 동산의 화폭이 약간 떨어지는 인상이다. 양후찬에 대해서도 동산 화폭은 글자의 배치, 특히 행간의 폭과 '곤령지전' 도장이 다른 두 폭과 다르다. 특히 멀리 있는 산에 주목하면 동산 화폭의 경우 다른 두 폭과 달리 멀리 있는 산을 먼저 옅은 묵으로 형태를 그린 후 윤곽을 남기듯이 그 안쪽에 파란 색을 칠하고 있다. 이것은 마원의 아들 마린의 「석양산수도」(네즈 미술관, 1254년), 「좌간운기도 坐看雲起圖」(클리블랜드 미술관, 1256년), 「병촉야유도 秉燭夜遊圖」(타이페이 고궁박물원) 등의 먼 산의 형태와 공통된다. 즉, 동산의 화폭은 마원 자신이 아니라 마린을 포함한 주변의 고수가 그린 작품으로서, 그중에서 마린이 가장 유력한 후보라고 할 수 있다. 그렇다면 부친 마원의 감독하에 제작된 마린 초기의 작품이 될 수 있다. 더욱이 도장에까지 미묘한 차이가 보이고 있으므로 나머지 두 폭과의 관계는 엄밀한 의미에서는 별도의 작품이었을 가능성도 부정할 수 없다. 오히려 양후의 요청에 의해 만들어진 복수의 세트가 각기 다양한 형태로 남아서, 연이어 일본에 전래되었다고 생각할 수도 있을 것이다.

⑶ 「선종조사도」의 회화사적 위치

우선 마원 자신이 그렸다고 생각되는 운문 화폭과 청량 화폭을 살펴보자. 이미 언급한 것처럼 두 화폭은 조사가 문답하는 조회도의 형식을 취하고 있다. 이 그림들의 전제가 되었던 것을 상상할 수 있는 증거물로서 일본의 모본이 있다. 북송 지화 至和 원년(1054) 11월에 판각된 것을 조진 成尋이 찍어서 가지고 온 전사본으로 추측되는 「달마종육조사도」(고산지 高山寺), 같은 북송의 가우 嘉祐 6년(1081)에 성립되어 곧바로 소주의 만수선원에 석각된 것의 탁본에 의거한 것으로 여겨지는 「전법정종정조도 傳法正宗定祖圖」(MOA 미술관) 등으로 모두 배경 없이 조사들의 모습이 묵선만으로 그려져 있고, 대화하는 모습 등 몇 가지의 패턴으로 조사들의 관계를 나타내고 있다. 마원의 그림은 이러한 조사들의 모습에 배경의 산수를 더한 것으로서, 그런 의미에서도 마원의 그림에 보이는 인물과 배경의 관계는 실제로 양후와 그의 창의였음을 알 수 있다. 남송 양해(낙관)의 「고승도권 高僧圖卷」(상하이박물관, 그림 10)은 같은 조회도라고 할 수 있는데, 그림 속 인물들의 태도는 동작을 명확히 드러내어 내러티브적 요소를 강조하고 있다. 비교해보면 마원의 그림은 두 승려의 관계에 대해 대화 이외의 어느 것도 암시하지 않고 있는데, 그런 의미에서 보다 도상적 iconic이라고 할 수 있을 것이다.

운문의 화폭에서는 화면을 바라볼 때의 오른쪽 노승이 설봉, 왼쪽의 합장하는 젊은 승려가 운문이 된다. 설봉의 옆에는 '설봉별비사 雪峰鼈鼻蛇'의 중요한 아이템인 주장자가 보인다. 설봉이 앉아 있는 특이한 바위는 설봉이 선원을 개창한 설봉산 정상에 있는 코끼리 해골을 닮은 바위로 생각된다. 설봉이 앉아 있는 깔개의 문양과 영지버섯, 바위 윤곽선 일부에는 금채를 칠하여 그가 대오한 조사라는 것, 즉 그의 신성함을 나타내고 있다. 그에 호응하여 멀리 있는 산 쪽에 햇빛이 그려져 있는데,

그림 10 남송 양해(낙관) 「고승도권」 부분(상하이박물관)

흔들리는 것 같은 약간 가는 옷 문양과 어울려서 설봉의 늙은 심경을 상징적으로 드러내고 있다고 볼 수도 있다. 또한 풀은 운문이 주장자로 찾아본 장소를 나타내고 있는데, 왼쪽 앞에서 오른쪽 뒤로 쓰러지게 하여 제자에서 스승 쪽으로의 방향을 나타내고 있다.

청량의 화폭에서는 오른쪽의 장년의 승려가 계침, 왼쪽의 젊은 승려가 법안이 된다. 계침은 입이 반쯤 열려 이를 드러내고 있는데, 대화가 한창 진행되는 순간을 그린 것이다. 더욱이 두 승려의 배후에 허리보다 낮은 상당히 부자연스러운 위치에 어렴풋하게 멀리 있는 산이 보이고 있다. 두 사람은 마치 산을 등에 지고 있는 것 같은데, 두 사람 사이에서 자연과 자기의 동일성을 논하는 문답이 행해지는 것을 상징한다고 해석할 수 있다. 스승 가사의 고리 무늬에는 금채가 칠해져 있고, 왼쪽 앞에서 오른쪽 뒤로의 바람도 운문 화폭과 마찬가지 연출이라고 생각된다. 더욱이 노승(설봉), 장년의 승려(계침), 젊은 승려(운문·법안)의 옷주름을 비교하면 각각의 상태를 나누어 그린 것처럼 선의 상태를 바꾸고 있다. 그중에서도 약간 가늘고 흔들리는 것 같은 필선으로 그린 설봉의 옷주름과 강한 필선으로 그린 볼륨감이 있는 계침의 옷주름은 노·장의 명확한 대비를 보여주고 있다. 옷의 질감뿐 아니라 그림 대상의 정격까지도 묘사하려는 의도를 확인할 수 있다.

나머지의 동산 화폭은 「도수나한도」와 공통되는 듯한 양식에 의한 것이다. 여기에서는 다른 두 폭과 같은 섬세한 금채의 사용은 확인되지 않는다. 하지만 등장인물이 한 사람임에도, 왼쪽에서 오른쪽으로 향하는 동산 배후의 바람의 표현은 세 폭에 공통된 모습을 드러내고 있다. 그런 의미에서는 설혹 원래 별도의 세트였다고 하여도 연속된 그림 양식으로서 마원의 그림다운 같은 형태의 연출을 인정할 수 있다.

이러한 세부 표현은 이 세 폭이 후에 정형화된 유파의 그림과는 구분되는 것을 보여준다. 양후의 선종에 대한 이해를 반영했다고 여겨지는 이러한 연출, 주제에 대한 이해는 '화원화가＝직업화가의 대표'라는 도식을 초월하여 문인을 표방했던 당시를 대표하는 화원화가 마원의 이미지와 모순되지 않는다. 「서원아집도권」(넬슨앳킨스 미술관)에서는 남송에서 동경의 대상이었던 소식蘇軾을 중심으로 한 예술가 그룹을 표현하면서 이공린李公麟(1049-1106)이 그린 「귀거래도권歸去來圖卷」의 그림 양식을 그려 넣음으로써 스스로를 백묘화의 명수이자 문인화가였던 이공린에 중첩시키고 있다. 화원화가를 배출해 온 마씨 집안에 태어나 자란 마원의 심성이 오히려 문인화가의 의식에 가까웠음을 보여주는 것이라고 할 수 있다. 이 그림의 주제도 단순히 선종의 화제 畵題였기 때문이 아닌 것으로 보인다. 『선화화보 宣和畵譜』 권7 이공린의 항목에 「선회도 禪會圖」「조사전법수의도 祖師傳衣授衣圖」「단하방방거사도 丹霞訪龐居士圖」가 기록되어 있는 것도 우연만은 아닐 것이다. 세부 표현의 다양한 연출은 선종이 국가 종교적 역할을 담당하였던 남송 왕조에서 선종 및 화원에 강한 관심을 가지고 있던 황후와 문인의식을 가지고 있던 화원의 제1인자, 두 사람의 협업으로 보기에 적합한 것이었다.

4.
일본에서의 관점: 수용자로서

이 세 폭이 어떠한 형태로 일본에 전해졌는지 구체적으로 전하는 자료는 아직까지 확인되지 않고 있다. 다만 운문 화폭과 청량 화폭은 각기 뒷면에 기진장이 붙어 있다. 만지 万治 4년(1661)에 센난 泉南의 신자 도오무 道務가 조부모의 공양을 위해 텐류지 天龍寺에 이 두 폭을 기진하였다고 하는 것으로, 거기에 '송화원대조마원지 필 宋畫院待詔馬遠之筆 이종황제지신찬 理宗皇帝之宸贊'이라고 적혀 있는 것을 통해 찬 은 양후가 아니라 이종(재위 1224-1264)의 글씨로 이해되었던 것을 알 수 있다. 또한 동산의 화폭은 오토베 乙部 집안, 아카보시 테츠마 赤星鐵馬(1883-1951, 일본 근대의 실 업가-역자), 시모조 마사오 下條正雄(1843-1920, 일본 근대의 군인-역자), 다나카 도요조 田中豊蔵(1881-1948, 일본 근대의 미술사가-역자) 등의 손을 거쳐 현재 도쿄국립박물관 에 소장되어 있다.

이 그림에 대한 무로마치시대의 이해 및 수장상황을 보여주는 중요한 단서가 되는 작품이 미국과 일본에 소장되어 있다. 즉, 쇼우케이 祥啓(무로마치시대의 선승 겸 화승-역자)가 그린 것으로 전하는 「청량법안도」(프리어 갤러리)와 가노 교라쿠 狩野玉 楽(일본 센고쿠 戰國 시대의 화가-역자)의 그림으로 전하는 「선종조사도」 두 폭(개인소 장)이다. 먼저 쇼우케이의 그림으로 전하는 「청량법안도」의 경우 인물의 가사와 배경에 상당한 개변이 더해져서 얼핏 보면 밝고 화려한 인상이 강하지만 분명히 마원 그림의 모습을 모방한 것이다. 또한 가노 교라쿠의 그림으로 전하는 「선종조 사도」 두 폭 중 한 폭은 분명히 마원의 「운문대사도」를 모사한 것인데, 그 준법 皴法 등으로 볼 때 쇼우케이파의 그림을 에도시대에 모사한 것으로 볼 수 있다. 즉, 텐류 지에 있던 두 폭 그림은 모두 쇼우케이파 사이에 유포되어 있던 것이다. 또한 같은 형태의 화풍과 형식을 띠는 쇼우케이 그림으로 전하는 것 중에 이 그림 외에 「정병척 도도 淨瓶踢倒圖·약산이고문답도 藥山李翺問答圖」(개인소장), 「조과백낙천문답도 鳥

窠白樂天問答·황룡화상여동빈문답도 黃龍和尙呂洞賓問答圖」(개인소장)의 네 폭이 있는데, 그 주제들도 모두 조사도 혹은 선회도 禪會圖(선종 조사와 일반인의 대화 모습을 그린 그림–역자)이다.

    겐코 쇼우케이 賢江祥啓는 겐쵸지 建長寺의 화승으로 막부의 문화고문으로서 중국화의 수집과 보관을 담당하였던 게이아미 藝阿彌(1431-1485, 무로마치시대의 화가, 가수, 표구사, 감정가–역자)에게 사사할 기회가 있어 그 아래에서 배운 중앙의 신양식을 간토 지역에 퍼뜨렸다. 아이자와 마사히코 相澤正彦 씨는 그 구체적 양상을 논하는 가운데에 이들 네 폭이 일련의 작품으로서 작자는 쇼우케이 자신이 아니라 그 다음 세대인 케이손 啓孫(쇼우케이의 제자–역자) 등으로 추정되며, 직접적인 모사 대상은 쇼우케이가 교토에서 가지고 온 그림에 해당한다고 하였다. 네 폭 중 「약산이고문답도」의 원래 그림은 남송 마공현 馬公顯(낙관)의 「약산이고문답도」(난젠지 南禪師 소장)인데, 도상의 원천에 해당하는 실제의 중국 그림을 지적할 수 있다. 이 그림에서도 「청량법안도」와 마찬가지의 개변이 확인된다. 또한 「정병척도도」는 가노 모토노부 狩野元信(1476-1559, 무로마치시대의 화가–역자)가 그린 다이센인 大仙院의 미닫이문 그림에 있는 「선종조사도」 중에서 확인되므로 공통의 모본을 현재 전해지지 않는 아미 阿彌파 게이아미의 밑그림에 구할 수 있을 것이다. 이 네 폭에서 확인되는 도상적 규범성이 「운문대사도」 「청량법안도」에도 마찬가지로 존재하고 있으므로 그 도상이 '교토의 아시카가 足利 쇼군가 → 도오보오 同朋(무로마치시대 이후 쇼군이나 다이묘를 모시면서 예능, 다도 등을 전문으로 하는 승려 모습을 한 사람들–역자)인 게이아미 → 쇼우케이 → 간토지역의 화단'이라는 전파 경로를 따라 전개되었다고 추정된다.

    쇼우케이의 그림으로 전하는 「청량법안도」의 존재로 볼 때 이 마원의 그림도 무로마치 시기 교토의 아미파에 의해 하나의 규범으로 인식되고 있었을 가능성이 크다고 생각된다. 『어물어화목록御物御畵目錄』의 '사폭四幅'에 '선회 禪會 마원 馬遠'이라고 쓰여 있는 것으로 볼 때 아시카가 요시미치 足利義滿(1358-1408)의 수집품이었을 가능성도 있다. 더욱이 이 그림들의 찬문이 양후가 아닌 이종의 것으로 간주되고 있었다고 한다면 황제와 당대 최고의 화원화가에 의한 선종에 관한 협업이었던 것이 된다. 하타케 야스노리 畑靖紀 씨에 의해 범주화된 '황제의 회화'에 정확히 들어맞는 작품이라고 할 수 있다. 하타케 씨는 나아가 화원화가 하규 夏珪(남송 영종 때의 대표적 화원화가. 산수에 특히 뛰어났다 —역자)의 그림을 소유하는 것이 중국 황제인 영종이라는 도식으로부터 요시카가 足利 쇼군가는 하규의 그림을 갖는 것으로 일본의 위정자임을 문화적으로 연출하였다고 논의를 전개하고 있는데, 하규 양식이 쇼군 권력의 문화적 측면에서 상징하는 것이라면 이 마원의 그림에도 동일한 위상이 주어졌을 것이다. 더욱이 그림의 주제가 선종조사들이다. 중국의 황제와 화원화가에 의해 국가 종교인 선종의 조사들이 표상되고, 그것을 아시카가 쇼군의 도오보오 同朋가 코디네이트하였다고 한다면 이 세 폭은 무로마치 문화에서의 중국화 수용의 구조 자체를 보여주는 중요한 작품으로 재평가되어야 할 것이다. 시마오 아라타 島尾新 씨는 중국회화를 포함한 중국 물품들이 다이묘를 중심으로 하는 남북조 南北朝 시기 이래의 '중국 물품[唐物]' 취미로서의 '무가武家의 취미'와 선승들에 의한 보다 종합적인 중국 취미인 '선승의 취미'라고 하는 두 흐름 속에서 수용되었고, 양자가 어떤 측면에서는 상호 보완적인 기능을 하였음을 지적하고 있다. 그렇다고 한다면 그 양자의 교차점에 이 그림들이 존재하였다고 말할 수 있을 것이다. 무로마치 시기의 이른바 '히가시야마 교모츠 東山御物(아시카가 쇼군가의 역대 수집품. 특히 회화, 서예작품,

다도도구 등을 가리킴. 제8대 쇼군 아시카가 요시마사 足利義政의 별장이 교토의 히가시야마 東山 지역에 있었던 것에서 이러한 표현이 생겼다―역자)'는 남송이 동경의 대상이었음을 보여 주고 있으며, 그것을 권위 유지의 도구로 이용하였음이 분명하다. 그러한 '시대착 오' 현상의 대상이 남송이었던 요인의 하나로서 무로마치 시기의 선종을 상징으로 하는 문화구조의 유사성이 있었음을 지적할 수 있을 것이다.

주요참고문헌(일본어문헌만을 게재함)

아이자와 마사히코(相澤正彦)
    2005　　「芸阿彌畫本の幻影―弟子祥啓の作品から」『講座日本美術史 第2卷 形態の伝承』, 東京大学出版会.
아사히신문사(朝日新聞社編)
    1999　　『中国の正倉院 法門寺地下宮殿の秘寶「唐皇帝からの贈り物」』展示圖錄, 朝日新聞社
이시이 슈도(石井修道)
1982-1985　　「中國の五山十刹制度の基礎的研究(1-4)」『駒沢大学仏教学部論集』13-16号.
    1987　　『宋代禪宗史の研究』, 大東出版社
    2003　　「宋代禪宗史の特色―宋代の燈史の系譜をてがかりとして」『東洋文化』83호, 東京大學東洋文化研究所.
이시마츠 히나코(石松日奈子)
    2005　　『北魏佛敎造像史の研究』, ブリュッケ.
이타쿠라 마사아키(板倉聖哲)
    1999　　「馬遠『西園雅集圖卷』(ネルソン・アトキンス美術館)の史的位置―虚構としての『西園雅集』とその絵画史をめぐって」『美術史論叢』16号.
모키모토 가츠미(沖本克己) 編
    2010　　『新アジア仏教史6 中国I南北朝 仏教の東伝と受容』佼成出版社.
    2010　　『新アジア仏教史7 中国II隋唐 興隆・發展する仏教』佼成出版社.
    2010　　『新アジア仏教史8 中国III宋元明清 中國文化としての仏教』佼成出版社.
가가미시마 겐류(鏡島元隆)
    1983　　『天童如淨禪師の研究』, 春秋社.

시마오 아라타(島尾 新)

    1989   「十五世紀における中国絵画趣味」『MUSEUM』463.
    2006   「会所と唐物一室町時代前期の権力表象装置とその機能」『シリーズ都市・建築 歴史4 中世の文
                化と場』, 東京大学出版会.

시마다 슈지로(島田修二郎)

    1993   「因陀羅の禅会図」『島田修二郎著作集 中国絵画史研究』, 中央公論美術出版.

스즈키 데츠오(鈴木哲雄) 編

    2002   『宋代禅宗の社会的影響』, 山喜房佛書林.

츠카모토 마로미츠(塚本麿充)

    2011・2012   「皇帝の文物と北末初期の開封一啓聖禪院 大相國寺, 宮庭をめぐる文物とその意味について
                (上・下)」『美術研究』404・406号.

도쿠스이 히로미치(德永弘道)

    1971   「南末初期の禅宗祖師像について一拙庵徳光賛像を中心に(上・下)」『国華』929・930号.

토다 이스케데(戸田禎佑)

    1988   「南末院體画における『金』の使用」『国華』1116号.

니시오 겐류(西尾賢隆)

    2006   『中国近世における国家と禅宗』, 思文閣出版社.

니시가미 미노루(西上 実)

    1986   「王維渡水羅漢圖について」『学叢』8号.

네즈미술관(根津美術館) 編

    2004   『南末絵画一才情雅致の世界』展示圖録, 根津美術館.

하시모토 유(橋本 雄)

    2011   『中華幻想一唐物と外交の室町時代史』, 勉誠出版.

하타케 야스노리(畑靖紀)

    2004   「室町時代の南末院体画に対する認識をめぐって一足利将軍家の夏珪と梁楷の画巻を中心に」『美
                術史』156册.

히다 로미(肥田路美)

    2009   「舎利信仰と王權」『死生学研究』11号.
    2012   『初唐仏教美術の研究』, 中央公論美術出版.

푸션(傳申)

    1981   「宋代の帝王と南末金人の書」『欧米収蔵中国法書名蹟集第2巻』, 中央公論社.

야기 하루오(八木春生)

    2004   『中国仏教美術と漢民族化一北魏時代後期を中心として』, 法蔵館.

삽화일람

제8장

한역불전과 문학

이시이 코세이

1.
머리말

대승경전 중에는 문학적인 것이 많다. 보다 정확하게는 희곡을 연상시키는 것 같은 경전이 많다고 말할 수 있다. 그 수준은 다양하지만 큰 길에서 서민을 대상으로 연기되는 연극과 같은 작품도 있고, 패엽에 쓰여진 것을 부유한 지식인 신자가 저택에서 즐겨 읽었다고 생각되는 작품도 있다. 후자의 대표적 예가 『유마경』, 전자의 서민적 측면과 독자적인 수준 높은 사상이 섞여 있는 것이 『법화경』이 아닐까.

아내와 자식이 있는 부유한 거사를 주인공으로 하는 『유마경』의 경우 사람들이 사는 마을에서 멀리 떨어진 사찰에서 작성되었다고는 생각하기 힘들다. 만일 그렇다고 한다면 그것은 그와 같은 세속 생활을 버리고 출가하기는 하였지만 당시의 승원생활의 모습에 불만을 가지고 있던 출가자, 그것도 역설을 즐기는 출가자가 작성하였다고 할 수 있다. 그 경우에도 만들어낸 긴 경전을 서사하려고 하면 비용과 품이 든다. 그러한 비용을 지불한 사람들의 바람이 경전에 전혀 반영되지 않았다고는 생각하기 힘들다.

어쨌든 역설과 유희를 즐기는 지식인의 문학이라는 측면을 갖는 『유마경』이 아시아 여러 나라의 지식인들에게 애호되고, 문학에도 영향을 ─ 특히 유희적 측면에 ─ 미친 것은 이상하지 않다. 또한 영향은 경전에서 문학이라고 하는 방향만이 아니라 역으로 문학이 경전해석에 영향을 미친 경우도 있다.

여기에서는 『유마경』을 중심으로 하여서 대승경전과 문학, 특히 한역불전과 문학의 복잡한 관계에 대하여 살펴보고자 한다.

2.
『유마경』과 그 주변 경전

『유마경』에 대해서는 근래 범어 텍스트 발견 및 교정 텍스트 간행으로 전통적인 『유마경』관의 재검토가 계속하여 이뤄지고 있다. 그 조금 전부터 『유마경』의 성립에 대하여 검토해 왔던 고바야시 엔쇼 小林圓照는 『유마경』은 대승 이전에 성립한 『마하바스투(대사 大事)』 중의 「차트라아바다나(일산 日傘 설화)」에 기초하였음을 밝혔다.[1] 그 일산 설화는 다음과 같다.

석존이 이 세상에 계실 때 상업과 공업이 발달한 도시 바이샬리에 역병이 유행하자 리차비 족의 현자인 마하리가 대표가 되어 석존에게 찾아와 구제를 요청하였다. 승낙한 석존이 그 땅에 이르자 환영하러 나온 사람들과 약샤와 신들이 5백 개나 되는 일산을 각각 공양하였다. 석존 이 그 일산의 수만큼 화신의 부처를 만들어 각각의 불타에게 설법하게 하는 신변 神變을 일으켰으므로 사람들은 모두 자신의 일산 아래에 부처가 계신다고 생각하였다. 석존이 도시에 들어가자마자 병마가 도주하기 시작하였다. 나아가 게송을 읊자 곧바로 도시가 정화되고 역병은 가라앉았다.

이와 같은 이야기인데, 팔리문헌의 주석에 의하면 부처의 지시를 받은 아난다가 부처의 발우로 물을 뿌리며 『라타나숫타(보경 寶經)』를 읊자 문제가 해결되었다고 한다.

고바야시는 이 이야기 중의 일산과 관련된 신변 및 석존의 도착에 의한 국토의 정화 등이 『유마경』 구상의 토대가 되었다고 보고 있다. 우선 『유마경』 「불국품」에서는 공양받은 5백의 일산을 석존이 신통력으로 우주를 감쌀 수 있는 하나의 커다란 일산으로 바꾸고, 모든 설법을 그곳에서 행하는 기적을 일으켰다고 한다. 또한 「불국품」 말미의 심각하게 오물이 넘쳐나는 국토에서도 보살은 청정한 불토를 본다고 하는 부분에서 석존이 발가락으로 대지를 누르자 전 세계가 보석으로 장엄되는 기적이 일어난다. 이러한 기적은 다양한 경전에서 이야기되고 있기는 하지만 이러한 두 종류의 기적이 같은 곳에서 보이는 것은 『마하바스투』와 『유마경』뿐이라고 한다.

더욱이 『마하바스투』의 '일산 이야기'에서 병마 퇴치를 위해 여섯 명의 외도가 차례차례 호출되었지만 무능하였다고 서술되는 것은 『유마경』의 10대 제자가 일찍이 유마에게 꼼짝 못하게 야단맞았던 것을 이유로 유마(무구 無垢라는 이름을 가진 자, Vimalakīrti)에게 병문안 가는 것을 거절하는 것과 통한다. 또한 '일산 이야기'에 보이는 전생담에서는 괴로워하는 중생들을 보고서 법륜을 굴리고 반열반에 든 범행梵行의 바라문을 위해 그 제자가 스승의 명성kīrti을 위해 성문에 탑을 세웠고, 마침내 그것을 발견한 바라문의 부친이 그 탑을 청소하고 무구 Vimala라는 이름의 일산을 공양하였다고 한다. 또한 고바야시는 구제를 청하기 위해 바이살리에서 석존이 계신 곳으로 왔던 리차비 족의 마하리 장자가 유마의 유력한 모델 중 한 사람으로 생각된다고 논하고 있다.

바이살리의 역병에 관한 이러한 상황이 반야사상의 문맥 중에 이용되어 『유마경』에서는 바이살리에 체재하는 석존에게 리차비 족의 젊은이가 질문한 것을 계기로 해서 '예토에서 불국토로의 전환' 및 정토와 예토의 '불이 不二'가 설해지고, 나아가 바이살리에 살면서 병의 모습을 드러내 보인 리차비 족 유마거사의 이야기로 변화해간다고 이야기하고 있다.

바이샬리의 역병 구제담은 매우 유명하여서 상좌부불교와 대승불교 모두에 커다란 영향을 미치고 있다. 다양한 경전들에서 언급될 뿐 아니라 그에 기초하여 여러 단행 경전들도 생겨났다. 그중에서도 『청관음다라니경 請觀音陀羅尼經』은 변화관음 계통 밀교경전의 선구로 여겨지는 중요한 경전이다.

또 하나 주목해야 할 것은 대승불교의 경우 유마의 가족이 등장하는 '유마계 경전' '유마가족 경전' '유마그룹 경전' 등으로 일컬어지는 경전군이 이른 시기부터 탄생해 있었다는 점이다. 이에 대해서는 『유마경』과의 선후 관계를 포함하여 성립 순서에 대한 여러 논의가 있는데, 번역된 순서대로 나열하면 다음과 같다.

① 유마경
ⓐ 지겸역: 오나라(223-253)
ⓑ 구마라집역: 요진 姚秦 홍시 8년(406)
ⓒ 현장역: 당나라 영휘 원년(650)

②『불설대방등정왕경 佛說大方等頂王經』(유마힐자문경 維摩詰子問經, 유마힐자소문경 維摩詰子所問經, 선사동자경 善思童子經)
ⓐ 축법호역: 서진 태시 2년(306)-건흥 원년(313)
ⓑ 구마라집역: 전하지 않음.

③『대승정왕경 大乘頂王經』(유마아경 維摩兒經)

　　월파수나 月婆首那역: 양나라 대동 년간(535-546)

④『선사동자경』

　　사나굴다역: 수나라 개황 11년(591)

⑤『불설월상녀경 佛說月上女經』

　　사나굴다역: 수나라 개황 11년(591)

이 중에서 ②는 유마의 아들인 선사동자에 대해 부처가 '무소유'와 '심본청정
心本淸淨' 등의 대승의 교리를 설하는 것이다. ③과 ④는 세부는 다르지만 유마의
아들인 선사유 善思惟가 어린 몸으로 부처가 성에 들어오는 것을 예언한 후 부처의
신력에 의해 공중에 올라 연화를 공양하고, 미래세에 정월 淨月여래가 될 것이라는
수기를 받는 점은 공통된다. ⑤는 유마힐의 딸로서 빛을 내며 태어난 월상녀가 남자
들의 구혼을 거절하고 석존을 공양하기 위해 나가서, 사리불을 비판하고 문수 등과
대론하고 부처로부터 수기를 받는 내용이 설해지고 있다. 뒤에 이야기하듯이『다케
토리모노가타리 竹取物語』의 소재가 되었다고 생각되는 경전이다. 여기에서는 월
상녀의 설법을 듣고 번뇌에서 벗어난 남자들이 자신들이 가지고 있던 다양한 물건
을 던지자 그들이 하나의 거대한 일산이 되어, 부처의 신력으로 월상녀의 오른손에
서 늘어난 연화 속에서 출현한 여래상의 머리를 덮었고, 또 석존이 계신 곳에 온
월상녀와 동행한 사람들이 다양한 물품을 공양하자 그들이 거대한 꽃의 일산이 되

어 석존의 머리를 덮었다는 이야기가 나온다.

니시노 미도리 西野翠는 이러한 이야기 외에도 소녀가 유마와 같이 주인공으로 활약하는 경전들의 존재에 주목하고 있다.[2] 보적부 寶積部의 『불설아사세왕녀아술달보살경 佛說阿闍世王女阿術達菩薩經』이 그것으로 『대보적경』 중의 「무외덕 無畏德 보살회 제32」와 동본이역이라고 한다. 아사세왕의 딸이라는 설정인데, 12세의 소녀가 사리불을 비롯한 불제자들을 차례차례 논파하고 있고, 교리면에서도 『유마경』에 가까운 부분이 있다.

이 경전은 유사한 한역이 5종류 전하고 있다. 축법호가 번역한 『불설수마제보살경 佛說須摩提菩薩經』, 구마라집이 번역한 또 다른 『불설수마제보살경』, 북위 때 보리류지가 번역한 『수마제경』이 있고, 축법호가 번역한 『불설이구시녀경 佛說離垢施女經』과 북위 때 반야유지가 번역한 『득무구녀경 得無垢女經』은 그 이본이다. 니시노는 이 경전들의 번역자가 공통되는 점을 지적하고 있다. 인도 내지 서역에서도 『유마경』, 유마의 가족이 등장하는 경전, 소녀가 유마와 같이 활약하는 경전은 같은 계통으로 유포되었을 것이다.

이 경전들 중에서 문학성이 높은 것은 유사한 측면이 많은 『유마경』과 『월상녀경』이지만, 후대까지 폭넓게 읽힌 것은 『유마경』뿐이다. 유마가족 경전들의 선후관계에 대해서는 여러 견해가 있는데, 오시카 짓슈 大鹿實秋는 『선사동자경』이 무미건조할 뿐 아니라 재가와 무관계한 점 등을 근거로 초기의 것이라고 보고 있다. 그리고 『월상녀경』에 대해서는 운문과 산문을 적절하게 구사하고 있고, 남녀무차별과 여인성불 등을 이야기하고 있는 것을 인정하면서도, 유마의 딸인 월상녀가 여자의 몸을 남자의 몸으로 바꾸어 월상보살로 되는 점, 그리고 월상녀와 사리불의 논의가 난해하고 그것을 해설하는 내용이 없는 점, 월상녀가 애욕의 부정을 설할 뿐이라는 점 등을 이유로 하여 그러한 점을 보강해서 최후에 등장한 것이『유마경』이라고 추측하고 있다.[3]

확실히『월상녀경』에서는 월상녀와 결혼하고자 했던 세력 있는 남자들이 아버지인 유마를 위협하자 유마가 무서워 큰 소리로 울어버리는 등『유마경』의 유마와는 큰 차이가 있다. 또한 사리불과 대론하는 월상녀가 이론적인데 반하여『유마경』의 천녀는 반어적인 유머가 넘치고 있다. 실제의 성립연대는 알 수 없지만 구성의 교묘함이라는 점에서는『유마경』쪽이 늦게 성립되었다고 보인다. 혹은『월상녀경』과『유마경』에 선행하는 별도의 경전이 존재하였을지도 모르겠다.

이와 같이 경전 자체가 동시대 혹은 후대에 영향을 미치는 문학작품과 같은 성격을 가지고 있어서, 재미있는 무대설정을 하고 있는 경전이 있으면 그것을 이용하여 차례차례 비슷한 설정의 경전이 생겨나고 거기에 새로운 사상이 얹혀지는 것이다. 또한 새로운 사상이 태어나면 그 사상을 구체적 사례로써 표현하기 위하여 기존 경전의 무대설정이 이용되거나 개변되는 경우도 있다. 형식과 내용은 복잡하게 서로 얽혀 있는 것이다.

한편『유마경』을 재가주의 경전, 일상생활을 긍정하는 경전으로 보는 풍조에 대해서는 타키 에이칸瀧英寬의 비판이 있다. 타키는 성문을 부정하는 것은 재가·범부의 긍정을 의미하는 것이 아니며,『유마경』에서는 신통력으로 성문을 압도하는 유마가 단순히 속인의 모습을 하고 있는 것에 지나지 않다는 점, 또한 중국의 주석에서도 유마를 재가의 범부로 보는 것이 없다는 점에 주목하고 있다. 공空·청정·불이不二 등의 개념은 어디까지나 여래라는 특수한 존재에 대하여 말해지는 것이라고 보고 있다.[4] 니시노 미도리도『유마경』에서 그리고 있는 유마는 동방묘희세계에서 깨달음을 완성한 후에 온 대보살로서, '세속을 초월한 보살의 이상형'을 제시한 것으로서, 단순한 재가의 거사는 아니라고 지적하고 있다.[5]

현대의 우리들이『유마경』을 번뇌와 깨달음의 불이不二를 설하여 성문을 부정한 재가주의의 경전으로 생각하기 쉬운 것은 일본의 천태 본각론本覺論이 번뇌와 깨달음의 불이를 신변의 현상 속에서 찾으려 한 것, 근대 불교학은 육식과 대처를 하는 신슈眞宗의 영향과 서양에서의 신화부정의 인간주의 영향이 강하였던 것 등과 관계있다고 할 수 있다.『유마경』그 자체와『유마경』이 인도를 포함한 아시아 여러 나라에 미친 영향에 대해서 생각할 경우에 현대인의 눈으로 보아서는 안 될 것이다.

다만 그렇다고 하여도, 색시집과 술집에 드나드는 거사가 주역으로 선택되어 그 저택에 사는 아름다운 천녀가 성문들을 비판한다고 하는 설정은 전통불교의 승원 안에서는 생겨나기 어려운 것이라고 생각된다. 도시의 생활을 즐기면서도 그것만으로는 만족하지 못한 사람들과 시가지에서 떨어진 승원에 살면서 승원생활에 안주해서는 안 된다고 생각하는 사람들 중 누군가가 작자였을 가능성이 높지 않을까 한다. 승원에 사는 비구가 작성한 것이라고 한다면 도시의 향락생활을 경험한 후에 출가하여 승원에 들어오기는 하였지만, 그 전통적 수행형태에 충분히 만족하지 못하였던 풍자적이고 문학을 좋아하는 사람이 반야사상의 영향을 받아서 바이샬리의 역병전승과 유마의 모델이 되었던 인물에 관한 전승을 이용하여 성문을 비판하는 경전을 썼던 것이 아닐까 한다.

한편 성문을 비판하는 대승경전을 의식하면서 일승을 설한 것이『법화경』이다.『법화경』에 등장하는 성문들이 등장하는 순서가『유마경』과 거의 대응하고 있는 점으로 볼 때 『법화경』은 『유마경』의 그러한 점을 살리면서 경전을 구성하였다고 추정된다.[6] 즉, 『유마경』의 문학적 설정 중에서 일부분이 『법화경』에 계승되었던 것이다. 그 『법화경』이 여러 나라의 문학에 지대한 영향을 미친 것은 잘 알려져 있는 대로이다.

그런데 7세기 후반에 인도 각지를 여행한 현장이 견문한 내용을 정리한 『대당서역기』 권제7의 「폐사리吠舍釐(바이샬리)국」 항목에는 유마의 옛집으로 칭해지는 곳에 탑이 세워져 있고, '영이靈異'가 많다고 기록되어 있다. 『유마경』 성립 이후 유마에 관한 전설이 형성되어갔던 것이다.

3.
한역 『유마경』과 유마의 중국화

현존하는 『유마경』의 가장 오래된 한역인 지겸역 『유마힐경』에 대해서는 지겸역 『대아미타경』과 마찬가지로 중국사상에 의해 내용이 개변되었음이 지적되었다. 『유마경』은 '여덟 가지 잘못된 상태를 떠남 없이 여덟 가지 해탈에 들며, 잘못의 평등성에 의해 올바른 상태의 평등성에 들어간다'고 하는 역설적 표현이 많은데, 구마라집역에서는 '8사八邪를 버리지 않고 8해탈에 들어가며, 사상邪相으로 정법에 들어간다'(대정장 제14권, p.540중단)고 바르게 번역하고 있다. 그렇지만 지겸역에서는 '이미 8사八邪를 지나 8해八解를 바르게 받았다'(같은 책, p.522상단)고 하는 등 상식적인 기술로 바꿔버린 부분들이 보인다.[7]

따라서 『유마힐경』 역출 당시의 중국에서는 그 특징이 충분히 이해되지 않았던 것이 되는데, 그럼에도 불구하고 이야기의 흥미로움으로 인해 상당히 널리 읽혀졌던 것 같다. 예를 들면 『세설신어』 문학편에는 다음과 같은 일화가 전하고 있다.

승려 지도림이 『즉색론 卽色論』을 지어 왕중랑 王中郎에게 보이자 왕(중랑)은 아무 말도 하지 않았다. 지도림이 '잠자코 있으면서 분명하게 구별하고 있다고 하는 것입니까'라고 말하자 왕(중랑)은 '문수가 없는 이상 누가 알아주겠습니까'라고 대답하였다.

즉, 『도행반야경』과 『유마경』을 빈번히 강의하고, 기지 넘치는 문답으로 유명하였던 승려 지도림(314-366)이 공과 색의 관계에 대하여 논한 『즉색론』을 지어 당시를 대표하는 지식인이었던 왕탄지 王坦之(330-375)에게 자신만만하게 보였지만 왕탄지는 아무런 말을 하지 않았다. 이에 지도림이 『논어』 술이편의 '공자께서 말씀하시길 잠자코 있으면서 그것을 알며, …… 어떤 것이 나에게 갖추어져 있는가(잠자코 있으면서 분명하게 구별하고, …… 그러한 것은 나에게는 중요하지 않다)'는 구절에 기초하여 "공자와 같이 잠자코 있으면서도 이 책의 가치를 분명하게 이해하고 있다고 하시는 것입니까?"라고 묻자 왕탄지는 "문수도 없는 이상 내가 침묵하는 의도를 도대체 누가 이해해 주겠는가."라고 대답했다고 하는 것이다. 승려 지도림이 유교의 인물인 왕탄지를 공자에 견주자 왕탄지는 역으로 『유마경』에 의거하여 자신을 유마에 비교하면서 그대는 재주 있는 사람의 흉내를 내고 있지만 유마의 침묵에 대해 불이를 체현한 것이라고 칭찬했던 문수에는 멀리 미치지 못한다고 단정하였던 것이다. 이것

은 '그런 수준이 안 되니까 문수인 척 하지 말라'고 야단친 것이나 마찬가지이다.[8]

즉, 『유마경』은 기지 넘치는 청담이 유행하고 있던 위진시대의 중국에서 지식인 사이에 환영되었고, 거사인 유마는 이상적 인물로 여겨졌던 것이다. 실제로 그 당시 그려진 유마상의 모습은 남조 귀족풍이었다고 생각된다. 흥령 興寧 년간(363-365)에 수도 건강에 와관사 瓦官寺가 만들어졌을 때 고개지가 벽에 유마의 멋진 그림을 그렸는데, 중국옷을 입고 두건을 쓰고 앉아서 설법의 상징인 주미를 손에 잡고 안석[几]에 기댄 모습이었다고 한다. 이런 모습은 남조만이 아니라 북조에서도 유마상의 모범적 모습이었다.[9]

그러한 분위기에서 문인귀족들이 좋아할 유려한 문체의 번역이 추구되었던 것은 당연할 것이다. 『유마경』은 기록에 의하면 현장의 『무구칭경』을 포함하여 일곱 차례 번역되었는데, 현존하는 한역본 중에서 가장 문장이 뛰어난 것은 구마라집(350경-409경)이 406년에 번역한 『유마힐소설경』이다. 국가의 두터운 지원을 받고, 또한 우수한 제자와 협력자들의 도움을 받았던 구마라집의 번역이 아시아 여러 나라에서 오랫동안 읽힌 것은 당연한 것이었다. 더욱이 구마라집은 한역을 할 때 구두로 설명을 추가하였고, 제자들도 주석을 지었다. 구마라집과 제자들의 그러한 주석은 후에 『주유마 注維摩』 안에 편집되는데, 노열강 勞悅强에 의하면 구마라집의 주석만에 두드러지는 특징이 있다고 한다. 그것은 설명을 할 때에 이야기를 사용하는 것이다. 예를 들어 유마의 '말재주가 막힘이 없고 신통력을 마음대로 씀[辯才無碍遊戲神通]'에 대해 주석할 때에 구마라집은 용수가 외도와 논쟁하여 굴복시킬 때의 상황을 이야기한다. 즉, 외도가 "천신은 지금 무엇을 하고 있는가?"라고 질문했을 때, 용수는 "아수라와 싸우고 있는 중이다."라고 대답하였다. 외도가 증거를 요구하자, 하늘에서 아수라의 무기와 잘라진 몸이 떨어져 외도가 용수의 변재에 굴복하였다고 하는 이야기(『대정장』 제38권, p.339상단)이다.

구마라집의 이러한 설명은 경문의 어구에 대해 설명한다기보다 경전에 숨겨진 의미를 유사한 흥미로운 이야기를 통하여 끄집어내는 것으로서, 때로는 '구마라집이 하는 이야기 자체가 홀로 걸어서' 그 이야기로부터 경전에 들어 있지 않은 교훈을 끄집어내는 경우도 있었다고 한다. 예를 들면 「방편품」에서 유마가 상대에 따라 다양한 모습으로 교화하는 것에 대해 이야기할 때 서민들 사이에서는 '서민 중의 존귀한 사람'으로서 교화하였다고 하는 부분을 해석할 때, 구마라집은 다음과 같은 이야기를 소개하고 있다.

> 옛날 가난한 남자가 도시에 들어왔다. 호화스러운 옷을 입고 큰 말을 탄 채 보석이 박힌 상자를 들고 있는 남자를 보고서 몇 번씩이나 '좋지 않구나!'라고 이야기하였다. 부유한 남자가 야단치자, 가난한 남자는 자기는 상대방과 같이 과거에 선행을 닦지 않아서 현재 동물과 같은 생활을 한다고 생각하여 '좋지 않구나!'라고 이야기하였다고 해명하였다. 그 가난한 남자는 이후 복행을 열심히 쌓았다. 외견이 존귀하면 사람들을 교화하는 공덕은 이와 같이 크다. 하물며 법으로 교화하면 그 공덕이 어찌 크지 않겠는가.(『대정장』 제38책, p.340중단-하단)

즉, 이야기의 흥미가 우선시되고 있고, 무리해서 교훈을 덧붙이고 있다. 노열강은 이와 같은 구마라집의 모습을 '주석하는 강사'라고 부르고 있다. 『유마경』 자체가 이미 이야기인데, 구마라집은 학승으로서 그 『유마경』에 대해 강의하기보다도 『유마경』을 소재로 하면서 '이야기꾼(스토리텔러)'으로서 강의하고자 하는 충동이 컸던 것이 아닌가 생각하고 있다.[10] 이 지적은 『유마경』과 유사한 경전들을 작성한 사람들, 『유마경』에 기초한 문학작품을 쓴 사람들에 대해 생각할 때에도 중요하게 생각할 필요가 있다.

4.
중국문학에의 영향

그와 같은 구마라집의 주석을 포함하여 6조시대에는 많은 주석서가 찬술되었다. 주석은 강의 기록에 기초하여 쓰여졌는데, 때로는 역으로 강의를 위한 노트로 작성되었던 것을 토대로 한 경우도 있었다. 여기에서 중요한 것은 큰 사원에서는 승려들을 위한 강의만이 아니라 일반신자들도 참가할 수 있는 강의가 행해졌다는 것이다. 더욱이 청강자는 질문할 수 있었을 뿐 아니라 때로는 강사의 해석을 비판할 수도 있었으므로, 강사는 질문에 대답하고, 비판을 논파하지 않으면 안 되었다.

그러한 가운데 『유마경』은 문학에도 영향을 미치게 되었다. 초기의 대표적인 예는 사령운謝靈運(385-433)일 것이다. 사령운은 그의 뛰어난 한시로 유명하였지만, 재주와 재산을 믿는 방약무인한 태도가 많았다. 열렬한 불교신자였던 회계태수 맹의孟顗와 충돌하여 무고되기도 하였지만 오만한 언동을 고치지 않았고, 그래서 최후에는 광주로 유배되어 그곳에서 무참한 처벌을 받기에 이르렀다. 구마라집이 전한 반야 계통의 사상에 경도되어 있던 사령운이 맹의와 대립한 것은 호수의 간척을 둘러싼 시비가 계기가 되었다고 하는데, 사령운은 맹의에게 '도를 얻기 위해서는 혜업慧業이 필요하다. 그대는 나보다 먼저 하늘에 태어나겠지만 성불하는 것은 분명히 나보다 뒤질 것'이라고 말했다고 한다. 즉, 재력에 의지하여 선업만 쌓고 있는 당신은 그 공덕으로 천상세계에 태어나는 것은 나보다 빠르겠지만, 성불하기 위해서는 지혜가 필요하기 때문에 나보다 틀림없이 늦을 것이다고 말한 것이다. 이 중 '혜업'이라는 말이 『유마경』 보살품에 의거한 점, 또 사령운의 작품에 『유마경』이 종종 인용되고 있으며 그 생활방식에까지 영향을 미치고 있는 것처럼 보인다는 점에 대해서는 우가이 미츠아키 鵜飼光昌의 지적이 있다.[11]

즉, 사령운은 성문들의 외형만의 수행을 철저하게 비판하는 유마의 말을 빌려 태수를 비판하다가 원망을 사서 무고되기에 이르렀던 것이다. 이들의 대화는 나중에 창작된 양 무제와 보리달마의 '무공덕 無功德' 문답을 연상시키는 것이다. 달마의 경우도 양에서 북중국으로 달아난 후에 북지에서 박해받고 독살당하였다. 법랑法朗 계통의 삼론종 과격파는 논적을 엄하게 공격하다 원망을 사서 박해받은 자가 많았다고 하는데, 『유마경』의 신봉자들 중에도 『유마경』에 설해진 역설적인 주장을 글자그대로 실천하면 주위와 충돌하기 쉬웠다.

다만 유마가 실제로는 처자가 있는 부유한 거사일 뿐 아니라 아름다운 천녀를 집안에 감춰두고 있던 거사였던 것처럼, 사령운도 수백의 노복과 문생을 거느리고 대규모의 토목공사를 하면서 유흥에 열중하는 호화스런 생활을 영위하였다. 아름다운 산수를 찾아서 마음가는 대로 배회하였지만 재산을 모두 보시하는 것 같은 일은 하지 않았다.

이러한 태도는 『고승전』 구나발마 求那跋摩 전에 전하는 일화를 연상시킨다. 구나발마 Guṇabahdra가 431년에 송의 수도 건업에 도달했을 때 문제는 그를 불러 위로

한 후 '자신은 식사 등에 관한 재계 齋戒를 행하고 있고, 또한 불살생계를 지키려고 생각하고 있는데, 스님은 어떠한 가르침을 주시렵니까'라고 물었다. 이에 대해 구나발마는 '도는 마음에 있고, 현상에 있는 것이 아닙니다. 제왕은 선정을 베풀어 민중을 편안하게 하고, 엄한 형벌과 노역을 부과하지 않으면 재계를 행하고 불살생계를 지키는 것이 됩니다. 오후에 식사를 하지 않는다든지 닭고기를 먹지 않는다든지 하는 사소한 것에 얽매일 필요가 있습니까'라고 대답하여 문제를 크게 기쁘게 하고 귀족들의 존숭을 받았다고 한다. 좋게 말하면 유연하고, 나쁘게 말하면 권력에 영합하는 대답이었다. 『유마경』도 이러한 응답과 마찬가지로 중국 귀족들에게 있어서 세속의 생활을 정당화시켜주는 존재로 간주되는 경우가 많았다. 물론 『유마경』을 따라서 보살행을 열심히 하는 사람들도 있었지만.

그런데 사령운에게는 〈유마힐경십비찬 維摩詰經十譬讚〉(8수)이 있다. 『유마경』 「방편품」에서 육신의 무상함을 설할 때 들었던 거품과 허깨비 등의 비유에 대해 서술한 것으로 후대에 큰 영향을 주었다. 그중에서 처음의 '거품[泡]'과 '물방울[沫]'에 대해 이야기한 시에서는 '어리석은 사람들은 변화에 놀라' 즐거움과 슬픔을 낳는다고 말하고 있다. 여기에서 '변화'는 신통력에 의한 화현을 의미하는 『유마경』의 용례와는 다른 것으로서, 성인은 '변화'에 초연하다고 한 『장자』에 의거한 것이다. 즉, 역설적인 언어를 사용하는 유마는 역설표현이 많은 노장사상과 겹쳐져 받아들여지기 쉬웠던 것이다.

노장사상 이외에도 유마의 이미지도 중국풍으로 변용되고 있다. 구마라집의 제자 세대 이후에는 유마가 '방장'에 거주하였다고 하는 이미지가 형성된 것이 그 예 중의 하나이다. 『유마경』의 여러 번역본에는 '방장'이라는 말은 보이지 않음에도 불구하고 5세기에는 남조와 북조 모두에서 '사방 1장의 좁은 주거'라는 뜻으로 유마가 거주한 곳을 '방장'으로 부르게 되었다. 『문선』(권59)에 수록되어 후대 아시아여러 나라의 비문에 큰 영향을 미친 왕건 王巾의 「두타사비문」에서는 혜종 慧宗이 송나라 대명 大明 5년(461)에 '처음으로 방장의 띠집을 세우고 이로써 경전과 불상을 덮었다'고 하여 사방 1장 정도의 소박한 승방을 '방장'이라고 부르고 있다. 그 후 『고승전』에서는 '정명 淨名은 방장에서 입을 닫고, 석가는 쌍수에서 침묵을 봉하였다. …… 진실로 지극한 이치는 깊고 고요함을 알 수 있으며, 그래서 신성함을 무언 無言으로 한다'고 말하여 '방장'의 좁은 곳에 살며 청빈한 생활을 하다가 병을 드러낸 후 문수와의 문답에서 침묵을 지켰던 유마와 최후의 설법을 마치고 사라쌍수에서 반열반을 보인 석존을 대비하여 논하고 있다.[12]

　한편 「두타사비문」에 대해서는 비문 중에 '금속여래가 오시고 문수가 이르렀다 [金粟來儀 文殊戾止]'라는 구절이 보이는데, 수나라 길장의 『유마경의소』에서는 '정명은 곧 금속여래 金粟如來이다. 금속여래는 『사유삼매경』에 나온다고 전해진다. 아직 그 책을 보지 못하였다'고 이야기하고 있다. '방장'과 마찬가지로 이 '금속(여래)'라는 말도 『유마경』의 여러 번역본에는 보이지 않는 말인데, 문학작품에는 종종 등장하고 있어서, 오히려 그쪽에서 '유마=금속여래'라는 이미지가 고정된 것처럼 보인다. 더욱이 그 전거라고 하는 『사유삼매경』에 대해서는 길장도 보지 못하였다고 이야기하고 있어서 양나라 초기 혹은 그 이전 제나라 무렵의 위경이었다고 생각된다. 『유마경』에 자극받아 남조에서 위경이 제작되고, 다시 그것이 남지의 『유마경』 해석에 영향을 미치게 되었던 것이다. 그 당시에는 여러 경전을 요약, 편집한 초경 抄經과 위경들이 활발히 만들어지고 있었다.

 길장은 더욱 흥미로운 정보를 전하고 있다. 그의『정명현론』에서는「『불유경 佛喩經』에 의하면 정명의 성은 석碩, 이름은 대선 大仙이며 왕王씨라고 하고, 다른 전승에 의하면 성은 뇌雷씨, 아버지의 이름은 나제 那提─중국어로는 지기 智基의 뜻─이고, 어머니의 성은 석釋씨이고 이름은 희喜, 어머니가 19세 때 23세의 나제 와 결혼하여 나제가 27세 때에 제바라 提婆羅성에서 유마를 낳았고, 유마에게는 선 사善思라는 아들이 있어 부처가 장래 성불할 것이라는 수기를 주었다」고 이야기하 고 있다. 또한『유마경의소』에서도 '옛 전승에 의하면『불유경』에서는 정명의 성이 왕씨라고 하고 다른 전승에서는 성이 뇌씨, 조부의 이름이 대선, 아버지는 나제 娜提로 중국어로는 지모 智慕, 어머니의 성은 석씨, 이름은 희로서 19세 때 23세의 남편과 결혼하여 27세 때 제파라성에서 정명을 낳았고, 정명의 아들은 선사라고 하며 여래로부터 장래에 성불할 것이라는 수기를 받았지만 나는 그 경전을 아직 입수하지 못하였다'고 이야기하고 있다.

 즉, 가족의 상황이 자세히 제시되고 있다. 왕씨라고 하는 것은 크샤트리아라는 의미일 것이지만, 이것이 민간불교에서 수용되면 왕王이라는 성씨로 이해되기 쉽 다. 위경이나 돈황변문의 세계에서는 부처의 제자 목련과 그 가족에게 중국풍 성과 이름이 붙여지고 있는 것과 마찬가지로 유마를 중국인으로 여기게 되었던 것으로 생각된다.

 이에 대하여 하검평 何劍平은『유마경』「불도품」에서는 보살은 '지도 智度'를 어 머니, '방편'을 아버지로 하고, '법희法喜'를 처로 하고, 자비심을 딸로 한다고 이야 기하고 있는 것에 주목하고 있다.[13] 즉, 중국풍의 유마의 가족을 상정한 사람은『유 마경』에서 비유로써 설하고 있는 부분을 글자 그대로 받아들여서, 역사 전승을 중시하는 중국인의 기호에 부응하여 유마의 가족을 구성하였던 것이다.

이와 같이 남지에서는『유마경』이 활발히 수용되었고, 지의와 길장이 비판했던 양나라 3대법사 중 한 사람인 법운法雲의 경우도 제나라 수도인 건강에 들어가 처음으로 강의한 것이『법화경』과『정명경(유마경)』이었다. 이후에도 건강에서는『유마경』의 강의가 매우 활발하게 행해졌다. 그러한 남지에서의『유마경』유행이 재가에까지 미쳤음을 보여주는 상징적인 사례로서 나중에 수나라 양제가 되는 진왕이 천태지의에게『유마경』의 주석작업을 의뢰하였고, 그것이 지의의 마지막 주석서가 되었다는 것을 들 수 있을 것이다.

지의의『유마경현소』에서도 정명의 근본[本地]은 금속여래라고 밝히고 있다. 그런데 지의는 이『유마경현소』나 다른 저작에서는 유마의 이름을 해석할 때에 '정무구칭 淨無垢稱'을 정식 명칭으로 보고서 이를 '정' '무구' '칭'의 세 부분으로 나누어 독자적인 3신 三身론 및 3제 三諦설에 연결하여 논하고 있다. 그러나『주유마』에서 구마라집과 승조가 사용한 '정명'이나 축도생이 사용한 '무구칭'이라는 말은 모두 Vimalakīrti('무구라는 명성을 가진 자')의 번역어로서, '정'과 '무구'는 중복되는 말이다. 또한 지의는 '칭'을 '맞추다'는 동사로 이해하여 '칭기 (稱機 상대의 능력에 교묘하게 맞춤)'의 의미로 해석하는 등 자신의 교학에 맞추어 억지로 해석하고 있다.[14] 이는 한자에 의해 생각하는 것으로서, 교리면에서도 중국화가 진전되고 있음을 알 수 있다.

한편 북위에서 선무제가 항상 명승을 궁정에 모아『유마경』을 강설시켰다고 하는 것에서 알 수 있는 것처럼 북지에서도『유마경』이 크게 유행하였고, 유마와 문수가 대론하는 장면이 석굴에 많이 새겨졌다. 그 경우 유마는 두건을 쓰고 설법의 상징인 주미를 손에 잡고, 안석에 의지하는 모습으로 그려지는 것이 일반적이었다.

또한 북방에서는 유마의 신통력이 중시되어 주석에서도 그러한 면이 강조되었고, 일반신자를 대상으로 하는 강의 등에서도 그에 관해 자세히 이야기되었다고 한다.

5.
지식인과 서민불교에서 유마힐의 이미지

『유마경』과 문학의 관계에 대하여 이야기하려고 하면 왕유 王維(699-761)에 대해 언급하지 않으면 안 된다. 북종선의 보적 普寂에게 사사하고 있던 어머니에게서 태어나 이름이 유 維이고, 자 字가 마힐 摩詰이며, '시불 詩佛'로 칭해졌던 불교시인 왕유는 만년에 지은 '우연히 짓다[偶然作]'라는 시에서 자신은 먼 전생에는 문인으로 알려졌고, 직전의 전생에는 화가였기 때문에 그런 여파로서 이번 생에서도 그러한 면으로 세상에 알려지게 되었다고 한 후 '이름과 자는 본래 모두 그러한데, 이 마음은 도리어 알아주지 않네'라고 맺고 있다. 정말로 올바른 자신의 상태는 이름 그대로 유마힐인데, 그 이름에 담겨진 마음, 즉 유마힐처럼 살고자하는 마음은 도리어 알아주지 않는다고 이야기하고 있는 것이다. 이 정도로 유마에 경도된 문인은 없을 것이다. 처음에는 북종선을 배웠고, 신수 神秀를 만나고 나서부터는 남종선을 존숭하였지만, 한시로 보기에는 그의 사상은 기본적으로 『유마경』과 같은 경전을 읽고서 자기 나름대로 몸에 익힌 대승불교였다고 생각된다. 다만 왕유는 관리가 되어 궁전시인으로 활약하고 화려한 별장에서 자연을 즐긴 인물이었다. 「호거사와병견미인증 胡居士臥病遺米因贈」과 같은 작품에서는 『유마경』의 표현을 많이 사용하고 있는데, 병든 거사를 문안한다고 하는 상황이어서 『유마경』의 표현을 빌린 것 뿐이라고 생각된다.

이러한 점은 백거이나 소식도 마찬가지였다. 백거이는 시, 술, 음악, 미녀를 버릴 수 없던 불교신자로서, 재계기간 중에는 계율을 지키며 수행하였지만, 한편으로 재계기간이 끝난 후에는 주연을 즐기는 면도 있었다. 개성 開成 원년(836)의 작품인 「재계만야희초몽득 齋戒滿夜戲招夢得(재계를 마치는 밤에 장난 삼아 꿈에 몽득을 부르다)」에서는 재계를 마치는 시기에 맞춰서 몽득, 즉 친우인 유우석 劉禹錫을 초청하면서 다음과 같이 이야기하고 있다.

내일 아침 다시 술잔과 친해지려 생각하여 　　明朝又擬親杯酒

오늘 저녁에 먼저 악기 소리 조절하네. 　　　今夕先聞理管絃

방장에 혹시 찾아와 병문안한다면 　　　　　方丈若能來問疾

꽃 뿌리는 천녀가 함께 와도 괜찮네. 　　　　不妨兼有散花天

즉, 재계가 끝나는 내일 아침부터 술을 마시려고 생각하여 오늘 저녁은 우선 악기의 조율을 시작하게 했다. 내가 사는 이 '방장'의 집에 그대가 위문하러 찾아오려 한다면, 유마의 방에 병문안하려 찾아온 문수를 따라 온 성문들에게 꽃을 뿌리며 조롱했던 천녀가 있던 것처럼 그러한 미녀와 함께 와도 좋다고 읊고 있다. 여기에 보이는 것은 문인취미의 불교신앙으로, 그것에 가장 합치되는 경전이 『유마경』이었던 것이다.

이처럼 『유마경』의 중국적 수용이 진전되면서 지방의 관리와 서민들에게 이야기되는 유마의 모습이 더욱 중국풍으로 변화되어 가는 것은 당연하다고 할 수 있다. 돈황 막고굴에 그려진 67점의 '유마경변'이 그 좋은 예이다. 『유마경』이 인기 있었던 이상 석굴에 다양한 벽화를 그리는 경우 『유마경』의 장면이 들어가는 것이 일반적인 것이었다.

그러한 67례의 '유마경변' 중에서 수나라 때의 것은 「문수사리문질품」에 기초한 유마와 문수의 대론 장면을 중심으로 하여 그려지고 있지만 당나라 때가 되면 그려진 내용이 늘어나는 동시에 유마의 안석 앞에는 반라에 검은 색의 남방계 민족을 비롯한 외국인 사절들, 문수의 앞에는 중국의 황제와 신하들이 늘어서는 모습이 그려지게 된다. 그 외국인 사절 중에는 한국의 사절도 그려지는 것이 일반적이었다. 『유마경』「방편품」의 범어본에 유마가 병이 난 것을 드러내자 바이살리의 왕, 대신, 장관, 왕자, 권속, 바라문, 자산가, 상인조합장, 시민, 신민, 기타 수천 이상의 사람들이 위문하려 왔다고 되어 있고, 구마라집이 '국왕, 대신, 장자, 거사, 바라문 등과 여러 왕자와 나머지 권속들 수천인'이라고 번역한 것을 더욱 과장해서 표현하고 있는 것이다. 즉, 외국의 왕과 사절을 그림으로써 인도의 외국적 모습을 강조하는 동시에 실제로는 중국에 조공하는 여러 나라의 왕과 사절을 그리는 중국 전통회화의 도식에 따름으로써 중국식으로 이야기가 과장된 것이다.

실제로 그러한 그림을 설명하는 돈황문헌 중의 「유마변문」(S3872)에서는 '여러 나라의 왕'과 왕자, 기타 백천만 무리가 위문하러 왔다고 이야기하고 나서 계송에서는

병으로 누워 단지 방장에 있을 뿐
굶고 말라서 일어서는 것도 매우 어렵다.

……
호랑이를 연상시키던 위엄 있는 그 모습
이제 보니 갈비뼈가 장작처럼 튀어나왔네.
……
이러한 중한 병을 계기로 하여
오묘한 법을 자세히 이제 노래하네.

라고 하여 더욱 서민적인 과장된 분위기를 보여주고 있다. 즉, 통속적인 『유마경』 해설에서는 유마의 위대함이 강조됨과 동시에 병든 유마의 비참한 모습도 강조되고 있는 것이다.[15]

유마의 병든 모습에 대해서는 다음과 같이 과장되게 표현하고 있다.

오늘의 모습을 이야기하자면, 맥은 두근두근하고 머리는 아프며, 입은 쓰고 말라서 죽기 직전 …… 배는 불룩하고 …… 살려달라고 기도할 뿐. 손발은 올라가지 않고, 눈동자에는 힘이 없고, 앉을 때나 누울 때나 다른 사람을 의지하고 …… 이는 검고, 손톱을 파랗게, 몸에는 보라색 반점이 피고, 말도 온전하게 못하고, 귀신까지 보이는 정도이다. 춥다가 뜨겁다가 하는데, 끓는 물인가 하고 생각되기도 하고 차가운 때에는 얼음 같다. 위장은 꾸르륵꾸르륵 소리를 내고, 몸 안에는 칼날로 잘리는 고통이 있다.

또한 S3872에서는 석가가 '껄껄[呵呵]' 웃으며 행복한 얼굴을 하고 있다고 하는 등 구어를 사용한 세속적 표현이 눈에 띈다. 당연히 내용도 중국적 색채가 강화되고 있다. 유마가 다양한 모습으로 모습을 나타내 세상을 교화하는 부분을 설명할 때 '천자의 복심이 되었다'든가 '천년만년 황풍 皇風을 추락시키지 않고 제도 帝道를 기울이게 하지 않았다' '효도하고 충성하였다'는 등의 표현이 나온다. 학승의 주석과는 거리가 있지만, 이러한 일반인 대상의 해설을 들으며 자란 사람이 후에 출가하면 이러한 속문학의 유마 이미지가 『유마경』 해석에 다소 영향을 미치게 되는 것도 이상한 일이 아니다. 또한 운문과 산문이 결합된 이러한 구어조의 강경문은 문체의 측면에서도 문학에 영향을 미치고 있다.[16]

　『유마경』이 문인들에게 선호되는 경향은 당대 이후에도 계속되었다. 그 대표적 인물을 한 사람 들자면 소식(1036-1101)일 것이다. 소식은 송대의 시인이므로 선종의 영향이 강하였는데, 그 한시에는 종종 『유마경』의 표현이 보인다고 지적되고 있다. 다만 백거이와 마찬가지로 『유마경』의 표현을 유희적으로 사용한 경우도 여러 곳에서 볼 수 있다. 예를 들어 희령 熙寧 8년(1075)의 입춘에 병중에 있으면서 벗 안국 安國에게 보낸 「입춘일병중요안국잉청솔우공동래 立春日病中邀安國仍請率禹功同來……」로 시작되는 긴 제목의 시에서는 '어찌하여 인솔하여 병을 위문하러 오지 않는가. 이미 꽃 뿌리는 천녀도 불러두었거늘'로 마치고 있다. 즉, '어째서 모두를 이끌고 병문안하러 오지 않는가. 이미 꽃을 뿌리는 천녀도 불러놓았는데'라고 하여 예쁜 기녀도 준비하였으니 병문안하러 오라고 해학적으로 이야기하고 있다. 제목의 후반부에서는 자신은 술은 마시지 않으므로 당신들이 취하여 웃는 모습을 안석에 기대어 바라보며 근심을 털어버리겠다고 이야기하고 있다. '안석에 기대어[倚几]'라는 부분은 물론 스스로를 유마에 견주어 이야기하는 것이다.

　또한 소식은 원풍 元豐 원년(1078)에 지은 「좌상부대화득천자 坐上賦戴花得天字」,

즉 술자리에서 '꽃을 머리에 인다'고 하는 제목으로 한시를 여러 사람과 지을 때에 천 天을 운韻으로 받아 지은 시에서도 『유마경』을 소재로 하여 장난스러운 시를 짓고 있다. 즉, 자신이 노령의 취한 몸으로 꽃을 꽂고서 춤출 때 꽃이 커다란 술잔에 떨어지는 것은 번뇌가 조금씩 사라져가기 때문이지만, 이 꽃은 역시 '꽃을 뿌리는 천녀'에게 돌려줘야 할 것이라고 노래하고 있다. 물론 유마의 방에 사는 천녀가 병문 안 온 보살과 성문들에게 꽃을 뿌렸을 때 번뇌가 없는 보살들에게는 꽃이 달라붙지 않고 미끄러져 떨어진 반면 꽃으로 몸을 장식하는 것은 계율에 금지된다고 하는 규범에 사로잡혀 있는 성문들에게는 꽃이 달라붙어 버려서 신통력으로 떼내려고 하여도 떨어지지 않았다고 하는 『유마경』「관중생품」의 장면을 토대로 한 것이다. 『유마경』은 한시에서는 그러한 장면에서 사용되는 경우가 많았다.

『유마경』은 '불립문자'를 존숭하는 선종에서 넓게 읽혔는데, 당대 이후에는 신앙의 면에서나 문학·예능의 면에서나 관음보살 등에 비하면 영향이 크지 않다. 이것은 관음보살이 정토의 안내자로 여겨졌던 것과 달리 자신의 마음을 청정하게 하는 것이야말로 불국토를 청정하게 하는 것이라든가 중생이야말로 보살의 불토라고 주장하는 『유마경』은 역시 지나치게 관념적이었던 때문이리라.

6.
일본에서의 『유마경』 수용과 문학에의 영향

일본에서의 가장 이른 시기의 『유마경』 수용에 대해서는 삼경의소 三經義疏 중의『유마경의소』를 들 수 있다. 작자에 대해서는 여러 설이 있지만 변격의 어법이 많은 것으로 볼 때 중국찬술이 아니라는 것은 명확하며, 한 문장이 헤이안시대의 이야기 문체를 연상시킬 정도로 긴 것으로 볼 때 일본 찬술의 가능성이 높다. 현단계에서 말할 수 있는 것은 삼경의소는 양나라 3대법사의 학풍을 계승한 것으로,『법화경의소』와『승만경의소』는 각기 광택사 법운의『법화의기』, 장엄사 승민의『승만경소』(일실)를 '본의 本義'로 하고 있고,『유마경의소』는 개선사 지장의『유마경소』(일실)를 저본으로 하면서 승조의『주유마』도 참조하였다는 것이다. 직접적으로는 그러한 강남 성실열반학파의 학문을 수용한 백제 학승 등의 영향을 받아 성립되었다고 보아야 할 것이다. 삼경의소는 나라시대에는 삼론종과 화엄종을 중심으로 연구되었지만 가마쿠라시대에는 도다이지 東大寺의 교넨凝然 등을 제외하면 호류지法隆寺와 시텐노지 四天王寺에서 연구되었을 뿐, 가마쿠라 신불교의 조사들은 읽지 않았다.

　　삼경의소 다음으로『유마경』의 이름이 보이는 것은 나카토미 가마타리 中臣鎌足(614-669)와『유마경』의 관계이다.『후소랴쿠기 扶桑略記』권4 사이메 齊明천황 2년 조에 의하면 나카도미 카마시(카마토리)가 병이 났을 때, 백제의 비구니 법명 法明이 천황에게 '『유마경』은 병을 계기로 하여 가르침을 펼치고 있습니다. 병자를 위한 시도로서 이것을 독송하고자 합니다'라고 아뢰자, 천황이 크게 기뻐하였다. 저택에 가서 독송을 시작하자 끝부분에 가기도 전에 병이 곧 호전되었다. 카마시(가마타리)는 감격하여 더 독송하게 하였다. 다음 해에 카마시는 야마시나 山階의 스에하라 陶原의 집에 절을 세우고 법회를 개최하였다. 이것이 유마회 維摩會의 시작이라고 기록되어 있다. 이『유마경』의 법회는 카마시가 죽고나서 30년간 중단되었다가 손

자인 후지와라노 후히토 藤原不比等가 재흥시켜서, 10월 10일에 시작하여 가마타리
의 기일인 10월 16일에 마치는 형태로 정해졌다고 한다. 그 후 후히토의 딸인 코메이
光明 황후도 이것을 후원하였고, 나아가 후지와라노 나카마로 藤原仲麻呂에 의해 국
가적 의의가 부여되었다. 엔랴쿠 延曆 21년(802) 이후에는 천황에 의한 법회로서 고
후쿠지 興福寺에서 거행되는 것이 정례화되었으며, 후지와라씨의 사람들은 반드시
참가하도록 정해졌다. 다만 불교계에서는 이 유마회는 승강 僧綱이 되는 첫 번째
단계로 여겨졌으므로 그 권위가 점차 높아진 반면, 헤이안 귀족들 사이에서는 법화
팔강 法華八講이나 법화삼십강 法華三十講 쪽이 중시되어 갔다. 문학에 미친 영향이
라는 점에서는 『법화경』이 압도적으로, 『유마경』의 영향이 한정되는 것은 그 때문
이다.

나라시대 및 그 이전에는 『법화경』 신앙이 물론 강하였지만 『유마경』도 상당히
중시되었으며, 가마타리 자신도 『유마경』 신앙을 가지고 있던 것으로 생각된다.
또한 장남인 조우에(定惠, 혹은 貞惠)에 대해서도 『유마경』과 관계가 있을 가능성이
지적되고 있다. 『후소랴쿠기』에는 고도쿠 孝德 천황의 하쿠치 白雉 4년(653)에 장남
조우에가 11살의 어린 나이에 당에 들어가 장안의 혜일도량에서 배웠다고 하는데,
그의 스승인 도인 道因(587-658)은 『송고승전』에 의하면 『열반경』 『섭대승론』을 비
롯한 많은 경론을 공부한 후 강의하였는데, 특히 『섭대승론』과 『유마경』에 대해서
는 주석을 지었다고 한다. 이것이 사실이라면 아들을 통해서도 『유마경』과 관계가
있었을 가능성이 있다. 그런데 『후지와라씨가전』에서는 (조우에가) 현장 문하의 신
태 神泰에게 사사하였다고 기록하고 있다. 어찌되었든 유식학설에 뛰어난 학승이
었으므로 가마타리가 강고지 元興寺의 섭론종을 지원하였다고 하는 전승과도 모순

되지 않는다. 중국에서는 현장이『유마경』의 신역인『설무구칭경』을 번역하였고, 현장의 제자인 기 基(632-682)가『설무구칭경소』를 지었으므로, 조우에의 스승이 누구이던 가마타리가 지원하고 있던 일본의 섭론종이나 거기에서 발전된 법상종이『유마경』을 중시하는 것은 조금도 이상하지 않다. 특히 코메이 황후가 강고지의 섭론종을 옮긴 고후쿠지는 후지와라씨의 집안 사찰이었으므로『유마경』을 중시하였고, 유마회를 통하여『유마경』과 관계가 깊었다.

가마타리와 유마가 연결된 또 다른 요인으로 천황의 병문안이 있다.『일본서기』에 의하면 덴치 天智 천황 8년(669) 10월 10일에 덴치 천황이 내대신 內大臣(=가마타리-역자)의 저택에 행차하여 '직접 병을 위문하였다 親問所患'고 한다.『일본서기』에서는 하쿠치 白雉 4년 여름 5월의 조우에의 유학 기사 바로 뒤에 고토쿠 천황이 의지하고 있던 소우민 僧旻 법사의 방에 행차하여 '그 병을 위문하였다 問其疾'고 기록하고 있다. 이례적인 천황의 병문안을 명백히『유마경』의 표현을 빌려 기록하고 있다. 소우민은 유학했던 학승이었던 것에 비하여 덴치 천황이 병문안한 가마타리는 재가의 현자로 여겨졌으므로 기일의 법회 등에서 유마에 비견된 문장이 읽혀졌다고 해도 이상하지 않다. 실제로 중세에는 가마타리를 유마로 간주할 뿐 아니라 유마의 화신으로 여기는 설도 생겨났다. 가마타리를 제사 지내는 단잔 談山 신사에서는 유마를 의식하여 그려진 가마타리의 그림이 다수 남아 있다.[17]

그 나라시대의 유마회에 대해서는 법회의 최종일에 음악공양이 행해졌음이『만요슈 萬葉集』권2(1594)를 통해 알 수 있다.

〈부처님께 부르는 노래 한 수〉

오락가락하는 가을비야/ 곧바로 내리지 마라/ 빨갛게 물든 산(의 단풍)이/ 떨어짐이 아쉽다.

이것은 겨울 10월에 황후궁의 유마강維摩講에서 종일토록 대당과 고려의 여러 음악을 공양하고서 이 노래를 불렀다. 거문고를 연주한 것은 이치하라市原 왕, 오시자카忍坂 왕, 나중에 성姓을 하사받은 오오하라마히토노 아카마로大原真人 赤麿이다. 노래한 사람은 다구치아손노 이에모리田口朝臣家守, 가와베아손노 아즈마히토河辺朝臣東人, 오키소메무라지노 하츠세置始連長谷 등 10여 인이었다.

즉, 후히토의 옛집을 고친 황후궁에서 유마회를 거행할 때의 노래이다. 유마회에서는 첫날과 마지막 날에 악인들의 연주가 있었다. 이때는 덴표天平 11년(739)의 행사로 당의 음악과 고(구)려의 음악을 연주한 외에 거문고 반주에 맞춰 십여 명이 노래하였던 것이다. 무상을 노래한 것이라는 해석이 일반적이지만 '빨갛게 물든 산의 단풍이 떨어져버리는 것이 아쉬우니, 가을비야 내리지 마라'고 하는 것이므로 실제로는 무상의 측면이 강하지 않다. 또한 이와 비슷한 내용의 노래들이 『만요슈』의 다른 곳에서 보이고 있는데, 그들은 불교와 관계되지 않는다.

아닌게 아니라 단풍은 무상해서 떨어져 버리는 것이기는 하지만 고후쿠지의 대불에게 공양으로서 보여드려야 할 아름다운 단풍의 모습을 서둘러 끝내지 마라고 이야기한 것으로 볼 수 있을 것이다. 이 경우 대불을 '행차하여 오신 천황'으로 바꾸어 생각하는 것도 가능하다. 즉, 먼저 그러한 노래의 도식이 있었고, 그것을 대불에 맞추어 노래한 것으로서, 특별히 『유마경』에 나오는 사상이 담겨 있는 노래는 아니다.

그런데 식물이 무상하다는 것과 관련하여 우리 몸의 무상을 강조하는『유마경』의 열 가지 비유에서는 '이 몸은 파초와 같아서 속에 단단한 것이 있지 않다'고 이야기하고 있다. 파초의 줄기에는 단단한 심이 없고 잎이 여러 겹 말려져 있을 뿐이어서, 계절이 바뀌면 겉이 시들어버린다. 그런데 일본에서『유마경』의 열 가지 비유를 문학작품에 이용할 때에는 남국 식물인 파초에 대한 실감이 없고, 또 한편으로는 한자말을 피하기 위해서 와카 和歌에서는 단순히 '풀'이라고 부르는 경우가 많았다. '파초'라는 말을 사용한 것은 후지와라노 긴시게 藤原公重 등 극소수의 가인 歌人들뿐이었다.

또한『유마경』의 열 가지 비유에서는 '이 몸은 지혜 없음이 풀과 나무, 기와와 자갈 같다'고 이야기하고 있는데, 후대에 초목성불설이 발전한 일본에서는 문학적 효과를 높이기 위하여 의인법이 사용된 측면이기는 하지만 산이나 비, 풀과 나무에 대해서 '마음이 있는 것'처럼 부르고 있다. 헤이안시대 초기부터 일본식의 초목성불설이 등장하게 되는 것이 이상한 일이 아니다.

나라시대의『유마경』수용에 있어서 이색적인 모습은 야마노우에노 오쿠라 山上憶良에게서 볼 수 있다.『만요슈』권5에 수록된 오쿠라의「일본만가 日本挽歌」에서는 일체의 것은 공이며 살아 있는 존재는 윤회할 뿐이라면서 '유마 보살도 방장에 계시면서 더러운 병을 품은 일이 있었고, 석가 부처님도 쌍림에 앉아 계시면서 열반의 고통을 피할 수 없었다'고 노래하고 있다. 유마와 석가를 이와 같이 대비시키는 것은 앞에서 언급한 돈황의『유마경강변문』과 일치하는 것으로서, 입당 경험이 있는 오쿠라가 중국에서 이러한 일반인을 대상으로 하는 속강을 보았거나, 아니면 그러한 대본을 입수했을 가능성이 있다. 일본에서 석가의 열반을 '고 苦'로 간주한 것은 불교에 대한 지식을 가지고 있으면서도 거리를 두고서 속세에 대한 애정에 집착하였던 오쿠라뿐이다. 오쿠라는 석존은 모든 사람들을 자신의 아들처럼 보살펴준다는 경전의 상투어구를 역으로 활용하여서 '석존도 자기 아들을 귀여워하였다고 한다'고 이야기하는 등의 억지 논의도 전개하였다.

　　앞에서 살펴본 중국의 문인취미적인『유마경』관도 일본에 수용되었다. 예를 들어, 나라시대를 대표하는 문인 중 한 사람인 환속한 오우미 미후네 淡海三船는『유마경』강회에 참석하여「청유마경 聽維摩經」이라는 제목의 한시를 지었다.『경국집 經國集』에 수록되어 있는 이 한시는 '방장의 방에서 가르침을 베풀고, 불이의 문에서 그윽한 이치를 논한다'는 구로 시작하여 제3연에서는 '땅은 비야리 성과 비슷하고, 사람은 존엄한 묘덕과 같다'고 서술하고 있다.『유마경』이 강의되는 이곳은 바로 유마가 살았던 비야리(바이살리)의 땅과 같고, 여기에 모여 있는 사람들은 '묘덕', 즉 병문안하러 온 문수와 같이 현명한 사람들이 아닌가 생각된다고 칭송하고 있는 것이다.

　　이 미후네는 환속하여 활약하면서도 불경의 주석서를 지었던 자신의 선배로서 신라의 원효를 존숭하여 그 손자인 설중업 薛仲業이 외교사절로서 방문하였을 때 크게 환영하여 원효를 칭송하는 글을 선물하였다. 원효를 유마와 비슷한 존재로 여기며 삶의 모범으로 삼았던 것으로 생각된다.

　　일본문학에서『유마경』의 영향을 받은 대표적 사례는『다케토리모노가타리 竹取物語』일 것이다. 카구야히메(다케토리이야기의 여주인공 – 역자)의 기원에 대해서는 여러 설이 있는데, 신선사상의 영향을 받은 것은 틀림없지만 기본은 고오다 로한 幸田露伴(1867-1947. 일본의 소설가 – 역자)이 지적한『월상녀경』의 월상녀 月上女로 보는 것이 좋을 것이다.¹⁸ 월상녀가 태어났을 때 집 안에 빛이 가득차 어두운 곳이 없었다고 하는 것 이외에 로한이 언급하지 않은 사항으로서는『월상녀경』에서 '위광이 혁혁하여 그 누각을 밝게 비추었다'는 부분을 들 수 있다. '위광이 혁혁하다 威光赫奕'는 표현은 불교 경전의 상투어구인데, 보름달 밤에 구애하는 남자들을 모은 후 누각에 올라가 결혼하지 않겠다는 의사를 이야기하려는 때에 부처의 신력으로 월상녀의 오른쪽 손에서 금은으로 된 연꽃의 줄기가 자라나고, 꽃 속에 '위광혁혁한' 여래상이 결가부좌하고 있었다고 하는 것을 무시할 수 없다. 이 '혁혁 赫奕'이야말로 '카구야히메'라는 이름의 기원으로 생각되기 때문이다.¹⁹

또한『다케토리모노가타리』가『월상녀경』과 관계있는『유마경』의 표현을 사용하고 있는 것에 대해서는 이전에 지적하였다. 예를 들면 부처의 발우라고 칭하는 것을 가지고 온 이시즈쿠리 石作 왕자가 (발우가) 빛나지 않아 카구야히메에게 가짜임이 발각되자 문 근처에 발우를 버리고 다케토리 할아버지의 집에서 나가면서 '흰산을 만나면 빛을 잃는 발우를 버려도 믿어주려나'라고 와카를 읊고서 '발우(부끄러움: 일본어로 발우(하츠)와 부끄러움(하지)은 발음이 비슷함-역자)를 버렸다'고 말장난하는 부분을 들 수 있다. 이것은 석존으로부터 유마의 병문안에 다녀오라고 지시받은 수보리가 이전에 유마거사의 집에 탁발하러 갔다가 논의하던 중에 힐난받자 멍해져서 발우를 두고 집에서 나오려고 했다고 하는『유마경』「제자품」의 내용에 기초한 말장난으로, 천태지의의 제자 관정 灌頂이 편집한『유마경약소』에서는 '발우를 버리고 떠나려 했다' '발우를 버리고 떠났다'는 표현도 보이고 있다.

더욱이 부끄러움을 부끄러움으로 여기지 않는 것도 같은 「제자품」에 보이고 있다. 아난이 병이 난 석존을 위해 우유를 보시받기 위해 발우를 손에 들고 부유한 바라문 집에 갔다가 유마로부터 석존에게는 병 같은 것은 없다고 질책받고서 부끄러워 떠나려하자 하늘에서 '석존이 오탁악세에서 교화하실 때에 일부러 그러한 모습을 보이시는 것이다. 아난아, 우유를 받아가라. 부끄러워하지 말라'는 소리가 있었다. 즉, 발우에 관한 장면에서 '부끄러움이 없는' 것이 설해지고 있는 것이다.

　　문 근처에서 발우를 버린다는 설정과 '발우(부끄러움)를 버린다'는 말장난을 채용한 것은 아마도 천태종의 승려일 것이다. 『다케토리모노가타리』의 작자에 대해서는 여러 설이 있지만 천태종에서 최초로 승정 僧正이 되었던 헨쇼 遍昭 혹은 헨쇼와 비슷한 소양과 성격을 가진 사람이었다고 생각하는 것이 자연스럽다. 여기에서도 『유마경』과 그 권속 경전인 『월상녀경』의 내용이 유희의 소재로 사용되고 있다.

　　한편 이 『다케토리모노가타리』와 관련해서는, 전해연 田海燕의 『금옥봉황 金玉鳳凰』(少年兒童出版社, 上海, 1961년)에 수록된 중국 사천성의 티벳족 민화를 채집, 정리한 「반죽고낭 班竹姑娘」이 『다케토리모노가타리』와 대단히 비슷한 것이 알려져 화제가 되면서 『다케토리모노가타리』는 그 기원이 되는 중국 민화의 영향을 받은 것이라는 설이 제기되고 논쟁이 벌어졌지만, 현재는 「반죽고낭」은 『다케토리모노가타리』의 중국어 번역에 기초하여 번안되었음이 밝혀졌다.[20] 즉, 일본에 유학하여 와세다대학에서 공부한 후 복단 復旦대학에서 서양문학과 일본문학을 강의한 사육일 謝六逸(1898-1945)이 1929년에 『다케토리모노가타리』의 개요를 수록한 『일본문학사』를 저술한 후 사육일의 문학연구 동료였던 정진탁 鄭振鐸이 중국 최초의 아동문학잡지를 간행하면서 『다케토리모노가타리』를 다소 윤색한 「죽공주 竹公主」를 게재하였다. 그리고 나서 나중에 여러 나라의 동화를 번역하거나 윤색한 책에 실어 출판하였다. 「반죽고낭 班竹姑娘」은 『다케토리모노가타리』가 아니라 이 「죽공주」

에 기초하여 쓰여진 것으로, 사회주의국가가 된 중국의 상황을 반영한 이야기로 되었다. 이러한 사실로부터도 재미있는 줄거리의 이야기는 차례차례 비슷한 이야기를 만들어낸다는 것을 알 수 있다.

그런데 『유마경』이 이처럼 재미있는 작품들 속에 이용되는 한편으로 사령운이 인용한 열 가지 비유도 무상의 정서를 중시하는 일본문학에서는 빈번하게 활용되었다. 특히 와카에는 그러한 예가 많아서 칙찬집 勅撰集이나 사가집 私歌集 모두에 그와 같이 노래가 꽤 많이 보이고 있다. 『유마경』의 내용에 기초하였음을 명기한 경우도 많다.[21]

그중에서 열 가지 비유 모두를 와카로 노래한 것은 후지와라노 긴토오 藤原公任 와 아카조메 에몬 赤染衛門이다. 흥미롭게도 후지와라노 미치나가 藤原道長의 시대라고 할 수 있는 10세기 말에서 11세기 초를 대표하는 이 두 사람의 재사와 재원은 모두 법화(경) 28품의 와카도 노래하여 남겼다. 긴토오는 쵸오호 長保 4년(1002)에 미치나가를 지원했던 누나 센시 詮子의 명복을 빌기 위한 법화팔강 法華八講에서 「법화경 28품 와카」를 불렀고, 『아카조메에몬집』에 수록되어 있는 아카조메 에몬의 28품 와카도 이때의 작품으로 추정되고 있다.

긴토오의 열 가지 비유 와카는 그다음 해인 쵸오호 5년(1003)에 후지와라씨의 장자인 미치나가가 유마회를 맞아 일족을 이끌고 고후쿠지에 참배할 때의 것으로 추정되고 있다.[22] 미치나가의 요청으로 부른 것일 텐데 그 때문인지 관념적이며, 뛰어난 노래는 아니다.

열 가지 비유 중 '이 몸, 파초의 줄기와 같다'에 대해서는 다음과 같이 노래하고 있다.

바람 불면 먼저 부서지는 풀의 잎에 견줘지니 소매가 축축해지네.

바람이 불면 곧 부서져 버리는 (파초) 잎의 덧없음에 나의 몸이 비유되기 때문에 소매가 눈물로 축축해졌다고 탄식하고 있는데, 파초는 노래에 사용되는 말이 아니기 때문에 직접적으로는 파초라는 단어는 나타나지 않고 있다.

한편 신랄한 무라사키 시키부 紫式部(헤이안시대의 대표적 소설인 『겐지모노가타리』의 작자−역자)조차도 그 날카로운 재주를 인정하지 않을 수 없었던 아카조메 에몬은 이 비유에 대해서 다음과 같이 노래하고 있다.

가을바람에 스러지는 풀을 보니 몸의 단단하지 않음을 알겠네.

즉, 가을바람을 받아 시들어 썩어버리는 잎을 보고서 비로소 마찬가지로 내 몸도 견고하지 않음을 통감한다고 하는 것이다.

그들 이상으로 『유마경』을 능숙하게 이용한 사람은 긴토오와도 잘 아는 사이이고, 아카조메 에몬과 함께 중궁을 모시는 동료였던 무라사키 시키부이다. 재원들로 구성된 뇨보 女房(헤이안시대부터 에도시대까지 조정이나 상층귀족의 집에서 일했던 여성 사용인−역자)들도 긴장하지 않을 수 없었던 재사인 긴토오가 중궁이 왕자를 낳은 것을 축하하는 잔치에서 술에 취하여 뇨보들이 있는 곳에 찾아와 '이 근처에 와카무라사키 若紫(『겐지모노가타리 源氏物語』에 나오는 여자 주인공 중 한 사람−역자)가 있습니까?'라고 발 너머로 이야기를 걸어왔을 때 시키부는 '히카루키미 光君(『겐지모노가타리』의 남자 주인공−역자)도 없는데 어찌 와카무라사키가 있을까'라고 생각하며 잠자코 있었다고『무라사키시키부일기』에 적고 있다. 이 이야기의 전거는 이제까지 알려져 있지 않았지만, 앞에서 언급한『세설신어』중의 지도림과 왕탄지의 대화를 토대로 한 것이 분명하다. 긴토오는 재사로 자부하였지만 모든 것에 뛰어났던 히카루키미에 는 한참 미치지 못하였으므로 와카무라사키, 즉 (『겐지모노가타리』의) 작자인 시키부 가 어찌 여기에 있을 수 있겠는가라고 생각하며 침묵을 지키고 있었다는 것이다.[23]

　　침묵을 지킨다는 점에서는『겐지모노가타리』에도 비슷한 장면이 묘사되고 있다.「비오는 밤의 (여성) 품평」(『겐지모노가타리 중의 한 장의 제목—역자)에서는 여성전 문가로 자부하고 있던 사람들이 이러쿵저러쿵 여성론을 이야기한 후 좌마두左馬頭 (궁중의 말을 관리하던 좌마료左馬寮의 장관—역자)가 정리하여 이야기하는데, 그의 결론 은 '여자는 말하고 싶은 것이 있어도 때때로 잠자코 있는 것이 낫다'는 것이었다. 그런데 가장 여성전문가였던 히카루 겐지는 그러한 논의를 잠자코 듣고 있을 뿐이 었다는 구성으로 되어 있다. 즉, 여러 보살이 심원한 '불이'의 모습에 대해 다양한 주장을 하고나서 문수가 '불이'는 언어로 표현될 수 없다고 말한 후 유마에게 견해를 묻자 침묵을 지켰다고 하는「불이법문품」의 구성을 모방한 것이라고 생각되는 것 이다.[24]

　　『겐지모노가타리』에 대해서는 그 밖에도 히카루 겐지의 친아들이 아닌 카오루薰 에 관한 기술 중에『유마경』에 영향받았을 가능성이 지적되고 있다.[25]『겐지모노가 타리』는『법화경』과 부처의 전기가 이용되었고, 종파적으로는 천태종과 법상종의 교리가 보인다고 알려져 있지만『유마경』에 대해서도 검토할 필요가 있다.

　　『겐지모노가타리』이후의『유마경』의 영향이 보이는 대표적 사례는 가모노 초 오메이 鴨長明(1155-1216, 헤이안시대 말기에서 가마쿠라시대 초기에 활동한 가인 겸 수필가—

역자)의『호오조오키 方丈記』(가모노 초오메이가 쓴 수필집-역자)일 것이다. 제목의 '방장'이 본래 유마에게서 비롯된 것일 뿐 아니라 모두의 문장은 물위에 떠있는 물거품의 무상함으로 시작하고 있는데, 이는『유마경』의 열 가지 비유에 기초한 것이다. 다만 초오메이는 '정명거사의 자취를 따르고 있지만, 지키는 마음은 주리반특 周利槃特(석가모니의 제자 중 가장 어리석었다고 전하는 인물-역자)의 행에도 미치지 못한다'고 말하고 있다. 방장에 사는 점에서는 유마의 외형을 흉내내고 있지만 거기에 깃들어 있는 마음의 측면에서는 불제자 중에서 가장 어리석은 자에도 한참 미치지 못하는 것을 자각하고 있으면서, 소박한 집조차도 무상하다는 점을 의식하고 있다. 대지진과 재해가 계속되었던 시대에 살았던 초오메이에게 있어서는 방장조차도 최후의 거주처가 될 수 없었던 것이다.

7.
현대에서의『유마경』과 문학의 관계

한역 대승경전은 현대에도 문학에 계속 영향을 미치고 있다. 여기에서는 오카모토 가노코 岡本かの子(1889-1939)와 가와바타 야스나리 川端康成(1899-1972) 두 사람을 들어 이야기하고자 한다.

오카모토 가노코가 불교로부터 큰 영향을 받았다는 것은 유명한데, 초기의 희곡과 소설에는「아난과 주술사의 딸」(1928년),「귀자모 鬼子母의 사랑」(1928년),「백유경 百喩經」(1934년) 등 제목 그 자체에 불교용어가 보이는 것도 적지 않다. 일찍부터 애욕과 정신적 향상 혹은 애욕과 예술 사이에서 고뇌하고 있던 오카모토 가노코는 그 해결을 불교에서 찾고 있었고, 그때『유마경』에 의지하는 측면이 컸던 것 같다. 소설 이외의 오카모토 가노코의 글 중에서 소토무라 아키코外村彰子가 착목한 내용을 인용해본다.[26]

> 병이 들었을 때는 유마경에 의지할 곳이 나옵니다. 지금도 머리맡에 있습니다. ……도대체 유마경은 대승불교의 이상, 즉 초월의 오성과 현실생활의 욕념의 융화를 이야기하고 있습니다.(오카모토「소병小病」『요미우리신문』1932년 7월 1일)

> 예술적인 변화와 매력이 많은 점에서 법화경에 필적하는 것은 오직 유마경뿐이라고 생각됩니다. …… 악마에 대하여, 악에 대하여, 두려워하지 않고 대승적 분석을 가하여 생명화해 가는 점은 두 경전 모두 예술가의 태도와 같습니다.(『관음경 및 법화경』다이토출판사大東出版社, 1934년)

실제로「금붕어 소동金魚繚亂」에서는 소녀가 벚꽃잎을 뿌리자 그중의 하나가 주인공의 입속에 날아 들어가 목 안에 붙어 잘 끄집어낼 수 없었다는 내용이 나온다. 이것은 물론『유마경』에서 천녀가 꽃을 뿌리는 부분에 기초한 것이다. 다만 오카모토 가노코의 경우는 지적 유희로서『유마경』을 이용하고 있다기보다『유마경』에 필사적으로 매달리고 있는 것처럼 보인다.

다음으로 가와바타 야스나리의 경우도『유마경』이 중요한 역할을 하고 있다. 이와노 마사오岩野真雄가 번역한『현대의역 유마경·해심밀경』(불교경전총서간행회, 1922년)을 애독하고 있던 가와바타 야스나리는 여러 작품에서『유마경』의 내용을 사용하고 있을 뿐 아니라 신감각파에 대해 사상이 없다고 하는 비판에 답하는 근거로서『유마경』을 이용하고 있다. 즉, 프롤레타리아문학측으로부터의 비판에 대하여 '사상 없는 사상' '감각 없는 감각'을 주장한 것이다.

가와바타는 만년의『아름다운 일본의 나』에서도 유마의 '우레 같은 침묵 黙如雷'에 대해 언급하고 있다. 다만 '우레 같은 침묵'은『축천화상어록 竺遷和尙語錄』에 '유마의 침묵은 우레와 같다 維摩一黙如雷'고 나오는 것으로서,『유마경』자체에 이런 표현이 나오는 것은 아니다. 가와바타는 만년에는 '부처와 마귀'를 동일시하는 잇큐一休를 존경하게 됨과 동시에 선에 깊은 흥미를 가지게 되어 일본 선종을 통하여 유마경을 바로보게 되었다고 생각된다. 가타야마 린타로 片山倫太郎는 가와바타의 경우『유마경』수용이 생애에 걸쳐 계속되었음을 지적함과 동시에 '그것은 근대에 새롭게 읽힌 불교였다는 것도 시야에 둘 필요가 있다'고 주의를 환기시키고 있다.[27]

그런데 가와바타는『다케토리모노가타리』도 현대어로 번역하였다. 그때는『다케토리모노가타리』를 근대소설풍으로 파악하여, 그 입장에서 상당히 자유롭게 의역하고 있음이 지적되고 있다.『유마경』『월상녀경』의 영향을 어느 정도 의식하였는지는 명확하지 않지만 2차대전 전후에 걸쳐서 여러 차례 정정하여 간행하고 있는 것에서 드러나는 것처럼『다케토리모노가타리』에 공감하는 점이 많았다. 카구야 히메에 영원한 여성성·성 聖처녀를 발견하고 찬미하였던 가와바타의『다케토리모노가타리』관은『겐지모노가타리』를 비롯한 일본문학 전체의 해석과 가와바타 자신의 문학활동에 밀접히 관련되어 있다.[28]

그 가와바타의 번역본은 풍자개 豊子愷(1898-1975)의 중국어역『다케토리모노가타리』의 저본이 되기도 하였다.[29] 중국 만화가의 시조일 뿐 아니라 회화, 문학, 음악

등에도 폭넓게 정통하고, 영어, 러시아어, 일본어 작품을 대량으로 번역하였던 풍
자개는『겐지모노가타리』를 처음으로 중국어 번역한 것으로 유명하지만 그것은
시문에 능통하였을 뿐 아니라 불교 지식이 풍부하였기 때문에 가능하였다고 한다.
풍자개는 처음에는 예술에 의한 해탈을 제창하였지만 과거 예술의 스승이었던 홍
일弘一법사에게서 수계하여 영행嬰行이라는 법명을 받은 후에는 거사로서 채식과
불음주계를 지키는 생활을 하기도 하였다. 음주는 후에 재개하였지만 불교에 대한
생각은 변함없다. 일본에 유학하여 서양미술과 음악을 배운 후에 출가한 홍일법
사의 영향도 있어서, 예술활동에 불교를 활용하고자 하였다. 그러한 인물이『다케
토리모노가타리』를 번역함에 있어서 가와바타 야스나리의 현대어역을 저본으로
하면서 훌륭하게 하려고 노력하였던 것이다.[30]

그 밖에도 미야자와 겐지宮澤賢治도 젊은 시기의 편지에서『유마경』을 언급하
고 있는데, 자기식으로 수용하여 영향을 받고 있었던 듯하다.[31]

문학색이 강한『유마경』은 이와 같이 돌고 돌아서 지속적으로 현대 아시아 여러
나라의 문학에 영향을 미치고 있다.

1 小林眞照, 「大乘化の手法－維摩經·佛國品のケース」 『印度學佛敎學硏究』 제52권 제2호, 2004년 3월.

2 西野翠, 「維摩の家族－維摩グループ諸經典を踏まえて」 『印度學佛敎學硏究』 第57卷 第1號, 2008년 12월.

3 大鹿実秋, 「月上女経と維摩経」 『印度學佛敎學硏究』 제18권 제2호, 1970년 3월.

4 瀧英寛, 「『維摩經』の基礎的解読の試み」 『大正大学総合仏教研究所年報』 第29号, 2007년 3월.

5 西野翠, 「『維摩經』における菩薩思想について－その内容と思想発展史的位置づけ」 『印度學佛敎學硏究』 제55권 제2호, 2007년 3월.

6 平岡聡, 「法華經の成立に関する新たな視点－その筋書·配役·情報源は?」 『印度學佛敎學硏究』 제59권 제1호, 2010년 12월.

7 朝山幸彦, 「『維摩詰經』に見られる中国的変容」 『印度學佛敎學硏究』 제34권 제2호, 1986년 3월.

8 大正藏 高麗藏의 支謙譯에는 유마의 침묵의 장면이 빠져 있는데, 위의 대화로 볼 때 본래는 그 장면이 포함되어 있었음을 알 수 있다.

9 藤枝晃, 「維摩變の系譜」 『東方学報』 제36책, 1989년 10월.

10 勞悅强(西野翠 譯), 「説得と娯楽を同時に：『維摩經の』注釈における鳩摩羅什の仏教説話」 『大正大学総合仏教研究所年報』 제33호, 2011년 3월, p.317.

11 鵜飼光昌, 「謝靈運と維摩經」 荒牧典俊編著 『北朝隋唐中國佛敎思想史』, 法藏館, 2000년.

12 富原カンナ, 「「方丈」考」 『和漢比較文學』 제35호, 2005년 8월.

13 何劍平, 『中國古代維摩詰信仰研究』 제6장 「維摩詰信仰在中土的民衆化過程」, 巴蜀書社, 中国, 2009년.

14 山口弘江, 「中国における「維摩詰」語釈の変遷」 『宗教研究』 제83권 4호, 2010년 3월.

15 北村茂樹, 「『維摩詰經講經文』と『維摩經』との関係－スタイン三八七二文書を中心に」 橋本博士退官記念仏教研究論集刊行会編 『仏教研究論集』, 清文堂出版, 1975년.

16 孫昌武, 『中國文學中的維摩與觀音』, 天津敎育出版社, 中国, 2005년, p.241.

17 黑田智, 『中世肖像の文化史』 「第ix章 もうひとつの維摩像」 ぺりかん社, 2007년.

18 幸田露伴, 「月上女(日本の古き物語の一に就きて)」 『心の花』 제15권 5호, 1911년 5월.

19 石井公成, 「変化の人といふもの、女の身持ち給へり－『竹取物語』の基調となった仏教要素」 『駒澤大学仏教文学研究』 제9호, 2006년 3월.

20 宋成德, 「「竹公主」から「班竹姑娘」へ」 『京都大学国文学論叢』 제12호, 2004년 9월.

21 國枝利久, 「維摩經十喩と和歌」 『仏教大学研究紀要』 제64호, 1980년 3월.

22 杉田まゆ子, 「公任の釈教歌－維摩經十喩歌 その発生の機縁」 『和歌文学研究』 제69호, 1994년 11월.

23 石井公成, 「『紫式部日記』と『源氏物語』における『維摩經』利用」 『駒沢大学仏教文学研究』 제9호, 2006년 3월.

24 石井公成, 위의 논문.

25 三角洋一, 「匂宮卷の薫の人物設定と『維摩經』」『むらさき』第40호, 2003년 12월.

26 外村彰子, 『岡本かの子の諸説－＜ひたごころ＞の形象』「第三章「金魚繚亂」と「維摩經」」, おうふう, 2005년.

27 片山倫太郎, 「川端文学における『仏教的なもの』への一考察－『維摩經』受容と新感覚派理論への可能性」『国文鶴見』, 第41호, 2007년.

28 山田吉郎, 「川端康成における『竹取物語』受容」『茨城キリスト教大学紀要』第17호, 1984년.

29 徐迎春, 「豊子愷訳『竹取物語』について－豊子愷記念館の訳稿と比較して」『語文研究』第108・109호, 2010년 6월.

30 大野公賢, 「豊子愷の仏教信仰における弘一法師と馬一浮－『護生画集』を中心に」『東京大学中国語中国文学研究室紀要』第13호, 2010년 11월.

31 工藤鉄夫, 「賢治と維摩經」『京都女子大学宗教・文化研究所紀要』第3호, 1990년 3월.

제9장

중세신도 =
'일본의 힌두교?'론
일본문화사에서의 '인도'

이야나가 노부미

1.
머리말

본 장의 제목에 제시한 것은 다분히 도발적인 '론'이다. 다만 물음표를 붙인 '론'이라는 점에 유의해주기 바란다. 필자는 어떠한 의미에서도 중세신도의 전문가가 아니다. 그럼에도 이러한 입장에서 굳이 발언하는 것에 의미가 있다고 한다면 그것은 전문적인 연구자가 제시하기 힘든 관점에서 커다란 가설을 제기하고, 그 가능성을 추구함으로써 새로운 시야를 개척할 수도 있다는 점밖에 없다. 다음으로 제목에 '중세신도'라는 말을 사용하였지만 필자가 생각하고 있는 것은 중세신도가 전체적으로 '일본의 힌두교'로 파악된다고 하는 것이 아니라 그것의 일부 문헌에 보이는 사상, 그중에서도 일부 제한된 측면이 '일본의 힌두교'로 해석될 때 이해하기 쉬워질 수 있지 않을까 하는 제안이다. '일부 문헌'이라고 하였지만 실제로 생각하고 있는 것은 일반적으로 '양부신도 兩部神道'(진언밀교의 태장계와 금강계 양부 兩部를 가지고 일본의 신과 신, 신과 부처의 관계를 위치 짓는 것. 가마쿠라시대에 이론화되어 이후 여러 신도 이론을 낳았다. 양부습합신도, 진언신도 등으로도 불린다 – 역자)라고 불릴 수 있는 문헌이라고 할 수 있다. 그렇지만 '양부신도'와 '이세신도 伊勢神道'(양부신도 등에서 주장하는 불교 중심의 본지수적 本地垂迹설에 대항하여 일본의 신을 절대신으로 위치 지어 부처의 상위에 놓은 신도설. 가마쿠라시대 말기 원나라의 침입을 겪으며 신도를 일본의 유일절대의 종교라고 주장하는 사람들에 의해 출현하였다 – 역자)의 문헌은 겹치는 것이 많고, 전문가 사이에서도 '○○신도'라는 호칭의 타당성이 확정되어 있지 않으므로, 여기에서는 오히려 대충 남북조시대(가마쿠라시대 이후 일본의 조정이 남조와 북조로 분열되었던 시기. 1324년부터 1392년까지의 시기로 무로마치 室町시대의 초기에 해당한다 – 역자) 경까지의 각종 문헌이라고 이야기하는 것이 무난할 것이다.

'일본의 힌두교'라는 표현은 낯설게 느껴지고, 또한 그 의미하는 바도 곧바로 이해되지 않을 것이다. 필자 자신도 이 단계에서 이 표현이 무엇을 의미하는지 명확하게 정의하기 곤란하다. 필자로서는 오히려 이 말이 지니는 '기묘한 느낌'을 '휴리스틱(시간이나 정보가 불충분하여 합리적인 판단을 할 수 없거나, 군이 체계적이고 합리적인 판단을 할 필요가 없는 상황에서 신속하게 사용하는 어림짐작의 기술 – 역자)'한 안내자로 활용하여, 거기에서 새로운 견해에 이르는 길이 열릴 수 있지 않을까 기대하고 있다.

2.
『야마토가츠라기보산기 大和葛城宝山記』 첫머리의 창조신화

출발점으로서 가장 먼저 필자 자신이 크게 충격을 받았던 문헌을 제시한다. 유명한 『야마토가츠라보산기 大和葛城宝山記』 서두의 한 단락이다. 『야마토가츠라기보산기』는 아마도 13세기 중엽에서 후반에 걸쳐 가츠라기산 계통의 슈겐도 修験道 (산악신앙과 불교가 결합된 일본 고유의 신앙 – 역자)에 가까운 인물에 의해 저술되었다고 생각되는 문서인데, 그 첫머리에 보이는 신화는 매우 놀라운 것이다.[1]

신기 神祇
대개 듣건대 천지가 이루어짐에 수기 水氣가 변하여 천지가 된다고 하였다. 시방 十方

의 바람이 이르러 서로 마주하고 서로 접촉하여 대수 大水를 지탱하는 가운데 물위에 신[神聖]이 화생 化生하는데 천 개의 머리와 2천 개의 손과 발을 갖는다. 신의 이름은 상주자비신왕 常住慈悲神王이라고 하며 아시즈나 葦綱가 된다. 이 인신 人神의 배꼽에서 천 개의 잎을 가진 금색의 묘법연화 妙法蓮花가 나온다. 그 빛이 대단히 밝은데 만 개의 달이 함께 비추는 것과 같다. 꽃 속에 인신 人神이 결가부좌하고 있는데, 이 인신 또한 무량한 광명을 가지고 있으며 이름을 범천왕 梵天王이라고 한다. 이 범천왕의 심장에서 여덟 아들을 낳는데, 여덟 아들이 천지의 인민을 낳는다. 이들을 천신 天神이라고 이름하며, 또한 천제 天帝의 조상신이라고도 한다.

이 문장은 '시방 十方의 바람' 부분에서부터 '천지의 인민을 낳는다' 부분까지 거의 완전히 『대지도론』²에 보이는 인도 신화를 베낀 것이다. 『대지도론』의 문맥에서는 이 신화는 붓다의 혀에서 나오는 빛 속에 '천 개의 잎을 가진 금색의 보배꽃 寶華'이 나타난다고 하는 환상적인 장면을 설명하는 가운데 일종의 비유로서 설해지고 있다. 눈부신 우주적 부처의 기적을 이야기하는 가운데 '세속'의 이야기로서 설해지는 이 신화는 『마하바라타』 등에서도 널리 알려진 인도 창조신화의 일종이다. 겁 劫의 처음, 아직 세계가 존재하지 않던 때에 큰 바다 밑에서 큰 뱀 위에 자고 있는 비쉬누의 배꼽에서 거대한 연꽃이 나오고 그 위에 앉아 있는 브라흐마 신으로부터 전 우주가 생겨난다고 하는 신화는 다른 몇몇 불전에도 인용되고 있다. 그들 중 하나인 『외도소승열반론 外道小乘涅槃論』에서는 같은 신화가 '외도', 즉 인도의 불교 이외의 종교·철학에서 이야기하는 잘못된 가르침으로서 비판의 대상이 되고 있다. 사실 불교에서는 우주가 어떠한 신에 의해 창조되었다고 하는 교설(일반적으로 창조주의

creationism라고 하는 것)은 '외도'의 잘못된 설로서 아가마(아함) 시대부터 밀교에 이르기까지 일관되게 비판의 대상이 되고 있다.

『대지도론』과 『야마토가츠라기보산기』의 텍스트 사이에는 몇 가지 작은 차이점이 있는데, 그것도 매우 흥미롭다. 그것은 두 번째 문장에 집중되고 있다.

『대지도론』에서는 '물위에 천 개의 머리를 가진 사람이 2천 개의 손과 발을 가지고 있는데, 이름을 위뉴 韋紐라고 한다(水上有一千頭人, 二千手足, 名爲韋紐)'라고 하였는데, 『야마토가츠라기보산기』에서는 '물위에 신이 화생 化生하는데 천 개의 머리와 2천 개의 손과 발을 갖는다. 신의 이름은 상주자비신왕이라고 하며 아시츠나 葦綱가 된다(水上神聖化生, 有千頭二千手足, 名常住慈悲神王, 爲葦綱)'로 되어 있다. 즉, 『대지도론』에서는 단순히 '사람 人'이라고 한 부분을 『야마토가츠라기보산기』에서는 '신[神聖]'이라고 하였고, '이름을 위뉴'라고 한다(위뉴는 힌두교 신 비슈누의 일반적인 음사이다)라고 한 부분을 '상주자비신왕이라고 하며 아시츠나 葦綱가 된다'고 고치고 있다. 더욱이 '화생'이라는 말도 덧붙여지고 있다. 이러한 차이점들은 '상주자비신왕'이라는 『야마토가츠라기보산기』 고유의 신의 이름 이외에는 모두 『일본서기』 첫머리의 신화와 비교할 때 설명될 수 있다. 『일본서기』의 첫머리에서는 다음과 같이 이야기되고 있다.[3]

옛날에 하늘과 땅이 아직 나뉘지 않고 음과 양이 나뉘지 않았을 때, 혼돈스러움이 계란과 같았고 희미하게 조짐이 있었다. (중략) 그러한 후에 신[神聖]이 그 속에서 태어났다. 그래서 하늘과 땅이 나뉘는 처음에 국토가 떠오르는 것이 비유컨대 유영하는 물고기가 물위에 떠오르는 것과 같았다. 그때에 천지 가운데에 하나의 물건이 생겼는데, 모양이 갈대의 싹[葦牙]과 같았다. 곧 신이 되었는데[化爲], 구니노토코사치노미코토 國常立尊라고 이름하였다.

즉, 앞의 인용문에서 밑줄을 그은 '신성 神聖' '위아 葦牙' '화위 化爲'가 『야마토가 츠라기보산기』의 '신성' '위강 葦綱' '화생 化生'에 해당하는 것으로 생각된다. 이와 같이 보면 '葦'라는 글자와 '위뉴 葦紐'의 '葦' 자의 형태상의 유사함이 『야마토가츠라기보산기』 작자가 『대지도론』의 이 부분에 주목한 주요한 원인이 되었다고 생각할 수도 있을 것이다(사실 '葦綱'이라는 신의 이름은 이 용례 이외에서는 거의 사용되고 있지 않다). 그런데 『일본서기』 첫머리의 신화 자체가 중국의 옛 우주론에 관한 책 『회남자』 및 『삼오력서 三五曆書』의 영향을 받아 성립되었다고 알려져 있다. 그중에서 오 吳나라 서정 徐整이 편찬한 『삼오력서』는 전해지지 않지만 『예문유취』(천부 天部)의 인용문에는 "하늘과 땅이 계란과 같이 혼돈되었다. 天地混沌如鷄子"는 구절이 있으며, 『태평어람』의 인용문에는 "혼돈된 모습이 계란과 같다. 混沌狀如鷄子"라는 구절이 있는 등 『일본서기』와 특별히 가까운 관계가 있다. 또한 '신성 神聖'이라는 용어에 관해서는 『일본서기사기』(정본 丁本)에 인용된 『삼오력서』에 '개벽되는 처음에 신성이 있었는데, 몸 하나에 머리가 열셋이며 천황 天皇이라고 이름하였다(開闢之初, 有神聖, 一身十三頭, 號天皇)'는 내용이 있는데,[4] 거기에 '천황'이라는 『일본서기』에서 가장 중요한 키워드가 보일 뿐 아니라 원초의 존재인 '신성'한 것이 '몸 하나에 머리가 열셋'이었다고 기술된 것을 볼 수 있다. 이렇게 생각하면 『야마토가츠라기보산기』의 작자가 『삼오력서』의 이 구절을 모종의 방법으로 알고서 '머리 열셋'에 상대되는 『대지도론』의 '천 개의 머리와 2천 개의 손과 발'을 떠올렸을 가능성도 없지는 않다고 생각된다.

『야마토가츠라기보산기』에서의『대지도론』인용은 이 구절에 그치지 않는다. 그 이외에도 다음과 같은 흥미로운 부분을 들 수 있다.[5]

다음과 같이 전한다.

겁 劫의 처음에 신성 神聖이 있었다. 상주자비신왕이라고 이름하였는데(법어 法語 에는 시기대범천왕 尸棄大梵天王이라고 하였고, 신어 神語에는 아메노미나카누시노미코토[天御 中主尊]라고 이름하였다), 대범천궁에 계셨다. 중생들을 위하여 광대한 자비성심 慈悲 誠心을 가졌다. 그래서 백억 개의 해와 달 및 백억의 범천을 만들어 무량한 중생들 을 제도하였다. 그래서 여러 천자들의 으뜸이고 삼천대천세계의 본주 本主이다.

여기에서는 앞에 비쉬누에 해당한다고 이야기되었던 '상주자비신왕'이 '시기 대범천왕'에 해당되고, 그가 '삼천대천세계의 본주'라고 이야기되고 있다. 이것은 『대지도론』에서 '삼천대천세계의 주인인 범천왕, 식기 式棄라고 이름한다(三千大天 世界主梵天王, 名式棄)'는 문장에 기초한 것이다.[6] 또한 '백억 개의 해와 달, 백억의 범천'이라는 장대한 이미지도『대지도론』의 '백억 개의 해와 달 내지 백억의 대범천 (百億日月, 乃至百億大梵天)'이라는 문장에 의한 것이다.[7] 이와 같이 자구 차원에서 전 거를 찾아보면 적어도『야마토가츠라기보산기』에 관한 상당히 많은 기본적 이미지 와 모티브가 불전에 소급된다고 하는 것을 알 수 있다.

『야마토가츠라기보산기』는 중세 전반의 다양한 신도 문헌 중에서는 이세신궁 과의 거리가 비교적 크다고 하는 점에서 (가츠라기 슈겐도와 특히 가까운 관계라고 하는 점에서) 조금 특수한 부류에 속한다고 생각된다. 사실 이러한 신도 문헌 중에서 힌두교에서 유래하는 불전의 내용을 이 정도까지 분명하게 인용하고 있는 사례는 다른 곳에서 보이지 않는다(다만 조금 뒤 시기 문헌인 『천지여기부록 天地麗氣府錄』에는 '논 論에 서 말하기를'이라고 하여 『대지도론』의 앞에 인용한 문장이 거의 그대로 인용되고 있으며,[8] 그것이 와타라이 이에유키 度会家行(1246-1351. 이세신궁의 신관으로서 이세신도의 대성자 – 역자)의 『유 취신기본원 類聚神祇本源』과 『고렌슈 瑚璉集』, 그리고 기타바타케 지카후사 北畠親房(1293-1354, 가마쿠라시대 후기에서 남북조시대의 고위 관료. 『신황정통기神皇正統記』의 저자 – 역자)의 『겐 겐슈 元元集』에 재인용되고 있다.[9] 이는 분명히 『천지여기부록』의 저자가 『야마토가츠라기보산 기』를 참조하고서 『대지도론』의 원래의 문장에 맞추어 다시 인용한 것이라고 생각된다. 『야마토 가츠라기보산기』에 인용되어 있는 부분 앞부분부터 인용되고 있는 것을 볼 때 본래의 텍스트에 의거한 것이 확실하지만, 동시에 '이름을 아시아미 葦網라고 한다[名爲葦網]'고 한 것으로 볼 때 『야마토가츠라기보산기』를 참조하였음도 알 수 있다). 그러나 보다 단편적이기는 하지만 이세신도의 중심적 텍스트 중 하나인 『신황계도 神皇系圖』에서도 '천지인민 天地人 民'이나 '백억일월 百億日月' 등의 표현이 보이는 것으로 볼 때, 『야마토가츠라기보산 기』가 알려져 있었음이 분명하다('천지인민'이라는 표현은 그다지 드문 것이 아니라고 생각 될지 모르지만 실제로는 다이쇼 大正 대장경의 전체 텍스트를 대상으로 검색해본 결과 모두 12례밖 에 없었으며, 그중에 하나를 제외한 나머지 모두 『대지도론』의 해당 부분을 인용한 것이었다. 우연 히 이러한 표현이 사용되었다고는 생각하기 힘들다).

3.
'일본 = 대일(여래)의 본국'설과 안넨 安然의 마리지천 신화

진언종 다이고지 醍醐寺의 세이존 成尊(1012-1074)이 지은『진언부법찬요초 眞言 付法纂要抄』말미 부분에 보이는 다음과 같은 문장은 중세 신도 神道의 출발점 중 하나 로서 결정적으로 중요한 의미를 갖는 텍스트이다.[10]

염부주 8만 4천 취락 중에서 오직 양곡 陽谷 안에서만 비밀한 가르침이 활발하게 된 것은 위의 글에 나타난다. 또한 옛날에 위광 威光보살(마리지천 摩利支天, 즉 대일여 래의 화신)이 항상 일궁 日宮에 있으면서 아수라왕의 난을 물리쳤다. 지금 편조금강 遍照 金剛으로 하여금 영원히 일역 日域에 머무르며 금륜성왕 金輪聖王의 복을 증대시킨 다. 신 神은 천조존 天照尊(아마테라스노미코토)이라고 부르고, 나라[刹]는 일본국 日 本國이라고 이름한다. 자연 自然의 이치, 자연 自然의 이름을 세운다. 실로 그것을 근본으로 하는 이유이다. 이 때문에 남천축의 철탑이 좁다고 하여도 모든 법계심 전 法界心殿을 포괄하고, 동쪽의 양곡 陽谷이 비루하다고 하여도 모두 큰 종성 種姓의 사람들이다. 분명하게 알아야 할 것이다. 대일여래의 가지력 加持力에 의 한 것임을. 어찌 보통 사람들이 알 수 있는 바이겠는가.

이것은 일본에서 밀교가 번영하게 된 유래를 기록한 문장에 이어서 서술된 것으 로서, 여기에는 '양곡 陽谷' '위광 威光' '대일 大日' '일궁 日宮' '천조 天照' '남천 南天' 등 태양과 일광, 따뜻함을 상기시키는 상징들이 다양하게 보이고 있으며, 그것들이 '일본국'과 '금륜성왕'에 직결됨으로써 천조대신 天照大神(아마테라스노오오미카미)의 나라인 일본이 '대일(여래)'의 나라이며, 또한 고야산 오쿠노인 奧の院에서 삼매에 들어 있는 편조금강＝구카이 空海가 그 국왕을 수호하는 나라라고 하는 신비설이 표명되고 있다. 신푸쿠지 眞福寺 오오스 大須문고에 소장되어 있는 가장 오래된 사본에는 '나라 刹는 일본국이라고 이름한다 刹名日本國'고 되어 있으므로 '일본국'이 '대일(여래)의 본국'이라고 하는 모티브가 명확하게 드러나 있지 않지만, 그 후의 사본들 다수에는 '나라 刹는 대일본국이라고 이름한다 刹名大日本國'고 기록되어 있으므로 '일본＝대일(여래)의 본국'설이 이 세이존의 문장에 기초하여 성립되었음이 분명하다. 이것은 일본이라는 특수한 나라를 '대일여래'라는 보편적 존재와 연결시켜 해석하는 것이므로 중세적 신국사상의 맹아를 여기에서 찾을 수 있을 것이다.

그런데 이 글에는 '위광보살'이라는 보살이 '마리지천, 즉 대일여래의 화신'과 동일시되면서 '항상 일궁 日宮에 있으면서 아수라왕의 난을 물리쳤다'고 하는 구절이 있는데, 이것은 세이존보다 백 년 이상 이전의 천태종 학승인 안넨 安然(841-간페이 년간(889-898))의 마리지천에 대한 문장에 기초하였음이 분명하다. 그 문장은 이토 사토시 伊藤聡 씨가 인용하고 있는 고호오 杲寶의 주석서에 의하면 『진언요밀기 眞言要密記』라는 제목이었다고 하는데, 이 글은 현재는 전하지 않아 직접 읽을 수는 없다. 그러나 다행히 중세의 밀교서에는 마침 세이존이 참조한 것으로 생각되는 부분이 인용되고 있어 그 내용을 알 수 있다. 『아사박초 阿娑縛抄』에 인용된 「마리지천요기」(안넨) 및 『백보구초 白寶口抄』에 인용된 「안넨진언요밀기」에는 거의 같은 문장이 보이고 있다.[11]

『아사박초』에 인용된 문장은 대단히 흥미 있는 것으로, 그 자체 많은 자료들에 의거하고 있다. 세이존이 마리지천의 이름을 이 문맥에서 제시하여 그것을 대일여래의 화신에 비견한 것은 분명히 안넨의 이 문장에 의거한 것이다. 더욱이 그 마리지천이 '아수라의 난을 물리친다'고 이야기되고 있는 것도 안넨이 기술한 긴 신화에 기초한 것이었다. 안넨이 활용한 전거를 검토해보면, 아마도 길장 吉藏의『법화의소』와 대승기 大乘基의『묘법연화경현찬』등으로 생각되는 자료에 기초하여 범천왕이 불교의 우주론에서 차지하는 위치 및 색계 色界의 여러 층위의 천 天(초선천, 제2선천부터 제4선천까지)이 차지하는 세계의 넓이 등의 문제를 논하고 나서, 마리지천에 관한 신화를 이야기하고 있다(안넨의 인용방식은 많은 경우 대단히 느슨한데, 해당 텍스트의 인용은 특히 매우 부정확하다. 정확한 출전을 확인하기는 대단히 어렵다). 그 신화는 아수라왕 비마질다라 毘摩質多羅의 딸 사지 舍脂를 빼앗은 제석천과 아수라 대군(일식과 월식을 일으킨다고 하는 라후 羅睺 아수라왕이 포함되어 있다) 사이의 전쟁에 대해 서술하고 있는데, 마리지천이 라후에게 공격받는 일천 日天과 월천 月天을 숨겨주어 제석을 승리로 이끈다고 하는 이야기이다. 그런데 이 신화의 직접적 전거는 (필자가 찾아본 한도 내에서는) 다이쇼 대장경의 인도찬술부와 중국찬술부에서는 전혀 확인되지 않는다. 광음천 光音天의 자손으로서 아수라왕 비마질다라가 태어나고, 그 딸 사지가 제석천에 시집가게 되었다. 제석이 궁전의 연못에서 다른 '채녀 綵女'들과 즐기고 있는 것을 보고 사지가 질투하여 아버지에게 말하여서 제석천과 아수라의 일대 전쟁이 일어나게 되었다. 제석이 '반야바라밀시대명주 般若波羅蜜是大明呪'를 암송하자 아수라는 갈기갈기 흩어져 달아났다고 하는 이야기는『불설관불삼매해경』[12]에 (아마도 아가마의 전통에 기초하여) 길게 이야기되고 있으며, 그것이 지의의『묘법연화경문구』[13]에 인용되고 있다. 또한 같은『법화문구』에서는 그에 이어서 라후가 해와 달을 먹었다고 하는 이야기가 나오고 있다.[14] 이로 볼 때 이 자료들이 중요한 전거였다고 생각된다. 한편 라후가 천녀를 보려고 하였는데, 햇빛으로 눈이 보이지 않게 되자 손으로 햇빛을 가리려고 하였다는 이야기는『정법념처경 正法念處經』에 길게 이야기되고 있다.[15] 그러나 그 밖의 내용들, 특히 마리지천의 활약에 대해서는 확실한 전거는 존재하지 않는 것으로 보인다. 즉, 놀랍게도 이 신화는 전체로서는 안넨이 다양한 요소를 조합하여 창작한 것일 가능성이 높다. 그렇다면 안넨은 일종의 인도우주신화를 창작하였다고 생각해도 좋을 것이다. 다시 말하여 헤이안시대 일본인에 의한 인도신화의 창작으로 생각되는 것이다. 만일 그렇다고 한다면 그와 같은 '신화창작'의 정신이 후대의 중세신도에 계승되었다고 생각하는 것도 가능하지 않을까 한다.

4.
중세 초기 신도문헌에서의 불교 천신

앞에서 이야기한 것처럼『야마토가쓰라기보산기』첫머리의 신화와 같이 불전에 보이는 인도의 천신에 관한 신화나 사변을 담은 신도문헌은 그 밖에는 거의 보이지 않는다. 그러나 많은 신도문헌들에서 인도의 천신들이 커다란 역할을 하고 있는 것은 사실이다. 예를 들면 최초기 양부신도 문헌 중 하나인『나카토미노하라에쿤게 中臣祓訓解』(1091년 이전)(매년 6월과 12월 말일에 주작문에서 제사 지낼 때 읽었던 축사 祝詞인 오오하라에노고토바 大祓詞를 해설한 책. 오오하라에고토바는 나카토미 씨가 읽었으므로 나카토미노하라에고토바 中臣祓詞라고도 하였다-역자)에는 '고천원 (高天原 다카아마노하라)'을 주석하면서 '색계의 초선 初禪, 범중 梵衆의 하늘이다. 삼광천 三光天이며, 남섬부주 아래의 고고장(高庫藏 다카쿠라)이 이것이다'라고 이야기하고 있고, 또 '팔백만신들 八百萬神達(야오로즈노카미다치)'을 주석하면서 '범왕제석, 수많은 천자, 4대천왕, 수많은 범왕천, 8만4천의 신들'이라고 설명하는 곳도 있다. 같은『나카토미노하라에쿤게』에는 '사방지국 四方之國'을 주석하면서 '대일본국이다. 대일궁은 세계의 국토이다'라고 이야기하는 곳도 있다.[16] 이것은『진언부법찬요초』의 설이 '일본＝대일(여래)의 본국'의 설로 이해되었던 것을 보여주는 아마도 가장 오래된 문헌이라고 생각된다. 더욱이 거기에서는 일본이 '세계의 국토'로까지 보편화되어 있는데, 중세신도설의 가장 근본적인 사상이 여기에 명확하게 표현되어 있다고 할 수 있다.

'범천과 제석'은 양부신도의 중요한 텍스트인『텐쇼다이진쿠게츠 天照大神口決』에서도 이세의 외궁과 내궁, 두 궁에 연결되고 있다.[17] 또한 (닌지 仁治 년간(1240-42) 이후, 분에이 文永 년간(1264-74) 이전 성립으로 이야기되고 있는)『센큐인히분 仙宮院秘文』의 다음 부분에서는『법화경』모두 부분에 열거되고 있는 '시기대범·광명대범'이 천황칭호가 붙은 채 외궁과 내궁에 배치되고 있다.[18]

> 오오야시마 大八州(일본의 옛 칭호 – 역자) 중에서 가미가제 神風 이세국의 두 아마테라시마스 天照座, 즉 오오미카미 皇太神는 천지개벽의 원신 元神이다. 그래서 하나의 큰 삼천세계의 주신[主座]이다. 시기대범천황 尸棄大梵天皇(여기에서는 아메노미나카누시노카미 天御中主神이라고 부른다. 또한 이세국 아마테라시마스토요우케오오미카미노미야 天照坐豊受皇太神宮라고도 한다)과 광명대범천황 光明大梵天皇(여기에서는 오오히루메노무치 大日靈貴라고 한다. 또한 이세국 아마테라시마스오오미카미노미야 天照坐皇太神宮라고도 한다)이다.

더욱이 같은 『센큐인히분』에서는 '이세 伊勢의 내외 양궁은 곧 대천세계의 본주 本主임을 알아야 한다. 수많은 신들 중에서 가장 귀하다. 그러므로 우리의 본사 本師인 남천노자 南天老子[＝석가]께서 사바세계의 주인인 범천은 시기대범, 광명대범이라고 말씀하셨다'라고 이야기하고, 또 '아마테라시마스오오미카미 天照坐皇太神는 곧 태장계의 지 地만다라이다. 형태의 모습은 5행 중의 화륜 火輪으로 곧 독고형 獨鈷形으로 한다. 도요우케오오미카미 豊受皇太神는 곧 금강계의 천 天만다라이다. 형태는 5행중의 수륜 水輪이다. 5지 五智의 지위이므로 5월륜 五月輪이 있다'[19]고 하여

豊受皇太神　＝　天御中主神　＝　尸棄大梵天皇　＝　金剛界　＝　天曼荼羅　＝　水輪
天照皇太神　＝　天照大神　＝　光明大梵天皇　＝　胎藏界　＝　地曼荼羅　＝　火輪

이라는 복잡한 신학을 형성하고 있다. 거의 같은 신학이 조금 시대가 뒤지는 『레이키키 麗氣記』(12세기 말~13세기 초에 편찬된 양부신도 문헌－역자)에 들어 있는 『도요우케오오카미 진좌차제 豊受太神鎭座次第』에서는 다음과 같이 표현되고 있다.[20]

생각건대 시기대범천왕은 수주 水珠로 만들어진 구슬이다. 수주는 월주 月珠, 월주는 옥, 옥은 '만중'자, 금강계의 근본대비로자나여래이다. 이 천상의 대범천왕은 허공무구의 대광명편조여래이다. 과거의 위음왕불 威音王佛이다. 33천에서 모두 대범천황이라고 한다. 시기대범천왕이라고 하며, 아메노미나카누시노미코토 天御中主尊이라고 한다. 또한 도요우케오오미카미 豊受皇太神라고 한다. 광명대범천왕은 화주 火珠로 만든 구슬이다. 화주는 일주 日珠, 일주는 옥, 옥은 '아중'자, '아중'자는 여의보주, 보주는 연화의 이치이다. 이치는 태장계의 비로자나편조여

래이다. '아'자는 '본불생불가득 本不生不可得'의 모습이며, 만법개공 萬法皆空의 무자성문 無自性門이다. 과거의 화개왕불 華開王佛이다. 33천에서 모두 대범천왕이라고 한다. 광명대범천왕이라고 하며, 아메노미나카누시노미코토라고 한다. 또한 아마테라스오오미카미 天照皇大神이라고 한다. 타화자재천의 화신으로 대비로자나여래이다. 마혜수라천왕이라고하며, 또 대자재천왕이라고도 한다. 옛날에 위광보살로서 일궁 日宮에 있으면서 아수라왕의 난을 평정하였다. 지금은 일역 日域에 있으면서 아마테라스오오미카미가 되어 금륜성왕의 복을 증대시키고 있다.

고 표현하여 한층 복잡해져 있다. 이것을 도식화하면 다음과 같이 나타낼 수 있을 것이다.

豊受皇太神＝尸棄大梵天王＝水珠所成＝月珠＝鑁字＝金剛界＝威音王佛＝天御中主尊
天照皇太神＝光明大梵天皇＝火珠所成＝日珠＝阿字＝如意寶珠＝胎藏界＝華開王佛＝天御中主尊

이 중 마지막 '옛날에 위광보살로서' 이하의 내용이 앞에 언급한 『진언부법찬요초』에 기초하고 있음은 명확하다. 또한 그 직전에 아마테라스오오미카미를 '타화자재천(욕계 欲界 제6천, 즉 마왕에 해당함), 대일여래, 마혜수라천왕(대자재천＝시바신)'과 연결시키고 있는 부분은 『게이란슈요슈 溪嵐拾葉集』에 보이는 다음의 내용[21]에 대단히 가깝다고 할 수 있다.

이에 더하여 우리나라는 신국 神國이다. 그 으뜸 신 元神을 찾아보면 곧 대자재천이다. 지금 진언교주 眞言教主[＝대일여래]도 색구경천에서 성도한 대자재천이다. 그래서 신명 神明[＝아마테라스오오미카미]을 대일이라고 한다.

이와 같이 초기 중세신도의 텍스트에는 놀랄 정도로 많은 불교의 천신들에 대한 언급이 보이고 있다. 이들 중 다수는 아마테라스오오미카미와 도요우케오오미카미, 혹은 이자나기와 아메노미나카누시노미코토 같은 중요한 신격들과 동일시되고 있다. 그 이유는 생각하면 비교적 용이하게 이해할 수 있다. 즉, 중세신도 텍스트 작자들에게 있어 최대의 관심사는 일본의 지역적인 신들을 보편화시키고, 형이상적인 신비와 연결시키는 것이었다. 이를 위해 많은 경우 가까이에 있는 문헌, 특히 불전이 참조되었다. 그 가장 분명한 사례가 『진언부법찬요초』를 출발점으로 한 아마테라스오오미카미를 대일여래와 연결시키고, 대일(여래)을 '신국·일본' 및 천황과 관련짓는 담론이었을 것이다. 그러나 중세신도의 이데올로기에 있어 특히 중요했던 것은 『일본서기』신대권 神代卷의 보편화로서, 특히 일본의 창조신화를 세계적 규모로 확대하는 것이었다. 불교에서의 대일여래는 태양과 연결된다는 의미에서는 아마테라스오오미카미와 직결하기 쉬운 존재였지만 그 철학적 내용은 우주에 편재하는 내재적 절대로서 인격신적·창조신적 요소는 거의 없었다. 그런 가운데 불전에 보이는 가장 현저한 창조신은 명확히 범천(브라흐마)이나 대자재천(시바), 비뉴천 毘紐天(비쉬누)이었다. 이리하여 힌두교의 3대신격이 중세신도에서 커다란 역할을 맡아 등장하였다(본래 비쉬누의 경우는 처음에 살펴본 『야마토가츠라기보산기』에서 '아시츠나 葦綱'라는 눈에 띄지 않는 형태로 변형되어 있었지만).

5.
히라타 아츠타네 平田篤胤와 초기 중세신도

앞에서 안넨의『마리지천요기』에 대해 언급하였는데, 그중에 '삼천계의 주인이고 최초의 사바세계 주인인 대범천왕은 제4선정 禪定의 주인이다. 이른바 마혜수라대범은 바로 일체중생의 아버지이다'라는 구절이 있다. 범천을 '일체중생의 아버지'라고 하는 관념은『장아함경』²²을 비롯하여 원휘 圓暉(당나라 시대의 승려 – 역자)의『구사론송론본 俱舍論頌流論本』²³이나『경률이상 經律異相』²⁴ 등에도 보이고 있다. 하지만 그 범왕을 '마혜수라대범'이라고 표현하는 기록은 극히 예외적인 것으로서 다이쇼 대장경에는 아마도 다른 사례가 없을 것이다(적어도 1권에서 85권까지 검색하였지만 이러한 용법을 찾지 못하였다). 안넨이 이러한 표현에 위화감을 느끼지 않았던 것은 안넨에게 있어 천신이 매우 융합적으로 받아들여지고 있었고, '일체중생의 아버지'라고 이야기될 수 있는 신이라면 그 이름이 '대범천'이거나 '마혜수라/대자재천'이거나 관계없었기 때문일 것이다(이러한 일은 브라흐마나 시바 등이 어느 정도 구체적인 신격으로서 형상화되었던 인도에서는 있을 수 없었다고 생각된다). 그런데 기묘하게도 이것과 매우 비슷한 '대범자재천'이라는 표현이 에도시대의 국학자 히라타 아츠타네 平田篤胤(1776-1843)의『인도장지 印度藏志』에 산견되고 있다. 이하에서는 그것이 어떠한 의미를 갖는 것인지에 대하여 생각하면서,『인도장지』에 보이는 불전과 인도신화에 대한 언설을 축으로 하여 초기 중세신도의 세계에서의 천신에 대한 사상을 '역逆투사'하고자 한다.

히라타 아츠타네의 불교관계 저작으로는『불도대의 佛道大意』(별명『출가소어 出

家笑語』)라는 제목의 3권짜리 강설 기록(1811년=아츠타네 36세 성립), 이후에 이에 부록으로 덧붙여진 『신적이종론 神敵二宗論』 2권(니치렌슈 日蓮宗 및 신슈 眞宗에 대한 비판, 1811-13년 성립), 『출가소어원본』이라고 불리는 『출정소어 出定笑語』 초고본 1권(1803년경부터 1811년까지의 불교연구 노트), 『오도변 悟道辨』 2권(하권의 별칭은 『시리쿠치모노가타리 尻口物語』. 주로 선종을 공격하는 내용. 1811-13년경 성립), 『밀법수사부류고 密法修事部類稿』 4권(밀교의궤로부터의 발췌집. 1822년=64세경 성립), 그리고 가장 길고 진지한 내용의 『인도장지』 11권(미완), 그 『인도장지』 미완부분의 초고에 해당하는 『인도장지고 印度藏志稿』 4권 등이 있다. 『인도장지』는 아마도 1820년(45세)경부터 시작해서 1826년(51세)경까지 집중적으로 써나가다 결국 1843년에 죽을 때까지 완성하지 못하였다. 아츠타네의 불교관계 저작 중에서는 최후의 것이며 아마도 가장 왕성한 시기에 쓰여진 것이라고 생각된다.

아츠타네의 불교학은 주로 도미나가 나카모토 富永仲基(1715-46)의 저작 『출정후어 出定後語』(1745)에 촉발된 것으로, 『팔종강요 八宗綱要』와 『원형석서 元亨釋書』를 기본으로 하면서 모든 전통 종파의 교학과 관계없이 철저하게 한문 대장경을 읽고 이해한 학문으로, 메이지 이전의 속인에 의한 불교연구로서는 분량적으로나 내용적으로 최고, 최대의 것이었다고 말할 수 있다.

그런데 최초의 불교관계 저작인 『불도대의』와 『인도장지』를 비교하면 커다란 변화가 확인된다. 『불도대의』에서는 아츠타네의 주요한 목적이 불교를 비판하는 것으로서 그 밖의 서술은 거의 없었는데, 『인도장지』에서는 불교문헌을 사용하여 자설의 정당함을 증명하려고 하는 태도가 전면에 드러나고 있다. 그 '자설'은 말할 것도 없이 자신이 재구성한 일본의 신화가 '세계의 진리'라고 하는 것이다. 그것이

'세계의 진리'이기 위해서는 일본신화와 본질적으로 같은 신화가 전 세계에서 진리로 인정되고 있다고 하는 것을 증명하지 않으면 안 된다. 그 때문에 그는 불교문헌을 이용하여 그 속에서 인도의 신화를 추출하고, 그것을 일본의 신화와 비교하고 있다. 이것은 일종의 맹아적 비교신화학의 시도였다고 할 수 있다.

불교의 독자적 주장은 아츠타네에게 있어서는 무의미한 것에 지나지 않았다. 아츠타네에 의하면 불교는 석존과 그 후의 불교도가 고대 인도의 사상을 왜곡하고, 표절·개찬하여 만들어낸 창조종교로서 그 자체로서는 부정되어야 할 대상에 지나지 않지만, 불전에는 석존 등이 개찬하기 이전의 인도 사상의 흔적이 남아 있으므로 불교적 요소를 배제하면 그것을 추출할 수 있다고 생각하였다.

『인도장지』는 방대한 불교문헌 인용집의 성격을 띠고 있다. '바라문의 고설古說'(=고대 인도의 사상, 신화)을 중시하기 때문에 아함경 등의 오래된 전적이 많이 인용되고 있지만, 동시에 현장과 의정의 서역기행문에 보이는 구체적, 역사적 정보도 중시하고 있다(아함이 오래되고 대승경전이 새것이라고 하는 역사적 분류에 대해서는 도미나가의 『출정후어』에 전적으로 의거하고 있다). 아함경전에 대한 중시는 그가 말하는 '불조佛祖' 본래의 교설('망탄妄誕'을 가능한 한 명료하게 하여 그것과 비교하여 '범지梵志의 고설'을 밝히려고 하는 의도도 있었던 것으로 생각된다. 소승의 오래된 전적에 대하여 대승의 경론류는 후세의 위작이며, '우탁寓託'되었다고 하여 무시하는 경향이 있다(예를 들면 『법화경』 등은 거의 인용되지 않고 있다). 그러나 그와 동시에 주목해야 할 것은 밀교 전적에 대한 중시이다. 예를 들면 『인도장지』 권제2에서 아츠타네는 다음과 같이 이야기하고 있다.[25]

그런데 주금수법 呪禁修法의 일은 비밀의궤라고 하는 책들에 실려 있는데, 대개는 불조 佛祖에게서 나왔다고 쓰여 있지만 모두 우탁 寓託된 설로써, 실제로는 모두 바라문 또는 다른 외도의 수법 修法을 훔친 것으로 하나의 법도 불조의 진법 眞法인 것이 없다. (중략)

그런데 그 여러 의궤들의 주술수법을 살펴보니, 바라문 수법의 진면목을 그대로 전한다고 생각되는 것은 하나도 보이지 않지만, 대범왕 또는 그와 다른 이름의 신들의 수법 修法의 주문과 부인 符印 등도 많이 산재하여 볼만한 것도 적지 않다. 그중에서도 일자심주경 一字心呪經[26]에 나오는 대전륜왕의 일자주 一字呪라고 하는 주문은 본래 분명히 범천이 전수한 대범왕의 진주 眞呪라고 생각된다.

이 인용문에서 분명하게 나타난 것처럼, 아츠타네에게 있어 밀교는 '불교'가 아니었고, 바로 그 때문에 흥미의 대상이고, 중요한 의미가 있었다.

아츠타네는 또한 불공 不空이 번역한 『공양십이대위덕천보은품 供養十二大威德 天報恩品』[27]에 대하여 다음과 같이 이야기하고 있다.[28]

이 십이천전의 十二天餞儀라는 책은 부잔 豊山(신곤슈 眞言宗 부잔 豊山파를 가리킴-역자)본의 여러 의궤 중에 들어 있는 판본이다. 권수에 '공양십이대위덕천보은품'이라고 하였으며, 권미에 '십이천전궤 十二天餞軌'라고 하였다. 당나라 불공삼장의 번역이다. 그 전편을 보건데 참으로 바라문의 고적 古籍으로 보이지만, 이른바 보현보살이 불조의 인가를 받아 설한다고 주장하는 불법 佛法 냄새도 섞어서 만들어낸 것이다. 밝은 눈으로 책을 보는 사람은 스스로 알겠지만, 지금 조금 이야기하자면 불조는 높이고 범왕을 낮추며 세간 世間을 만들었다는 옛 전승을 비판하여

'이 세계를 만드는 것은 그가 미칠 바가 아니다[造此世界 非彼所及]'[29]라고 항상 이야기함에도 지금 인용하는 문장이 앞의 불설 佛說과는 반대된다는 하나를 가지고서도 알 수 있다. 이제 이 책은 뒤에서도 여러 곳에서 인용하므로 그때에도 이야기할 것이다.

아츠타네는 이와 같이 말하면서 이 의궤를 여러 곳에서 인용하고 있다. 아츠타네에 의하면 밀교의 의궤 등은 (적어도 일부는) 본래 '바라문의 고적 古籍'을 불타의 인가를 얻은 보현보살이 이야기한다고 하는 형태로 외면적으로 '불법 냄새나는' 표현을 하고 있을 뿐이다. 이것은 물론 도미나가 나카모토 이래의 불전에 대한 역사적 비판을 전제로 한 견해이다. 밀교가 본래의 '불설'과는 상당히 거리가 있으며, 힌두교나 브라흐마니즘과 가깝다고 하는 인식은 (적어도 일부 관점에서는) 역사적으로 올바른 견해라고 말할 수 있을 것이다. 위 인용문의 마지막 부분에서 '지금 인용하는 문장'이라고 한 것은 『공양십이대위덕천보은품』의 다음 부분을 가리킨다. "범천은 상천 上天의 주인으로 중생의 아버지이다. 이 천신이 기뻐할 때에 기세간은 안온하며 동란이 없다. 왜 그런가 하면 겁이 시작될 때에 이 천신이 기세간을 만들었기 때문이다. 중생이 어지럽지 않으면 바르게 세상을 다스린다. 왜 그런가 하면 부왕이 기뻐하기 때문이다. 이 천신이 화날 때에는 세간은 불안정하여 여러 병이 생긴다. 초목에 이르기까지 모두 괴로워한다. 중생들이 미혹됨을 마치 취한 사람과 같다고 한다."[30] 범천을 '중생의 아버지'라고 하는 것은 『장아함경』의 '내가 곧 일체중생의 부모이다'[31]와 거의 같다. 또한 같은 『장아함경』의 권제11에는 "나는 이제 대범왕으로 홀연히 생겨났다. 나를 만든 자는 없다. 나는 모든 여러 뜻에 통달하였다. 천 千

세계에서 가장 자재하며 마음대로 만들고 마음대로 변화한다. 가장 미묘하다. 사람의 부모가 된다. 나는 남보다 먼저 여기에 도달하였으니, 홀로 있고 짝이 없다. 나의 힘에 의하여 이 중생들이 생겨났다. 내가 이 중생들을 만들었다."는 문장이 있는데,[32] 여기에서도 범천은 중생의 아버지라고 이야기되고 있다. 이것을 석존은 '……바라문, 이 세계를 만드는 것은 그가 미칠 바가 아니다. 오직 부처만이 능히 알 수 있다'며 부정하고 있다.[33] 이것이 아츠타네가 말한 '불설 佛說'이다.

아츠타네는 많은 불전에서 '창조주의'적인 인도신화의 언설들을 끄집어내어(『야마토가츠라기보산기』에 인용되고 있는 『대지도론』의 내용은 인용되고 있지 않지만 그와 거의 같은 내용의 『외도소승열반론』과 『중관론소』의 문장은 한 차례 이상 인용되고 있다[34]), 그것을 일본 신화와 연결 짓고 있다. 『인도장지』권제1에서 제8까지의 서술에서 아마도 가장 빈번하게 등장하는 신격은 범천, 아츠타네의 표현으로는 '대범자재천신'이다. 『인도장지』에서는 권제1의 서두 직후부터 그러한 종류의 창조신들 대부분을 망라적으로 열거하고서 그 신들이 모두 동일하다는 테제를 주장하고 있다.[35] 즉, 아츠타네에게 있어서는 브라흐마나 시바나 비쉬누나 모두 같은 신의 다른 이름에 지나지 않는 것이다. 아츠타네는 다음과 같이 그 신화를 요약하고 있다.[36]

이러한 일들[＝바라문종]의 기원을 알려고 하면 먼저 그 나라의 태고의 전설, 대범왕의 일로부터 밝히지 않으면 안 된다. 이에 먼저 그 옛 전설의 대강을 이야기하자면, 큰 허공 위에 대범천이라고도, 범자재천이라고도, 대자재천이라고도 불리는 무시무종의 천상세계가 있고, 그 세계에 대범왕이라고도, 나라연천이라고도, 마혜수라천이라고도 불리는 대주재의 천신이 있다. 이 또한 무시무종의 신인데, 무로부터 유를 내어 이 세간을 성립하였다. 사람들은 말할 것도 없고 만물들도 만들어냈기 때문에 세간중생의 조상신이라고 전해져 온다.

이 '대범왕'의 '본성'은 이윽고 권제8에 이르러 설명되고 있다.[37]

이에 그 대범자재천신이라고 불리는 신을 사람들은 어떻게 생각해야 할까. 이것은 우리 천황의 황조 皇祖인 무스비노오오카미 産靈大神와 이자나기노오오카미 伊邪那伎大神의 고사를 하나로 섞어 전한 옛 이야기이다. 그것은 그 신이 천지만물을 만들고 사람을 번식시켰다고 하는 전승은 무스비노오오카미가 천지를 나누고, 그 모습을 말하기 어려운 한 물건을 녹여 만들고 (이 한 물건의 모습을 잘 생각하면 반드시 여자 음부의 모습이라고 생각될 것이다. 그래서 그 모습을 말하기 어렵다고 한 것이다. 자세한 것은 고사전 古史傳에 이야기되고 있다. 그렇다면 이것은 현빈 玄牝이라고 이름하여야 할 것이다), 이자나기와 이자나미 두 신에게 하늘의 창[瓊戈]을 주어 일을 맡김에, 두 신이 그 창을 가지고 그 한 물건을 휘젓고 들어 올릴 때 그 끝으로부터 떨어지는 물건들이 자연히 굳어서 오노고로섬 於能碁呂島이 되자, 그 섬에 (신이) 하늘에서 내려왔다. 그 일로부터 생각하기를 처음으로 부부의 도를 일으켜 많은 나라와 만물을 낳아 많은 사람들[靑人草]을 번식시키기에 적합하였다. [할주 생략] 또 이 창은 오노고로섬에 세워서 나라의 기둥으로 삼았는데, 후에 작은 산으로 변하였다. 그 참모습을 보면 이른바 천근 天根의 모습과 비슷하여 작은 인연의 일이 아니니 그 내려준 창은 그러한 성격의 물건임이 분명하다. [할주 생략] 전품 前品의 사성 四姓 부분에서 인용한 『중론소』의 '위뉴천이 손에 잡고 있는 둥근 창[輪戟]은 큰 위세가 있다. 그래서 만물이 그것에서 생겨난다(韋紐天手執輪戟, 有大威勢, 故云,

萬物從其生也)'[38]고 한 것도 그 창에 인연이 있어서 이야기되었다고 생각해야 할 것이다. (위뉴천이 곧 대자재천의 별명임은 위에서 자세히 말한 것과 같다.[39] '만물이 그것에서 생겨난다'에서의 '그것[其]'은 위뉴천을 가리키는 말처럼 들리지만 자세히 보면 그것은 창을 가리키는 말임이 분명하다)

여기에서는 '대범자재천신＝무스비노오오카미＋이자나기노오오카미'와 같아서 등식이 그다지 명확하지 않지만, 조금 뒤의 부분에서는 '그것을 대범자재천신이라고 하는 것은 위에서 논한 것과 같으며, 무스비노오오카미를 가리키는 것이 분명하다'[40]고 이야기하고 있다. 따라서 아츠타네의 신학에서는

아메노미나카누시노카미　┌─다카미무스비노카미 高皇産靈神 (〜대범자재천신)
　天地御中主神　　　　　└─가미무스비노카미 神皇産靈神 (〜대범자재천신)

이라는 도식이 성립되어 있었다고 생각해도 거의 틀림없을 것이다. 이것이 앞에서 본 중세신도의 『센큐인히분』 및 『도요우케오오카미 진좌차제』에 보이는 신학과 매우 가깝다는 것은 다시 말할 필요가 없을 것이다. (아츠타네는 아메노미나카누시노카미에 대해서 '이 대신 大神의 일은 인도를 비롯한 모든 나라에 전하고 있지 않다. 그것은 이 신은 조화의 근본신으로 계시면서 그 신의 덕이 지극히 커서, 냄새도 없고, 소리도 없고 하는 것도 없이 무에서 유를 내어 고요하게 계시기 때문이다'고 말하여[41] 현실적인 창조활동으로부터는 '제쳐두고' 있다. 따라서 아츠타네에게는 『도요우케오오카미진좌차제』의 아메노미나카누시노카미가 다카미무스비노카미/가미무스비노카미에 해당한다고 해도 틀리지 않을 것이다).

이와 같이 검토해 본 결과 "중세신도='일본의 힌두교?'"라는 일견 이상한 등식이 반드시 완전히 근거 없지 않다는 것을 알게 되었을 것이다. 논리의 흐름은 대략 다음과 같이 생각될 수 있다.

① 히라타 아츠타네는 불전에서 인도의 신화, 특히 인도의 창조신화를 추출하여 그것을 일본신화와 비교한 후, 본질적으로 같은 것이라고 생각하였다.

② 아츠타네는 또한 밀교경전은 표면적으로는 불교이지만 실제 내용은 인도신화의 사상과 다르지 않다고 생각하였다.

③ (여기에서 다루고 있는 것 같은) 초기 중세신도의 사상은 기본적으로 밀교사상을 기반으로 하여 일본의 신들(특히 이세 伊勢의 외궁과 내궁의 신들)을 해석하려고 한 것으로 이해할 수 있다. 거기에서 최대의 초점이 되었던 것은 '세계의 시원' 문제였다.

④ 중세신도설의 기반이 되었던 밀교사상이 아츠타네가 말하는 것처럼 '바라문의 고적'을 '불법 냄새나게' 꾸며낸 것에 지나지 않는다면 "중세신도='일본의 힌두교'"라는 등식은 어떤 의미에서는 성립할 수 있을 것이다.

또한 이와 같이 이해한다면 아츠타네의 『인도장지』에서의 신학이 (그것 자체는 설혹 우연의 일치였다고 하더라도) 중세신도의 신학과 대단히 가까운 양상을 보이는 것도 무의미한 것이 아니라고 생각된다. 초기 중세신도나 아츠타네에게 있어서 최대의 문제는 세계의 궁극적 근원을 밝혀내는 것이었다. 이를 위해 그들이 탐구했던 것은 일본신화에서 가장 추상적인 신 혹은 신들이었다. (아메노미나카누시노카미와 두 명의 무스비노카미가 그 위치에 놓여진 것은 당연한 귀결이라고 할 수 있을 것이다.) 그런데 그들이 모두 세계창조신화에서 그 근원을 구하였으므로—중세신도는 밀교적 불교의 본질적 영향하에서, 아츠타네의 (『인도장지』의) 경우는 마침 불교 내지 인도를 검토의 대상으로 하였으므로—불교문헌에서 그러한 창조신화를 탐구하였던 것이다. 이러한 점들을 고려하면 그들이 다 같이 아메노미나카누시노카미 혹은 무스비노카미와 범천을 등호로 연결하는 신학에 도달한 것은 이른바 당연한 귀결이었다고 생각된다.

6.
결론

마지막으로 앞에서 서술한 내용의 배경이 되는 커다란 비전을 이야기하고자 한다. 인도에서는 7-8세기경부터 '탄트라혁명'이라고도 부를 수 있는 종교계 전체의 커다란 지각변동이 일어났다. 그것은 불교, 힌두교, 자이나교를 모두 집어삼킨 거대한 변혁의 물결이었다. 옛날에는 그 변화를 토착 드라비다계의 비합리주의가 아리안계의 정신성을 집어삼킨 것이라는 형태로 설명되었고, 불교는 탄트라화의 물결 속에서 힌두교에 동화되고 그것에 흡수되어버렸다고 이야기되어 왔다. 그러나 그러한 설명은 근래에 다양한 형태로 비판의 대상이 되고 있다. 필자는 인도 종교의 탄트라화에 있어 커다란 추진력이 되었던 것은 불교 자체의 운동이 아니었을까라고 생각하고 있다. 초기 대승불교의 시대부터 예를 들면 '색즉시공'과 같은 형태로 일반적인 논리를 역전시키고, 점차 역설적 논리를 발전시켜가는 과정에서 '번뇌즉보리' 혹은 '상락아정'과 같은 테제가 생겨나 일반적으로 수용되고 있던 가치관념을 역전시켜갔다. 그 결과의 하나로서 '깨끗하지 않은 것'을 적극적으로 '깨끗함'으로서 수행에 도입한다고 하는 관념이 생겨났다. 그것은 시바교적인 고행의 사고방식에 매우 가깝게 접근한 것이었다. 동시에 굽타왕조의 붕괴 후에 작은 국가들이 서로 경쟁하는 전국시대적인 봉건사회가 생겨나면서 그것이 종교의 주술화와 '군사화' 운동의 계기가 되었다.[42] 인도종교의 탄트라화는 그러한 가운데 불교의 전위적 부분과 시바교가 서로 자극을 주고받는 과정에서 생겨났던 것이 아닌가, 그리고 그 최종적 결과로서 (불교의 변화 자체가 만들어낸) 새로운 형태의 힌두교 속에 불교가 삼켜져 버린 것이 아닌가 생각된다. 그러한 의미에서 불교는 이른바 일종의 내파implosion를 일으키고 소멸하였다고 말할 수 있다고 생각된다. 내파라는 것은, 폭발explosion이 바깥에서 일어난 것과 달리 안에서 일어난 폭발이라는 이미지이다. 물론 필자는 인도종교나 인도불교의 전문가가 아니므로 여기에 서술한 것은 완전한 가설에 지나지 않는다. 그러나 그것과 완전히 비슷한 현상이 일본에서도 발생하여, 그러한 과정의 부산물 중 하나로서 중세일본의 신도와 같은 운동이 생겨난 것은 아닌가 생각하고자 한다.

일본불교를 내파implosion시킨 최대의 요인은 물론 밀교였지만 그것을 결정적인 방향으로 나아가게 했던 것은 이른바 '본각 本覺사상'이었고, 그 본각사상의 근간을 만든 사람이 안넨이었다. 안넨이 구상하였던 불교는 일종의 유신론적/범신론적 종교와 거의 차이가 없었던 것이 아닌가 생각된다. 그와 같이 생각하면 예를 들어 대일여래와 아마테라스오오미카미와 대자재천이 동일한 근원적인 신의 (차원이 다른) 현현으로 생각되었던 것 (예를 들면 앞에서 인용한 『게이란슈요슈』), 혹은 '보편적인 것[本]'과 '특수한 것[垂]'의 대립이 '즉卽'으로 지양되어, 결국에는 '특수한 것'이 '보편적인 것'의 상위에 위치하게 되는 것도 당연한 것으로 이해될 수 있을 것이다. 그리고 거기까지 진행되면 '신본불수神本佛垂'라는 사상은 거의 달성된 것과 마찬가지이다. 또한 '일본＝대일(여래)의 본국'설도 이 '보편적인 것'과 '특수한 것'의 '즉융卽融'의 한 사례이다. 안넨의 천상세계에 대한 사변은 각각의 신격의 '특수성'을 진여 속에 용해시키고, 그 결과로서 어떠한 신격도 눈부신 절대적 신성의 한 측면이라고 생각하게 되었다. '눈부신 절대적 신성' 자체는 대일여래로서 표상되지만, 그것이 현실에 나타날 때에는 언제나 어떠한 형태인가의 '특수'한 신의 양상을 취한다. 그 신은 놀랍게도 괴상하고 '불가사의'한 마술적 힘으로 나타나는데, 그것이 '중세의 (불교적) 신도＝신도'인 것이 아닐까. 이와 같이 본각사상에 의해 논리의 구조가 희박해지게 되면 이에 남는 것은 불전과 일본신화 혹은 도교적 사상 등으로부터 신화적 이미지를 자유롭게 조합하여 만들어가는 세계의 '시화詩化' 운동이었다. 이른바 '중세신화'는 그러한 흐름에서 생겼으며, 또한 원정기 院政期(재위하는 천황의 직계존속인 태상천황(상황)을 원 院이라고 하여 그가 천황 대신 통치하는 정치를 원정 院政이라고 한다. 구체적으로는 1086년부터 1185년까지의 시기를 가리킨다―역자) 이후 밀교의 놀라운 의례 발전도 그 일환으로 이해될 수 있을 것이다.

　　힌두교와 신도(혹은 고대 일본신화)는 양자 모두 '토착적 종교'라는 이미지를 띠고 있다. 그러나 그 '토착성'은 사실은 항상 새롭게 발명되고 재확인되어 가는 이데올로기였고, 본래적인 토착성은 어디에도 존재하지 않는다. '토착의 종교'라는 말에서 또 한 가지 떠오르는 것은 페이거니즘(paganism 이교 異敎)이라는 용어이다. 현대

뉴에이지운동 중 하나로 네오페이거니즘이라 불리는 운동이 있는데, 중세신도의 이론에 접할 때 느끼는 것은 네오페이거니즘 이론을 볼 때와 같은 모종의 수상함과 신기한 이미지, 지적인 흥분과 같은 것이다. "중세신도='일본의 힌두교'"라는 표현으로 필자가 이미지화하려는 것에는 그러한 것도 포함할 수 있다고 생각한다.

끝으로 몇 가지 의문과 앞으로의 과제를 이야기하고자 한다. 앞에서 살펴본 내용을 통해 안넨과 세이존, 혹은 세이존과 초기 중세신도 사이에 상당히 분명한 관련이 있음을 어느 정도 드러낼 수 있었다고 생각한다. 그러나 안넨의 죽음이 9세기 말, 세이존의 죽음이 11세기 후반, 최초기의 양부신도 문헌이 12세기 말경에 섭립한 것을 고려하면 이 삼자 사이에는 상당한 시간의 경과가 있으며, 그 사이에 중요한 변화가 일어났음에 틀림없다고 생각된다. 그 사이를 메우고 보다 정밀한 변화과정을 밝히는 것은 앞으로의 중요한 과제이다.

또한 한 가지 대단히 의문스럽게 생각되는 것은 어느 시점에 중세신도 이론을 고안한 사람들이 그것이 불교가 아니라고 하는 것을 깨달았을까(혹은 깨닫지 못했을까)하는 문제이다. '창조주의'가 불교에서는 항상 비판의 대상이었다고 하는 것은 불전에 친숙한 사람이라면 반드시 알고 있었을 것이다.[43] 불교자이면서 중세신도를 형성하였던 사람들이 그 모순을 언제 깨달았으며, 그것을 어떻게 회피 혹은 초월하려고 하였을까, 혹은 만일 깨닫지 못했다면 어떻게 그와 같은 일이 가능하였을까를 탐구하는 것은 앞으로의 매우 흥미로운 과제가 될 수 있다고 생각된다.

1 『伊勢神道集』(眞福寺善本叢刊 제2기 제8권, 京都, 臨川書店, 2005년), p.617에 수록된 伊藤聡 씨에 의한 번각과『中世神道』(日本思想大系 19), p.58의 훈독문에 의함.

2 大正藏 25권, 116a 5-11.

3 『日本古典文學大系』67권, p.76.

4 『國史大系』8권, p.195. 이 점에 관해서는 金沢英之 씨로부터 敎示를 받았다. 기록하여 감사를 표한다.

5 주 1)의 翻刻, p.619와 訓讀文, pp.60-61.

6 大正藏 25권, 58a26. 다만 '尸棄'라는 音寫는『법화경』첫부분에 보이는 '娑婆世界主梵天王, 尸棄大梵, 光明大梵'이라는 문장을 따른 것이다. 大正藏 9권, 2a18-19. 또한 伊藤聡, 『中世天照大神信仰の研究』(京都, 法藏館, 2011년), pp.161-163 참조.

7 大正藏 25권, 113c26.

8 「神道大系」『眞言神道』上, pp.121-122.

9 「神道大系」『伊勢神道』上, p.407, pp.572-573. 日本古典全集, 正宗敦夫校訂, 『元元集』p.5.

10 『中世先德著作集』(「眞福寺善本叢刊」第2期 第3卷, 京都, 臨川書店, 2006년)의 伊藤聡 「解題」, p.538. 大正藏 77권 421b29-c8. 또한 주 6)의 伊藤聡, 前揭書, pp.28-30도 참조.

11 『阿娑縛抄』 大正藏 圖像 9권, 467c3-468a19.『白寶口抄』 大正藏 圖像 7권, 178b18-c28, 281a25-b15.

12 大正藏 15권, 646c14-647b11.

13 大正藏 34권, 25b3-11.

14 같은 책, 25b13-29.

15 大正藏 17권, 107a10-108a9.

16 日本思想大系『中世神道論』p.44의 訓讀文(원문 p.268하단), p.45(원문 p.269상단).

17 神道大系『眞言神道』下, p.498.

18 『兩部神道集』(「眞福寺善本叢刊」第1期 第6卷, 京都, 臨川書店, 1999년) p.397. [이하의 中世神道에서의 梵天王에 관한 언설에 대해서는 上妻又四郎, 「中世仏教神道における梵天王思想」『寺子屋語學文化研究所論叢』2, 1983년, pp.45-60과 주 6)의 伊藤聡, 前揭書, 第1部・付論「鎌倉期兩部神道書における梵天王說」, pp.160-173도 참조]

19 같은 책, p.400.

20 『弘法大師全集』5, pp.73-74. 神佛習合研究會編, 『校注 解說現代語譯・麗氣記』제1권 (京都, 法藏館, 2001년), pp.338-339(書き下し), p.445하단(校本).

21 大正藏 76권 516a17-20.

22 大正藏 1권 145a11-14.

23 大正藏 41권 p.842c23.

24 大正藏 53권 p.3a24.

25 이하 『印度藏志』의 인용은 平田篤胤全集刊行會編 『新修平田篤胤全集』(名著出版, 제11권, 1977년)에 의함. p.65하단–p.66상단, p.67하단–p.68상단. 이 절의 平田篤胤에 관한 기술은 彌永信美, 「唯一の神と一つの世界—近代初期日本とフランスにおける比較神話学のはじまり」(中川久定・研究代表者 『「一つの世界」の成立とその条件』高等研報告書0701, 財團法人國際高等研院所, 2007년, p.165상단–p.240 상단)에 기초하여 간략화한 것이다.

26 『大陀羅尼末法中一字心呪經』大正藏 19권 p.315c29 이하 참조.

27 大正藏 21권 p.62a.

28 『印度藏志』 p.62상단.

29 『長阿含經』大正藏1권 69b20-22 참조

30 大正藏 21권 p.348a21-25.

31 『長阿含經』大正藏 1권 45a13-14.

32 大正藏 1권 p.69b6-9.

33 같은 책 p.69b21-22.

34 『印度藏志』 p.10하단, p.15하단, p.45하단, p.59하단 등.

35 같은 책, p.9하단–p.16상단.

36 같은 책, p.9하단.

37 같은 책, p.272하단–p.273상단. [   ] 부분은 割註.

38 『中觀論疏』大正藏 42권 14c15-16 참조. 『印度藏志』 p.12하단에서 같은 부분을 인용하고 있다.

39 예를 들면 『印度藏志』 p.11하단–p.12하단 참조.

40 같은 책, p.279하단–p.280하단.

41 같은 책, p.277하단.

42 이 점에 대해서는 Ronald Davidson, *Indian Esoteric Buddhism: A Social History of the Tantric Movement*, New York, Columbia University Press, 2003 참조.

43 '창조주의'는 『大日經』과 『十住心論』에서도 비판되고 있다. 大正藏 18권 2a29, 39권 593a13-27, 59권 676a26-b27, 60권 190c12-191c16, 77권 312b3, 312c1-13 등.

부기

이 글은 2007년 4월에 콜롬비아대학에서 개최된 국제중세신도학회에서의 발표에 기초하여 학술지 *Cahiers d'Extrême-Asie* 18 (2006/2007), "Rethingking Medieval Shintō" (edited by Bernard Faure, Michael Como, Iyanaga Nobumi)에 게재한 논문 "Medieval Shintō as a Form of 'Japanese Hinduism': An Attempt at Understanding Early Medieval Shintō"(pp.263-303)을 간략하게 해서 일본어로 바꾼 것이다.

제10장

대승비불설론에서 대승불교성립론으로
근대일본의 대승불교 언설

스에키 후미히코

1.
대승비불설론의 호교성

본 시리즈 제3권 권두논문 「대승불교의 실천」에서 '대승불교라는 문제의 범위' 문제를 제시했었다(스에키[2011]). '대승불교'라는 개념은 일본 이외에서는 반드시 단독적으로 크게 다뤄지는 것은 아니다. 더욱이 오늘날의 연구에서는 그 정의와 외연이 더욱 애매해져서 대승불교가 어디에서 시작되는지조차도 확정하기 어렵다. 대승은 본래 소승을 대립항으로 하면서 그에 대한 우월을 주장하면서 생겨난 개념인데, 오늘날 '소승' 개념이 완전히 포기되는 가운데에 '대승'이 여전히 대립항 없이 통용되고 있는 기묘한 상황이 되고 있다. 그럼에도 불구하고 일본에서는 '대승불교'라는 문제가 그다지 문제시되지 않은 채 논해지고 있는 것은 어째서일까.

일본불교는 대승불교의 전통에 의거하고 있기 때문이라고 말하는 것만으로는 반드시 충분한 설명이 될 수 없다. 티벳불교도 또한 대승불교의 입장에 서 있지만 달라이 라마를 비롯한 티벳의 불교인들이 이야기할 때에는 자신들의 입장을 '불교'라고 하는 것이 보통이고, '대승불교'로 한정하는 경우는 거의 없는 것 같다. 중국의 경우 자국 내에 한문불교, 티벳불교, 남방불교(한전 漢傳불교, 장전 藏傳불교, 남전 南傳불교)의 세 가지 전통이 있기 때문에 대승불교를 우월적으로 드러내는 경우는 있을 수 없다.

그런 가운데 대승불교라고 하는 것을 정면으로 드러내고 그 우월성을 주장하면서 차별화하려고 하는 점에 일본불교의 특수성이 있다고 말할 수 있을 것이다. 그것은 역사적으로는 '대승계 大乘戒'를 내세운 사이초 最澄까지 거슬러 올라가는 것이지만, 한편으로는 근대 이후 새롭게 구축된 면도 작지 않다. 근대에 대승불교가 문제로서 부상한 것은 대승비불설론을 계기로 하였다. 본래 대승비불설론이 커다란 스캔들로 되었던 것 자체가 다른 곳에서 볼 수 없는 일본 불교계, 불교학계 고유의 문제일 것이다.

대승비불설론 소동의 와중에 등장한 사람이 무라카미 센쇼 村上專精(1851-1929)였다(무라카미 센쇼의 문제에 대해서는 스에키[2004a] 참조). 무라카미는『불교통일론 佛教統一論』제1편「대강론 大綱論」(1901)에서 대승비불설론을 제시하였다. 무라카미는 '석가는 인간인가 인간이 아닌가'(무라카미[1901] p.445)라는 질문에 대하여 통상은 '석가는 원래 인간 이상의 존재이면서, 또한 인간의 모습을 드러낸 자'(위와 같음)라고 이해되고 있는 데 대해서 '제1류의 사람으로서 다른 것에 비교할 수 없는 사람'(같은 책, p.447)이기는 하지만 어디까지나 인간이라고 주장하였다. 나아가 '나는 실제의 불타는 석가 한 사람이라고 하는 설을 믿는 자이다. 그 밖의 다른 여러 불보살은 이상의 추상적 형용일 뿐 구체적 실물로 존재하는 것은 아니다'(같은 책, pp.454-455)라고 하여 석가불이 이상화되는 가운데 불신론 佛身論이 발전하면서 다불 多佛신앙이 생겨났다고 하였다.

이러한 입장에서 '나는 대승이 불설이 아니라고 단정한다. 나는 대승이 불설이 아니라고 단정하여도 개발적 불교로서 신앙하는 자이다'(같은 책, p.459)라고 대승비불설을 주장하였다. '개발적 불교'라는 것은 '석가 입멸 후에 발달'(같은 책, p.460)한 불교이다. 그 개발의 방향에 두 가지가 있다. '그 하나는 석가 설교의 언구를 해석하는 쪽으로의 발달이고, 다른 하나는 석가가 크게 깨달은 진리를 연역하는 쪽으로의 발달이다'(위와 같음). 즉, 전자는 석가가 설한 말을 충실히 따르면서 그것을 해석하는 것이므로 소승이고, 후자는 극단적 입장으로는 교외별전의 선과 진언, 정토 등의 석가가 설교한 언어 바깥에서 진리를 추구하려고 하는 것이다. 그 중간에 많은 대승 불교가 있게 된다(같은 책, p.462).

이러한 무라카미의 이해는 오늘날의 불교학에서도 거의 그대로 답습되고 있다. 대승은 석가불이 직접 설한 것은 아니지만 부처의 깊은 깨달음의 세계를 밝힌 것이라고 이해함으로써 대승이 불교라는 의의를 찾아내는 것이다. 즉, 대승비불설론이 곧바로 인간 불타와 원시경전의 우월로 연결되지 않고, 역으로 '개발적 불교'라는 점에서 대승의 우월을 찾아내는 것이 된다. 즉, 대승비불설론은 대승의 부정이 아니라 역으로 대승불교 호교론으로 전개되었던 것이다. 이 점에서 일본의 불교학은 남과 다른 독특한 전개를 보이게 되었다.

그런데 대승비불설론은 무라카미의 예측을 넘어 보수적 불교인들의 반발을 불러일으켜 무라카미가 정토진종 오타니파 大谷派의 승적을 버리지 않으면 안 되는 사태에 이르게 되었다. 이에 무라카미는 그 래디컬한 입장을 수정하지 않을 수 없게 되었다. 그렇지만 대승비불설론은 이미 학문적으로 수용하지 않을 수 없게 되었으므로 그것을 인정하면서 동시에 대승불설론을 주장하는 이중적 입장이 필요하게 되었다. 『대승불설론비판』(1903)은 그 과제를 해결하기 위해 쓰여진 것이다. 그 해결법은 '역사'와 '교리'의 차원을 구분한다고 하는 것으로, 그 '교리'는 『불교통일론』 제1편 「대강론」에서 제시했던 '개발적 불교'를 보다 적극적으로 내세움으로써 성립하였다.

대승불설론은 교리의 방면에서는 확고하게 성립함에도 불구하고, 역사의 방면에서는 성립되기 어렵다. 역사의 방면에서는 성립되기 어렵지만 교리의 방면에서는 분명하게 성립하여 움직일 수 없다.(무라카미[1903], p.5)

이것은 한편으로 실증적인 역사연구의 자유로운 전개를 보증함과 동시에 다른 한편으로 대승교리의 진리성을 또한 그대로 인정한다고 하는, 어느 쪽도 상처받지 않게 하는 일견 훌륭한 해결방식이다. 하지만 그렇게 해서 정말로 해결될 수 있는 것일까.

무라카미는 이 책의 결론에서 '대승불설론의 선결문제'라고 하여 다섯 가지 해결해야 할 문제를 제시하고 있다(같은 책, p.178).

첫 번째, 대승은 무엇인가 하는 의문.
두 번째, 이른바 불설론은 어떠한 부처를 의미하는가 하는 의문.
세 번째, 대승경전을 설한 곳은 어디인가 하는 의문.
네 번째, 대승경전 결집을 사실적으로 증명할 수 있는 일의 존재와 양상에 대한 의문.
다섯 번째, 대승경전 전래를 사실적으로 증명할 수 있는 일의 존재와 양상에 대한 의문.

첫 번째에 대한 대답은 대승은 '진여 그것이다'(같은 책, p.180)는 것이다. 즉, '대승은 불가설계이며, 설명 이상의 곳에 초연한 것이'(위와 같음)라고 한다. 두 번째는 불신의 문제인데, 대승은 보신 혹은 법신의 설법이라고 한다(같은 책, p.199). 세 번째는 가르침을 설하는 장소의 문제인데, 대승은 현실세계를 초월한 이상적 정토로서의 기사굴산에서 설법한 것이라고 한다(같은 책, p.207). 네 번째는 대승결집의 사실이 있었는가 하는 의문을 제시하고서, 역사적 사실로서의 결집은 없었지만 '일체의 만상은 모두 진여의 실현'(같은 책, p.215)이라는 것이 대승이므로 특별한 결집은 필요하지 않다고 한다. 다섯 번째는 대승경전의 전래가 사실적으로 증명될 수 있는가 하는 의문을 제시한 후, 그것을 부정하고 '역사 바깥에서 그 내력을 구하여야'(같은 책, p.223)한다고 이야기한다.

이와 같이 대승이 역사적으로 불설이라는 점을 증명할 방법은 모두 부정되지만, 그 대신에 대승은 초역사적, 영원적인 진리 그 자체라고 이야기된다. 즉, '역사문제로서는 대승비불설이라고 단정하지 않을 수 없다'(같은 책, p.245)고 결론짓지만, '역사적 사실 이상에 있어서 보통 사람 이상의 부처와 보살 사이에 행해진 말씀'(같은 책, p.231)이라고 한다. 이와 같이 무라카미는 역사와 교리를 나누고, 교리에서 대승의 우월을 설함으로써 대승비불설론에서 대승을 구하는 호교론을 성립시키려고 하였다.

역사와 교리를 나누고, 대승의 우월성을 초역사적인 교리에서 찾게 되면 대승의 역사적 성립이라는 문제는 커다란 의미를 갖지 않게 된다. 그러나 아무리 대승이 역사를 초월한 것이라고 주장하여도 역시 대승불교가 역사적으로 성립한 것은 틀림없고, 그 문제를 완전히 무시할 수 없다. 『대승불설론비판』에서는 대승불설론을 역사적으로 증명하려고 한 마에다 에운前田慧雲의 논의가 성립되지 않는다고 엄격하게 비판하고 있지만, 다른 한편으로는 부족하기는 하지만 대승의 역사적 유래에 대해 언급하고 있다. 예를 들면 네 번째 점에 관하여 대승경전 결집의 사실은 부정하지만, 대중부의 잡집경雜集經 및 금주장禁呪藏 중에 대승적 요소가 있음을 지적하면서 다라니와 같은 것에서 대승이 발전하지 않았을까 추정하고 있다.

> 이른바 금주장 혹은 잡집경 중에는 비록『화엄경』『법화경』과 같은 것은 없지만
> 수백 년 동안 구송으로 많은 사람들 사이에 전해져 전래된 결과, 혹『화엄경』
> 같은 것으로 되고, 혹『반야경』같은 것으로 되고, 혹『법화경』같은 것으로
> 되고, 또는『대일경』같은 것으로 될 요소가 이 중에 존재하지 않았을까.(같은
> 책, p.239)

라고 말하고 있는 것이다. 또한 다섯 번째 점에 관해서는 이 다라니적인 것이 북방에
전개되었던 것이 아닐까라고 추정하고 있다(같은 책, p.242). 이와 같은 논의는 '대강
론'에서의 '개발적 불교'라는 이해 방식의 계승이라고 볼 수 있다. 대승이 대중부에
서 전개하였다고 하는 것은 그 후 히라카와 아키라平川彰에 의한 대승 재가在家기원
설이 나올 때까지 상당히 넓게 받아들여져 상식화되기도 하였다. 그러나 무라카미
의 논의에 따르는 한 그것은 확실히 석가불 교설의 '개발'적 발전으로서 볼 수는
있지만 석가불 설법 그 자체라고는 할 수 없다. 대승을 석가불에 결부시키려 한
호교론으로서는 부족하다고 말하지 않을 수 없다. 무라카미 이후의 불교학이 역사
적 연구에 의거하면서 또한 대승의 호교론이 되려고 하면 이 점을 극복하지 않으면
안 되었다.

2.
호교와 시국 – 미야모토 쇼손 宮本正尊의 대승불교론

(1) 호교론으로서의 대승론

무라카미 이후 '대승'을 정면으로 문제삼은 것은 미야모토 쇼손宮本正尊(1893-1983)이었다. 미야모토는『이와나미강좌 동양사조 岩波講座東洋思潮』의「동양사상의 제문제 東洋思想の諸問題」(1935)에서「대승교와 소승교 大乘教と小乘教」라는 역작의 논문을 발표했으며, 그 후 전쟁이 한창인 가운데『대승과 소승 大乘と小乘』(1944)이라는 7백 페이지를 넘는 대저를 출판하여 이 문제를 크게 진전시켰다. 후자는『근본중과 공 根本中と空』(1943),『중도사상 및 그 발달 中道思想及びその発達』(1944)에 이어지는 것으로, 이들은『불교학의 제문제 仏教学の諸問題』라는 종합 타이틀로 3부작을 구성하고 있다.「대승교와 소승교」는 증보되어『대승과 소승』에 수록되었다.

이에 대해 먼저「대승교와 소승교」에 대해 살펴보도록 하자. 이 논문은 어디까지나 학술논문으로 쓰여졌지만 그 이면에 시국적인 문제의식이 있었음은 '대승적 견지에 선 숙군의 결의라든가, 초대승적 견지에 섰다든가, 최근에 이르러 갑자기 이러한 불교적 술어가 다시 저널리즘에 거론되고 있'으므로 '현대적 주제로서 해설이 요구되고 있다'(미야모토[1935], p.5)라고 이야기하고 있는 것에서 알 수 있다.

여기에서 '대승적 견지' 등이 어떠한 장면에서 이야기되고 있는지는 지금은 정확하게 알 수 없지만, 예를 들면 쇼와 15년(1930)에 사이토 다카오 斎藤隆夫 중의원의원이 의회에서 질문한 유명한 반군 反軍 연설 중 의사록에서 삭제된 부분에 다음과 같은 내용이 있다.

이번 전쟁을 당해서 정부는 어디까지나 이른바 소승적 견지를 떠나 대승적 견지에 서서, 높고 큰 곳에서 이 동아의 형세를 잘 보고 있다. 그리하여 어떤 일이나 도의적 기초에 서서 국제정의를 방패로 하여, 이른바 팔굉일우의 정신을 가지고 동양의 영원한 평화, 나아가 세계의 평화를 확립하기 위하여 싸우고 있다. 따라서 눈앞의 이익 등은 조금도 고려하는 바가 없다. 이것이 곧 성전이다.(국립국회도서관 홈페이지 「사료로 보는 일본의 근대」 제4장c, 4-10. 방점은 인용자)

'대승적'은 일본의 군사행위 등이 자기의 이익을 위한 행위가 아니라 동양과 세계의 평화를 지향하는 높은 이상에 서 있다고 하는 구실로 사용되고 있다.

오오카와 슈메이 大川周明는 일찍이 『부흥아시아의 제문제 復興亞細亞の諸問題』 (1922) 서문에서 "아시아는 그 본말의 고귀함에 돌아가야 하며, 먼저 이원적 생활을 벗어나서 묘법을 현세에 실현하는 무이무삼 無二無三의 대승아시아가 되기 위해 노력하지 않으면 안 된다."(오오카와[1962], pp.5-6)라고 하여 '대승아시아'가 아니면 안 된다고 주장하고 있다. 나아가 그것은 "일본은 '대승과 상응하는 땅'이다. 따라서 그 정치적 이상은 아주 높지 않으면 안 된다."(같은 책, pp.6-7)고 하여, 일본이야말로 '대승아시아'를 지도하지 않으면 안 된다는 주장에 연결시키고 있다(스에키[2004b] 참조). 이와 같이 '대승'이라든지 '대승적'이라고 하는 것은 일본의 침략을 합리화하는 표어로서 사용되었다. 미야모토의 대승불교론은 이와 같은 시대적 배경을 가지고 있었다.

다만 「대승교와 소승교」에서는 시국에의 직접적 언급은 회피하고 오히려 대승비불설론 이후의 역사적 연구를 호교론으로서 어떻게 재구축할 것인지가 중심적 과제였다. 대승비불설론은 '원시불교 혹은 근본불교의 이름으로 소승불교가 다시 개화한 것'(미야모토[1935], p.7)으로 '대승불교에서는 이것을 역습이나 새로운 도전으로 보아야 하는'(위와 같음) 것이 된다. 미야모토는 어디까지나 대승을 소승보다 우월한 것으로 생각하였다. 그것은 어떠한 점에서였을까.

> 성문상좌의 불교는 이러한 재가·무명애 無明愛·범부대중을 파기하는 아라한의 소승불교이고, 대승은 세속의 자생산업 資生産業을 불도 佛道로 여겨 번뇌즉보리·생사즉열반으로 보면서 바닥의 어리석은 범부를 구별하지 않는 '대중의 불교'로서, 출가와 재가, 승과 속, 범부와 성인이 다 같이 회입 迴入하는 '일승불의 가르침'이다.(같은 책, p.11)

이러한 대승관은 상당히 독특한 것이다. 무라카미가 교리적인 대승의 우월성을 진여 그 자체라는 것에서 구한 것과 달리 여기에서는 '바닥의 어리석은 범부'라든지 '출가와 재가, 승과 속, 범부와 성인이 다 같이 회입 迴入한다'라고 말하는 것에서 알 수 있듯 근기의 문제로서 이해하고 있다. 티벳의 대승불교를 생각하면 '출가와 재가, 승과 속, 범부와 성인이 다 같이 회입 迴入한다'고는 결코 말할 수 없지만, 당시에는 티벳계 대승불교는 전혀 문제시되지 않았다. 여기에서는 일본의 정토교, 특히 정토진종적인 대승불교관이 강하게 반영되고 있다. 실제로 미야모토는 그것을 감추지 않았다.

따라서 이전에는 '일역 日域은 대승과 상응하는 땅'이라는 말이 생길 정도로 실로 대승일본이라고 부를 수 있었지만 그 대승도 점점 '초대승'으로 나아갔던 것이다.

그리고 그것을 증명하는 것은 가마쿠라기의 일본불교이다. 대승은 원래 소승을 초월한 것인데, 가마쿠라불교는 이미 대승을 초월하고 있었던 것이다. 본각 本覺·본증本證·본원 本願·본문 本門의 불교는 모두 대승일승의 연속적인 흐름에 있는 것이지만, 그러한 바닥의 어리석은 범부의 불교·무계 無戒의 불교·국가의 불교는 도저히 보통의 교리발달사만으로 다루어서는 정리될 수 있는 것이 아니다.(같은 책, p.8)

'바닥의 어리석은 범부의 불교·무계 無戒의 불교'라는 부분으로 볼 때 정토진종을 모델로 하고 있는 것이 분명하다. 나아가 정토진종만이 아니라 일본불교의 특징을 '국가불교'라고 보는 것은 전전 戰前의 일본 불교학의 상식이었다. 그것을 미야모토는 '대승을 초월'한 '초대승'으로 파악한 것이다. 일본불교의 이러한 특징들은 대부분 본래의 불교로부터의 일탈로서 부정적으로 파악되는 경우가 많은데, 미야모토는 그것을 '초대승'으로서 긍정적으로 이해하고 있다. 미야모토의 대승관은 이 '초대승'을 전제로 하면서, 그러한 방향으로의 전개를 정당화하는 호교론적 의미를 가진 것이었다. 이와 관련하여 '출가와 재가, 승과 속, 범부와 성인이 다 같이 회입 迴入한다'고 하는 대승관은 나중에 미야모토의 후계자인 히라카와 아키라에 의해 대승 재가기원설로 세련되게 된다.

그런데, '대승의 불교' '일불승의 불교'가 뛰어나다고 하여도 그것만으로는 대승비불설론을 극복할 수 없다. 대승은 불교의 발전형태라고 말할 수는 있어도 불타 자신의 설과는 다르지 않느냐는 비판에 대답할 수 없다. 대승이야말로 불설이고, 소승은 불설이 아니라고 말할 수 있을까. 만일 그렇게 말할 수 있다면 무라카미에서 한 걸음 더 나아가 대승은 교리와 역사의 양면 모두에 걸쳐 불설이라고 말할 수 있게 되어 대승의 호교론을 완성할 수 있게 될 것이다.

미야모토는 그것을 스승인 불타의 가르침과 제자인 성문의 이해 사이의 차이라는 관점에서 해결하려고 하였다. 즉, '석존은 그 출가한 여러 제자와 재가의 신자 모두를 모두 나의 아들이라고 보았'(같은 책, p.15)을 것이다. 그것이야말로 '일불승'에 통하는 것이다. 즉, "석존의 대비섭화의 입장에서는 어떠한 제자도 불자 佛子로서, 그들에게 동일한 아들에 대한 연민을 베푸셨는데, 그 극치는 '불심 佛心은 대자비 그것이다'라고 할 수 있으며, 대승불교가 이 입장에 선 것이다."(같은 책, p.16) 그러므로 "석존이 성취하신 법은 출가·재가의 4부대중이 함께 성취할 수 있는 법으로서, 평등하게 해탈하고 열반에 나아갈 수 있는 것이지 않으면 안 된다."(같은 책, p.16) 따라서 『법화경』과 『열반경』에 설해진 '삼승동일해탈'과 '일체중생실유불성'은 실은 석존 자신의 불법 佛法에 다름 아닌 것이 된다.

그런데 불제자들의 입장에서 볼 때에는 스승인 석존과 자신들은 도저히 동일시할 수 없었다. 제자들은 스승을 찬앙하였다. '스승 불타'와 '제자 성문'의 차이이다. "이와 같이 '아라한'은 제자 상좌의 깨달음이 되고, 여래의 깨달음은 아라한과로 끝나지 않고 그 위에 다시 '성불'의 구경위가 있다고 여겨져서, 양자 사이에는 점차 단절이 심화되어 갔다."(같은 책, p.15) 그것이 소승이다.

이와 같이 제자들은 불타의 광대한 가르침을 협소화시켰다. 이에 불타로의 복귀 운동이 일어났다. 그것이 다름 아닌 대승이다. "대승불교는 소승제자의 불교가 떨어진 협소한 길의 껍질을 파괴하여 본래의 면목인 사제동일미 師弟同一味를 회복하려고 하였다. …… 근본불교가 점차 소승화되면서, 소승불교가 새로 일어난 대승에 유발의 동기를 주었다. 대승은 다시 근본불교화함에 의하여 그 새로운 입장에 전통의 옷을 걸치려고 하였다."(같은 책, p.22) 즉, 다음과 같이 되는 것이다.

근본불교(스승 불타, 근본일불승) → 소승(제자 성문) → 대승(일불승의 부활)

본래 제자 성문의 불교인 상좌불교가 스승 불타의 불교와 달랐던 것은 아니다. 상좌성문은 제자불교인 '제1부'에 더하여 스승의 성불도인 '제2부'를 부가적으로 가지고 있었으며, 그 점에서 본다면 대승은 상좌부 제자불교를 계승한 것이기도 하다. "'대승불교'는 이 상좌성문의 아라한불교와 그것에 대척적인 대중부불교라는 기성교학으로서의 양자를 상승하는 동시에 (석존) 재세시의 근본불교의 일불승의 광대한 길에 환원, 복귀하려고자 하는 '보살불교'"(같은 책, p.27)라고 여겨졌던 것이다. 이러한 '정통상승과 신국면개척이라는 양면을 불이적으로 표현한' 것에서 '중도'가 대승불교의 기반이 되는 필연성이 생겼다(위와 같음).

이상 「대승교와 소승교」에서의 미야모토의 주장의 기본적 구조를 개관하였다. 무라카미에게서는 역사와 교리가 완전히 이분화되었기 때문에 역사적 관점에서는 대승이 불설일 가능성을 찾을 수 없었다. 그에 대해서 미야모토는 제자 성문의 불교로 왜소화된 소승에 대비하여 대승은 스승 불타의 근본일불승에 복귀하는 것이라고 파악하였다. 그것은 상좌부의 '제2부'로서, 혹은 대중부에서 간직해 온 불타의 불교의 전면적 개화로 간주되었다. 이렇게 함으로써 역사적으로도 소승 쪽이 불설에서 일탈한 것이 되고 대승 쪽이 불설에 일치한다고 주장할 수 있게 되었다. 대승은 교리와 역사 양면에 걸쳐서 불설로서 우월성을 내세울 수 있게 된 것이다. 대승비불설론으로 한때 위기에 직면했던 대승불교의 복권이며, 호교론의 완성된 한 형태라

고 말할 수 있다. 더구나 일본불교는 그것을 다시 '초대승'으로 발전시킴으로써 대
승 일반의 상위에 위치하게 되었다.

여기에서 주의해야 할 것은 이와 같은 호교론적 대승불교연구는 일본에서는
중요한 의미를 갖고 형성되지 않으면 안 될 필연성이 있었지만, 그 이외의 지역에서
는 아시아에서나 구미의 학계에서나 거의 논의될 필연성을 갖지 못하였고, 실제로
그와 같은 논의는 전개되지 않았다. 미야모토를 계승하는 동시에 이를 새롭게 발전
시킨 히라카와 아키라의 대승재가기원설의 경우도 오랜 기간 해외에서는 거의 받
아들여지지 않았던 것이다.

(2) 시국론으로서의 대승불교론

「대승교와 소승교」는 '대승적'이라는 용어가 현실의 정치, 군사적 상황에서 사
용되는 상황을 염두에 둔 것이기는 하지만 그에 관해 직접 언급하는 것은 거의 없었
다. 그러나 미야모토는 그 후 시대상황에 깊이 관여하는 발언을 하게 된다. 그것이
가장 두드러진 것이 『부동심과 불교』(1941 초판, 1942 개정판)이다. 이 책은 "현하 전운
이 유라시아 대륙을 덮고, 일본을 둘러싼 태평의 파도가 높다. 이제 국가는 새로운
흥폐의 관두에 서 있다. …… 이 국난에 당하여 원구 元寇(가 공격해 온) 가마쿠라를
절실히 생각한다."(미야모토[1942], 서문 p.1)는 시대인식에 서 있다. 개정증보판은 '대
동아전쟁' 개전을 당하여 '감격밖에 없는'(같은 책, p.4) 때에 '선전(포고)의 대조 大詔
를 받들어'와 같은 문장을 추가하고 있다. 이 책 제1장의 제목 그대로 '동아신질서와
정법 正法국가의 건설'을 지향하였던 것이다.

『대승과 소승』은 이러한 상황을 따라 '서문' 첫머리에서 "대승과 소승의 문제는

대동아 제민족의 생활 및 사상에 관계되는 바 대단히 광범하다. 옛 전통정신으로서 역사적으로 중요할 뿐 아니라 현실의 지도정신, 혁신적 의력 意力으로서 흥아 興亞의 사상전에 커다란 건설적 역할을 띠는 것"(미야모토 [1944], 서문 p.1)이라고 그 문제의식을 명확하게 이야기하고 있다. 대승은 단순히 '전통정신'으로서 '역사적'으로 연구될 뿐 아니라 '흥아사상전'에서 '지도정신'이 될 것이 요구되고 있다.

계속 이어서 "대승이란 현실을 연결하는 힘, 화합의 대도이다. 그를 위해서는 잡념을 버리고 순수로 나아가고, 말초를 떠나 본질에 철저하지 않으면 안 된다. 사私를 떠나 공 公을 향하고, 자신의 입장을 고집하여 남을 배척하는 폐단을 없애 소절 小節을 버리고 대의 大義에 자신을 바치는 대화 大和의 길, '만방 萬邦으로 하여금 각각 자신의 위치를 얻게 하고, 조민 兆民으로 하여금 모두 그 처한 곳에 편안하게 하는' 대동아 지도정신에 일본의 대승적 입장이 드러난다."(위와 같음)고 이야기하고 있다. 멸사봉공의 입장에서 일본의 지도하에 대동아가 모두 아름답게 통합되는 것이야말로 '일본의 대승적 입장'이 있는 것이다. 진실로 웅대하고 고매한 이상인 것이다.

더욱이 "거기에는 왕성한 현상타개의 의력 意力과 한결같이 명정지순하려고 하는 심정과 천하의 귀추와 국가의 위급, 세상의 화복과 선악을 명확하게 살펴서 결단하는 예지와, 모든 것을 크게 통합하여 가는 자애의 참된 마음 등이 결속의 힘이 되어 현실을 생성무한 生成無限하게 하고 있다."(위와 같음)고 한다. '대승'의 입장은 꿈과 같은 이상세계를 마술적으로 불러오게 하는 것 같다. 그러나 그것이 현실에 무엇을 가져왔는가. 만일 그것이 '대승'이라고 하는 것이라면 그것은 너무나 공허할 뿐 아니라 어떻게 보든 아시아에 대한 침략과 국내의 이론 탄압을 합리화하는 미사여구에 불과하였다.

그것은 단순히 미야모토의 개인적 일탈이었던 것일까. 아니면 '대승' 그 자체에 본질적인 문제가 있었던 것일까. 미야모토가 이해한 대승의 근본인 '일불승'이란 이질적 타자를 소멸함으로써 모든 것이 동일화되는 것을 이상으로 하고 있다. '대승'에 통합되지 않는 타자는 있을 수 없다. 그 '일불승'의 실현은 부처의 세계의 실현이며, 그것에는 누구도 거역할 수 없다. 그러나 타자 없는 세계, 그것이 정말로 이상세계일 수 있을까. 일견 당연하게 보이는 '일불승'으로서의 대승 이해가 이상하였던 것은 아닐까.

이제 본문 중에서 '대승'이 시국과의 관계에서 어떻게 이해되고 있는지 살펴보도록 하자. 기본적으로 '근본불교'와 '상좌성문의 불교' 사이의 괴리에 대하여 '근본불교'에 돌아가기 위해 '보살의 대승불교'가 일어났다고 하는 기본적 이해는 「대승교와 소승교」를 그대로 계승하고 있다. 그러나 그것만이 아니라 이 책에서는 대승불교를 또 다시 초월하는 새로운 불교를 만들려고 하는 것이 현저하게 나타나고 있다. 요청되고 있는 것은 "하나는 국민의 심지에 상응하는 새로운 일본불교이고, 또 하나는 동아신질서에 도움되는 불교이다."(같은 책, p.38) 거기에서는 '일본의 입장은 그대로 대동아의 입장'(같은 책, p.39)이 되고 있다.

마치 메이지 유신의 혁신이 전통에의 복고로서 성립된 것처럼 전통과 혁신이 합치되지 않으면 안 된다. 불교도 또한 유신의 신시대에 들어와 있다. 초전법륜에 대하여 대승불교시대가 제2전법륜이라고 한다면 지금은 '근본불교 회복시대에 해당하는' 제3전법륜이다(같은 책, p.47). 그것은 또한 '신新가마쿠라'로도 일컬어진다.

현대는 '신新가마쿠라'라고 불릴 수 있는 시대이다. 메이지 유신의 일대전환기와 그 폐불훼석의 말법적 사건에 격발된 제3의 정법부흥시대에 해당하는 것이다. 불교사적으로는 그 반야, 화엄, 법화, 열반의 대승경전들의 제2전법륜에 대비하여 이것을 제3전법륜이라고 부를 수 있으며, 그 대승방등경전의 일승교에 대해서는 이것을 근본불승·근본불교라고 불러도 좋을 것이다.(같은 책, p.53)

그러므로 그것은 한편으로는 전통에의 복귀인 동시에 새로운 '대동아교학'의 건설이 요구된다. 여기에서 한 가지 문제가 되는 것은 남방상좌부 지역도 또한 대동아불교권 중에 들어오게 됨에 따라 '남방공영권' 확립이 과제가 되면서 남북의 교류가 행해지지 않으면 안 되었다는 점이다. 그때 문제가 되는 것은 남방상좌부를 소승이라고 말할 수 있을까 하는 것이다. 이 점에 대해서 미야모토는 입장이 명확하지 않아서 잘 이해하기 힘들지만, 팔리불교를 '원시불교'로 간주하는 근대 연구에 불만을 가지고 남방상좌부를 소승으로 보는 입장을 견지하고 있다. 그러나 그렇다고 해도 현실에서 상좌부가 활동하고 있는 이상 그것은 그대로 살리면서 공존공영을 도모하지 않으면 안 되었다. 그 때문에 과제는 "'대승과 소승을 함께 인정하는 공동지대'를 찾아내고, 그것을 깊이 파고들어 '서로 통하는 지하수'에 도달해야 함을 제창한다."(같은 책, p.354)고 이야기하고 있다.

　이 남전상좌부에 대한 태도에 있어서는 미야모토의 논조가 더욱 애매해진다. 한편으로 대승의 우월성, 특히 일본의 우월성을 전제로 하지 않으면 안 되지만, 다른 한편으로는 '소승'이라고 비판하면서도 상좌부의 전통을 인정하지 않으면 안 되었다. '일불승'의 평등일미 속에 그것으로 완전하게 해결되지 않는 타자가 들어온 것이다. 이질적인 전통과의 '새로운 연접융합점의 발견'(같은 책, p.429)이 요구될 때, 이미 대승의 그리고 일본의 우월성은 단순하게는 말할 수 없게 되었다. 얄궂게 도 대동아공영권의 확대는 역으로 그 통합의 불가능성을 드러내게 되었던 것이다.

⑶ 전후 대승불교성립사로의 전환

(2차대)전 이전과 (2차대)전 중에 일본불교계는 다투어 전쟁협력의 길로 달려갔다. 그리고 전후 '일억 총참회' 중에 헷갈려하며 이제는 평화를 외치기 시작했다. 미야모 토도 또한 전후의 부흥과 함께 일본인도학불교학회의 창설(1953) 및『대승불교의 성 립사적 연구 大乘仏教の成立史的研究』(1954), 『불교의 근본진리 仏教の根本真理』(1956)로 정리된 공동연구의 지도자로 부활하였다. 그중에 특히『대승불교의 성립사적 연구』 는 (2차대)전 중의『대승과 소승』의 문제의식을 계승하여 전후의 대승성립론 논의의 출발점이 된 기념비적 논집이다. 히라카와 아키라의 대승성립론의 기본구상을 분명 하게 한 역작의 논문「대승불교의 교단사적 성격 大乘仏教の教団史的性格」도 이 논집에 발표되었다. 엄밀히 말하면 히라카와의 설은 결코 대승을 단순히 재가교단으로 본 것이 아니라 출가와 재가를 포함하여 부파교단과 이질적인 보살 가나를 형성하고 있었다고 하는 것이다. 히라카와의 주장은 대승불교 성립사 연구를 종래의 사상내용 적인 교리론에서 사회사적인 교단론으로 바꾼 것으로서, 커다란 전환이 되었다.

히라카와뿐 아니라 전후의 인도학, 불교학을 리드했던 나카무라 하지메 中村元 도 또한 이 논집의「대승불교성립의 사회적배경 大乘仏教成立の社会的背景」을 담당 하였는데, 교리내용보다도 역사·사회의 연동에 중점을 두고 있다. 세속사회성을 중시하는 것은 나카무라 불교연구의 커다란 특징이다. 이와 같이 종래의 교리사 중심 불교연구가 교단사, 사회사로 크게 중점을 옮긴 것이 전후 불교연구의 특징이

다. 이것은 경제학부의 오오츠카 히사오 大塚久雄와 법학부의 마루야마 마사오 丸山
眞男 등에 의한 전후 사회과학의 발전에 대응하는 것이며, 또한 전후에 급속히 세력
을 확대했던 마르크스주의 유물사관의 동향에도 부응하는 것이었다.

미야모토는 이러한 전후 신동향의 중심에 서서 그러한 방향전환을 지도하였는
데, 미야모토 자신이 이 책의 서문에서 '그 지침은 필자의『대승과 소승』에 제시한
것에 새로운 관점을 더한 기획에 의한'(미야모토[1954], 서문 p.5)다고 이야기하고 있
는 것처럼 (2차대)전 중의 연구를 계승한 것이다. 미야모토는 그 '서문'에서 '불교를
현대에 살리기 위해서도, 인문과학 중에 올바르게 위치 짓기 위해서도, 착수하지
않으면 안 되는 기초공사는 역사성과 진리성의 실증'(같은 책, 서문 p.1)이라며 '역사
성과 진리성'을 들고 있다. 이것은 대승비불설론을 수용하면서 '역사성' 연구의 중
요성을 주장한 것이다. 그것은 다음 문장에 더욱 명확히 이야기되고 있다.

> 이것(대승불교 – 인용자)을 발달사적으로 연구하는 것은 역사적 견지에 서서 대승경
> 론의 후대적 성립을 결론짓고, 나아가 대승비불설론을 증명하는 것이 될 염려가
> 있기 때문에 학적으로는 받아들여지지 않았었다. 경전성립문제를 자세히 조사하
> 고, 사상면에서 자극을 주는 근대의 역사연구와 텍스트크리틱은 오히려 불교
> 본래의 입장과 일치하는 것이다.(같은 책, 서문 p.4)

이것은 전후 대승불교성립사 연구의 개화를 일깨우는 강력한 선언이라고 할
수 있다. 그러나 왜 '근대의 역사연구와 텍스트크리틱은 오히려 불교 본래의 입장과
일치'한다고 말할 수 있는 것일가. 이에 관해서는 반드시 충분하게 설명하고 있지

않다. 그러나 아마도 역사상의 불타가 설하였는가 아닌가 하는 것보다도 대승불교의 성립사가 분명하게 되고, 그에 의해 대승의 우월함이 증명됨으로써 대승의 호교론이 성립한다고 하는 것이 아닐까 생각된다. 즉, 설혹 역사상의 불타가 설한 것이 아니어도 불타의 정신을 발휘한 것이라면 그것은 '불교 본래의 입장에 일치한다'고 말할 수 있는 것이다. 무라카미가 말한 '개발적 불교'라는 것이 되는데, 대승비불설론의 침투에 의해 이미 불설인가 아닌가 하는 것보다도 그 내용이 문제시되는 단계에 이른 것이다.

그것도 교리적 사상보다도 사회적 기능이 중시되는 점에 미야모토가 『대승과 소승』에서 제시한 '출가와 재가, 승과 속, 범부와 성인이 다 같이 회입 迴入하는 '일승불의 가르침'이라는 대승의 이념이 계승되고 있다고 생각된다. 이와 같은 대승관에 의하여 대승불교성립사는 승원 내부의 문제가 아니라 커다란 사회사적 틀 속에 나올 수 있게 되었다.

이 책에서 미야모토는 제1장 「대승불교의 성립사적 기초 大乘仏教の成立史的基礎」를 담당하고 있다. 그 취지는 '후기'에 다음과 같이 요약되고 있다.

원시불교는 아리안적 자유문화와 비아리안적 열반종교를 포함 包含한, 백인 아리안과 흑인 비아리안 평등관을 특질로 한 중앙인도적이다. 부파불교는 분별차별관에 기운, 계급적·아리안 바라문적·북인도적이다. 대승은 승속일관, 제민족 평등, 인도국경을 초월한 국제적 시방세계관에 선, 아시아적 성격을 가지고 있다.(같은 책, 후기, p.4)

이것만으로는 알기 어렵지만 당시 유행하였던 아리안(=아리아)인에 의한 인도

정복설을 토대로 하여 불교의 진전을 인종주의에 의해 도식화한 것이다. 미야모토에 의하면 인도를 정복한 아리안인은 '자아적 민족개척주의'를 취한, '생성무한한 자유정신의 전지자 傳持者'(같은 책, p.2)였다. 불타는 그것을 한편으로 수용하면서, 다른 한편으로 그것을 초월한 비아리안적인 보편주의적 평등관을 내세웠다. 그것은 아리안적인 해탈을 초월한 열반이라고 하는 새로운 경지를 제시한 것이다. '해탈은 상대유한 相對有限한 인간의 자유, 열반은 무위절대의 원리로서 그것은 평화이다'(같은 책, p.5)라고 말하고 있는 것처럼 해탈과 열반이 자유와 평화라는 전후의 새로운 이념으로 대치되고 있는 점이 주목된다. 그것이 부파불교(여기에서는 신중하게 '소승'이라는 말을 피하고 있다)에서 본래의 아리안적인 것으로 돌아갔으며, 대승에서 보편적, 국제적인 면으로 발전하였다고 하는 것이다.

이와 같은 불교발전 도식은 이미 살펴본 것처럼 『대승과 소승』에서도 근본불교가 소승불교에서 고정화되었다가 대승에 이르러 본래의 모습으로 전개하였다고 하는 도식으로 나타나고 있는데, 그것을 발전시킨 것이다. 인종적 편견에 기초한 조잡한 도식처럼 보이지만 기본적인 3단계는 그 후 상당히 수용되었다. 내가 불교를 공부하기 시작할 무렵에는 상식으로 여겨져 있었는데, 나 자신 어느 시기까지 받아들이고 있던 불교사관은 다음과 같은 것이었다.

석존의 가르침을 올바르게 전한 원시불교의 시대는 석존 입적 후 백 년 정도 지속되었지만, 곧 부파로 세분화되어 아비다르마의 번쇄한 교학에 빠져 현실과 유리되었다. 그것을 다시 한 번 석존 자신의 본래 가르침에 돌아가려고 대승의 운동이 일어났다. 그 과정에서 초기 대승경전이 생겨났고, 그것을 이론화한 것이 용수이다. 일본의 불교는 그와 같은 초기 대승경전과 용수의 사상을 수용하였으므로 표면적인 형태는 바뀌었지만 석존 본래의 정신을 계승하고 있다.

이것은 일본 독자의 불교사관으로서, 위에서 이야기한 것처럼 무라카미에서 미야모토 등을 거쳐 전후의 불교학으로 다듬어진 것이다. 일견 객관적인 역사적 전개를 서술하고 있는 것처럼 보이지만 현재의 입장에서 보면 사실은 그에 의해 일본불교를 정당화하려는 호교적 틀이라는 것을 알 수 있다.

이와 같이 기본적인 도식이 (2차대)전 중의 것을 계승하였기 때문에 (2차대)전 중의 시국성에 대한 반성이 전혀 이루어지지 않았다. 그뿐 아니라 '자유'와 '평화'라고 하는 전후의 이념을 교묘히 끼워 넣어 새로운 시대에 대응하고 있다. 게다가 아리안적인 '자유'를 살리면서 동시에 비아리안적인 '평화'로 초월하려고 한다는 것에서는 구미적인 것을 살리면서 동시에 그것을 아시아적인 것으로 초월한다고 하는 (2차대)전 시기 이래의 모티브가 외형만 바꾼 채 그대로 살아 있다.

미야모토가 전후의 상황을 염두에 두면서 보수주의적 입장을 취했던 것은 '무계급을 관념적으로 주장하는 계급이 생겨나는 것은 바라문 계급주의와 같은 과오를 범하는 것이다'(같은 책, p.42)라고 전후의 평등주의 운동을 비판하면서, '평화를 지키기 위한 군비라고 하는 국토방위의 이념'(같은 책, p.9)에 일정한 긍정적 평가를 내리고 있는 것에서도 알 수 있다.

더욱이 (2차대)전 중의 '동아'의 이상도 그대로 살아 있다. 인도 안에서 국제적인 것으로 발전한 대승은 중국에 건너와 중국적인 것과 합일함으로써 다시 크게 전개되었다. '그 인도적 기반과 중국적 성현의 문화를 받아들이는 동시에 불화佛化를 대우주자연의 조화, 인생적 세계의 화합협동의 평화로서 설하는 구상을 통해 대승불교가 널리 동아東亞적 전개를 달성하기에 이른 사상의 성립사적 계기가 잘 파악된다'(같은 책, p.9)고 말하고 있다. 그 극치에 '비정 非情성불론'(같은 책, p.55)을 두고 있다.

이와 같이 미야모토는 (2차대)전 중의 입장에 일체 반성을 보이지 않고, 정말로 훌륭하게 전후의 가치로 갈아타는 데 성공하였다. 그 기반 위에서 교리사상보다도 사회적 기능을 중심으로 하는 전후의 대승불교성립론이 크게 개화하여 오늘에 이르고 있는 것이다.

3.
호교론과 시국론은 초월될 수 있을까

이상 무라카미 센쇼와 미야모토 쇼손의 사례를 통해, 특히 후자를 자세하게 검토하여 일본 근대 불교연구에서 '대승'이라는 문제가 크게 다루어지게 된 과정을 검토하고, 그 근본적 동기를 생각해보았다. 이를 통해 호교와 시국이라는 두 가지 과제가 드러나게 되었다. 대승비불설론은 당시 불교계 전체를 흔들었고, 그 때문에 무라카미의 승적 이탈이라는 사태에까지 이르렀다. 대승불교를 옹호하는 것은 그대로 일본불교를 옹호하는 것으로 이어졌고, 곧 거기에서 대승불교 성립문제가 불교학의 주요 과제가 되었다. 일본에서 이와 같이 대승불교의 정통성이 크게 문제가 되었던 것은 일본의 불교가 교단의 형태의 측면이나 사상의 측면에서 다른 지역의 불교와 다른 측면이 많았는데, 그것을 정통적 불교로 위치 짓기 위해서는 독자적인 불교사관을 만들 필요가 있었던 것이다.

호교론은 그 자체 반드시 나쁜 것은 아니다. 자기의 입장을 심화하고, 그것을 이론적으로 주장하는 것은 중요하며, 그리스도교에서는 그것은 신학이 책임져야 할 과제이다. 신학은 사실을 객관적으로 연구하는 것이 아니라 성서를 어떻게 주체적으로 해석할 수 있는지를 과제로 한다. 일본의 불교에서는 각 종파의 종학이 신학에 해당하는 부분이 있지만, 그것은 세분화된 종파 내의 문제로서 보다 넓은 논의의 장에 끌어내지 못하였다. 그에 대조적으로 불교 전체의 틀에서 논의될 수 있는 불교학은 객관적 문헌학의 외형을 취하기 때문에 거기에는 주체적인 문제의식이 자칫하면 은폐되게 된다. 거기에 호교론적인 의도가 안에서 무자각적으로 숨어들어와 논의방향을 왜곡시킬 가능성이 생긴다.

물론 본래 객관학과 주체적인 탐구가 그렇게 분명하게 구분될 수 있는지는 의문이다. 양자는 밀접하게 연결되어 있으며, 불교학 중에 주체적인 문제의식을 반영하는 것은 오히려 대단히 중요하다. 다만 그것이 무자각적으로 행해지거나, 의도가 은폐되면 의미 있는 논의가 전개되지 못하고 경직된 사관과 자기중심적인 사관을 일방적으로 강요하는 것에 그칠 위험성이 있다. 항상 다른 입장이 있을 수 있다는 것을 염두에 두고서 대화를 통하여 자기의 사관을 반성하고 심화시켜 나가지 않으면 안 될 것이다.

또 한 가지 커다란 문제는 전쟁기를 중심으로 하는 시국적 논의 중에서 '대승'이 클로즈업되었다는 것이다. '대승'은 한편으로 '멸사봉공'을 합리화하고, 또 한편으로 일본의 아시아 침략을 정당화하는 마술적인 기호로 사용되었으며, 불교학도 그것을 지지하는 역할을 하였다. 일본불교의 전쟁 가담은 오늘날 일본뿐 아니라 세계 불교연구의 심각한 문제로 다루어지게 되었다. 거기에는 특히 브라이언 빅토리아의 『선과 전쟁(Zen at War; 禅と戦争)』(원서 1997, 일본어 역 2001)이 큰 역할을 하였다(빅토리아[2001]).

일본불교뿐 아니라 불교가 외형상의 불살생, 평화주의 간판의 그늘에서 실제로는 많은 전쟁에 가담해 왔다는 것에 대해 근래 다양한 사례가 소개되면서 불교윤리의 관점에서 문제시되고 있다(Jerryson & Juergensmeyer[2010]). 데미안 키온은 '고전 문헌에서의 평화주의적 이상은 불교도가 정치적, 종교적 동기가 섞인 가운데 전쟁을 하거나 군사적 활동을 수행하는 것을 방해하지 않았다'(Keown[2012], p.226)고 이야기하고 있다. 한편으로 키온은 '초기불교의 평화주의는 '정의의 전쟁'이라는 철학으로 대체되었지만 그 입장을 지지하는 수미일관된 논의는 불교인들에 의해 발전되지 못하였다'(같은 책, p.227)는 문제를 제기하고 있다.

하기는 전후의 미야모토를 보면 알 수 있듯이 '평화'가 주장되지 않는 것은 아니다. 오히려 전후의 일본불교계는 오늘에 이르기까지 '평화'의 대합창을 하고 있다고 할 수 있다. 그러나 진정한 평화를 가져오기 위해서는 평화를 해치는 불온한 무리를 징계하지 않으면 안 된다는 논법에 도대체 어느 정도 유효한 반론을 제시할 수 있었던 것일까. '평화'를 설한 미야모토는 '평화를 지키기 위한 군비'에 어떤 모순도 느끼지 않았다.

일본의 불교인들에게 전쟁 긍정의 논리가 없는 것은 아니다. 미야모토에게 볼 수 있는 것처럼, 동아의 대승불교 이념이 일본에서 가장 고도로 실현되었으며, 그것을 동아에 환원하여 불교도의 연대를 달성하는 것이 일본의 사명이라고 하는 것이 가장 자주 제시되는 논리일 것이다. 그때 『열반경』에 설해진 호법을 위한 전쟁 및 살인의 긍정은 '대승적' 견지에서 행하는 전쟁과 테러를 지지하는 논거가 된다.

또한 불살생이라는 관점에서의 반대가 그다지 강하지 않았다는 것도 일본에서 불교인들이 적극적으로 전쟁에 가담할 수 있었던 하나의 이유일 것이다. 계율엄수가 소승의 형식주의로 혐오되면서 계율을 지킨다는 관점에서의 불살생은 그다지 강한 속박이 되지 않았다. 하기는 그것은 근대의 승려들에 대한 육식대처 허가 이래 가속화된 현상이기도 하다. 더욱이 윤회의 관념이 강하지도 않았으므로 동물이 자기 부모가 환생한 것일 수 있으므로 죽여서는 안 된다는 논리도 통용되기 어려웠는데, 이것도 불살생이 제약으로 작용하지 않는 하나의 요인이었을 것이다.

이와 같이 일본불교에서는 윤리적인 원칙을 관철하는 것보다 그것을 초월한 일미평등과 융통무애적인 세계관이 평가되고, 윤리적 원칙이 조금씩 무너져 갔다. 이와 관련하여 흥미로운 것은 근래 탈구축을 수용한 불교연구의 입장에서, 윤리적인 관념을 탈구축함으로써 윤리를 부정하게 된 것이 아닌가 하는 문제에 직면하고 있는 점이다. 특히 용수의 '공'과 중국 홍주종의 선이 문제시되고 있다. 이 관점에서 불교의 '윤리결여'를 논한 데이빗 로이는 선악의 탈구축과 자기(자아)의 탈구축이라는 문제를 다루고 있다(Roy[2007]). 선악의 탈구축이란 선악 관념을 상대화시킴으로써 선에 의해 악을 이겨낸다고 하는 '정의의 전쟁'이나 '테러와의 전쟁'에 대한 비판이 될 수 있다는 점에서는 유효성이 있다. 그러나 그것이 전쟁과 폭력을 부정하는 논리까지 잃게 된다면 문제이다.

선악의 탈구축에서는 자타의 대립이 사라지지 않으므로 결국 자기를 선, 타자를 악으로 보게 된다. 거기에 자기(자아)의 탈구축이 필요하게 된다. 자기(자아)를 탈구축하여 자타의 대립을 초월함으로써 타자에 대한 자비가 생겨나고 그것이 윤리의 기초가 되는 가능성도 생각되고 있다. 그러나 '무아'는 일본에서도 활발하게 주장되는 것으로서, 그것이 '멸사봉공'으로 연결되었다. 로이가 지적하는 것처럼 '일본의 선은 윤리적인 것까지 포함하여 개념을 탈구축하려고 하면서, 스스로 처해 있는 구체적 상황과의 불이不二를 강조할 때 많은 실천자들이 지배적 이데올로기에 대해 허약하게 되고, 지배적 사회 시스템에 흡수되는'(Roy[2007], p.112) 것이다. 이 것은 전쟁기에서 전후시기의 미야모토의 변신에 잘 드러나고 있다. 전쟁이건 평화 건 어느 쪽이든 기회주의적으로 권력을 가진 쪽에 결합할 수 있는 것이다.

즉, 자기(자아)의 탈구축은 또 다른 커다란 집합체 속에 흡수되어 버릴 위험성을 갖는다. '자아의 탈구축은 집합적 자아wego-self에 몸을 맡길 가능성이 있으며, 그것 이 일종의 집합적 이원론을 제도화하여, 하나의 집합적 에고가 또 다른 집합적 타자 와 대립하게 된다'(같은 책, p.119). 이 집합적 자아wego-self는 we와 ego를 합성한 신조 어인데, 이 개념은 유효성이 있다고 생각된다. 일본의 근대불교는 개체로서의 자기 를 해체하였지만 그에 의해 '일본'이라는 '집합적 자아' 속에 흡수되었고 그것을 초 월하지 못하였다.

그때 또 한 가지 주의해야 할 것은 로이가 '불이不二는 동일성이 아니라 불리 不離(non-separation)이다'(같은 책, p.116)라고 이야기하는 것처럼 무아와 불이, 공 등 이 단순히 판에 박힌 일체평등에 떨어지는 것이 아니라는 점이다. 타자의 이질성은 언제까지나 따라다닌다. '일불승'의 대승에 모든 불교를 흡수시키려 하여도 남전상 좌부는 이질적 타자로서 흡수될 수 없다. 대승이 일체를 평등화한다고 하는 상식과 는 반대로 본래 대승의 보살은 타자와 관계하지 않을 수 없는 것에 출발점을 가졌던 것은 아닌가 하는 것이 나의 가설이다(스에키[2006]).

그에 관해서는 이제 그 이상 깊이 논의하지 않지만 어쨌든 '대승'이라는 문제는 결코 없어질 수 없다. 여기에서는 지금까지 어떻게 '대승'이 문제화되어 왔는지를 돌아보고 반성함으로써 비로소 새롭게 '대승'의 재인식이 가능하게 되지 않을까 하는 점을 제시하려 하였던 것이다.

참고문헌

미야모토 쇼손(宮本正尊)

    1935   「大乘教と小乘教」,『岩波講座東洋思潮』第10卷「東洋思想の諸問題」第2, 岩波書店.

    1942   『不動心と佛教』, 有光社. 改訂版.

    1944   『大乘と小乘』(『佛教學の根本問題』第3), 矢雲書店.

미야모토 쇼손(宮本正尊) 편

    1954   『大乘仏教の成立史的硏究』, 三省堂.

무라카미 센쇼(村上專精)

    1901   『佛教統一論』第1篇「大綱論」, 金港堂書籍.

    1903   『大乘佛說論批判』, 光融館.

빅토리아(ブライアン・アンドルー ヴィクトリア)

    2001   『禅と戦争』, エィミー・ルィーズ・ツジモト訳, 光人社.

스에키 후미히코(末木文美士)

    2004a   『明治思想家論』, トランスビュー.

    2004b   『近代日本と仏教』, トランスビュー.

    2006   『仏教vs.倫理』, ちくま新書.

    2011   「大乘仏教の実践」,『シリーズ大乘仏教』3, 春秋社.

오오카와 슈메이(大川周明)

    1962   『大川周明全集』2, 大川周明全集刊行會.

Jerryson, Michael K., & Juergensmeyer, Mark

    2010   *Buddhist Warfare*, Oxford University Press.

Keown, Damien

    2012   "Buddhist Ethics: A Critique," McMahan, David(ed.) *Buddhism in the Modern World*, Routledge.

Roy, David R.

    2007   "Lacking Ethics," Wang, Youru(ed.) *Deconstruction and the Ethical in Asian Thought*, Routledge.

색인

• 저자 소개

그레고리 쇼펜(Gregory Shopen)

1947년 미국 출신. 오스트레일리아 국립대학 박사(Ph.D). 현재 브라운대학 교수.

가츠라 쇼류(桂紹隆)

시가 滋賀 현 출신. 토론토대학 박사(Ph.D), 교토 京都대학 문학박사. 히로시마 広島대학 명예교수. 현재 류코쿠 龍谷대학 특임교수.

에이노오 신고(永の尾信悟)

1948년 효고 兵庫 현 출신. 교토 京都대학 대학원 문학연구과 박사, 마브르크대학 박사(Ph.D). 도쿄대학 명예교수.

다네무라 류겐(種村隆元)

1965년 니가타 新潟 현 출신. 도쿄 東京대학 대학원 인문사회계연구과 수료. 옥스퍼드대학 대학 박사(D.Phil). 현재 다이쇼 大正대학 종합불교연구소 연구원.

다나카 기미아키(田中公明)

1955년 후쿠오카 福岡 현 출신. 도쿄대학 대학원 박사(문학박사, 2008년). 현재 (공익재단) 나카무라 하지메 中村元 동방연구소 연구원, 게이오기슈쿠 慶應義塾대학 강사, 한빛문화 재단 학술고문, 티벳문화연구회 부회장, 토가후루사토 利賀ふるさと 재단 '명상의 마을 瞑想の郷' 주임학예원.

호사카 슌지(保坂俊司)

1956년 군마 群馬 현 출신. 와세다 早稲田대학 대학원 문학연구과 석사과정 졸업(석사). 현재 주오(中央)대학 종합정책학부·대학원 교수.

오치아이 도시노리(落合俊典)

1948년, 치바 千葉 현 출신. 붓쿄 佛敎대학 대학원 인문과학연구과 박사과정 수료. 현재 코쿠사이붓쿄가쿠다이가쿠인 國際佛敎學大學院대학 교수.

이타쿠라 마사아키(板倉聖哲)

1965년 치바 千葉 현 출신. 도쿄대학 대학원 인문과학연구과 박사과정 수료. 현재 도쿄대학 동양문화연구소 교수.

이시이 고세이(石井公成)

1950년 도쿄 東京 출신. 와세다 早稲田대학 대학원 인문과학연구과 졸업. 박사(문학). 현재 고마자와 駒澤대학 불교학부 교수.

이야나가 노부미(彌永信美)

1948년 도쿄 東京 출신. 파리고등학술원 역사문헌학부분 일본학과 수료. 현재 프랑스 국립극동학원 도쿄지부 대표.

스에키 후미히코(末木文美士)

1949년 야마나시 山梨 현 출신. 도쿄대학 대학원 박사. 박사(문학). 도쿄대학 문학부교수를 거쳐 현재 국제일본문화연구센터 교수.

역자 소개

최연식

서울대 국사학과와 같은 대학 대학원 석사와 박사학위를 졸업하고, 일본 고마자와 駒澤 대학에서 박사후과정을 마쳤다. 금강대 불교문화연구소 전임연구원, 목포대학교와 한국학중앙연구원 교수를 거쳐 현재 동국대학교 사학과 교수로 재직 중이다. 한국을 중심으로 한 고대 및 중세 동아시아 불교사상을 연구하고 있으며, 불교관련 고문헌과 금석문, 고문서 등의 자료에 대해서도 관심을 가지고 검토하고 있다. 저서로 『校勘 大乘四論玄義記』, 『불교의 중국정복』, 『일승법계도원통기』, 『새롭게 다시 쓰는 중국 禪의 역사』 등이 있다.

시리즈 대승불교 10
대승불교의 아시아

초판인쇄 2015년 10월 06일
초판발행 2015년 10월 16일

저　　　자 스에키 후미히코 외
역　　　자 최연식
펴　낸　이 김성배
펴　낸　곳 도서출판 씨아이알

책임편집 박영지, 서보경
디　자　인 구수연, 윤미경
제작책임 이헌상

등록번호 제2-3285호
등　록　일 2001년 3월 19일
주　　　소 (04626) 서울특별시 중구 필동로8길 43(예장동 1-151)
전화번호 02-2275-8603(대표)
팩스번호 02-2275-8604
홈페이지 www.circom.co.kr

I S B N 979-11-5610-088-1 94220
　　　　　 979-11-5610-078-2 (세트)
정　　　가 22,000원

여러분의 원고를 기다립니다.

도서출판 씨아이알은 좋은 책을 만들기 위해 언제나 최선을 다하고 있습니다. 토목·해양·환경·건축·전기·전자·기계·불교·철학 분야의 좋은 원고를 집필하고 계시거나 기획하고 계신 분들, 그리고 소중한 외서를 소개해주고 싶으신 분들은 언제든 도서출판 씨아이알로 연락 주시기 바랍니다. 도서출판 씨아이알의 문은 날마다 활짝 열려 있습니다.

출판문의처 : cool3011@circom.co.kr 02)2275-8603(내선 605)

≪ 도서출판 씨아이알의 도서소개 ≫

※ 한국출판문화산업진흥원의 세종도서로 선정된 도서입니다.
† 대한민국학술원의 우수학술도서로 선정된 도서입니다.
§ 한국과학창의재단의 우수과학도서로 선정된 도서입니다.

불교

천태불교의 철학적 토대
Paul L. Swanson 저 / 김정희 역 / 2015년 9월 / 400쪽
(152*224) / 22,000원

대승불교란 무엇인가(시리즈 대승불교 1)
사이토 아키라 외 저/ 안성두 역 / 2015년 8월 /296쪽
(152*224) / 20,000원

산스크리트 입문 II 금강 고전어 총서 ②
토마스 이진스(Thomas Egenes) 저 / 김성철 역 / 2015년 8월 /
380쪽(182*257) / 24,000원

산스크리트 입문 I 금강 고전어 총서 ①
토마스 이진스(Thomas Egenes) 저 / 김성철 역 / 2015년 8월 /
380쪽(182*257) / 24,000원

불교의 원자설 불교연구총서 ⑩
윤영호 저 / 2015년 8월 / 328쪽(152*224) / 20,000원

현대사회와 불교 금강학술총서 ㉓
다이쇼대학교, 금강대학교 불교문화연구소 공편 / 2015년 6월 /
344쪽(152*224) / 26,000원

보리수 가지치기-비판불교를 둘러싼 폭풍
Jamie Hubbard, Paul L. Swanson 편저 / 류제동 역 / 2015년
6월 / 776쪽(152*224) / 38,000원

여래장과 불성(시리즈 대승불교 8)
시모다 마사히로 외 저 / 김성철 역 / 2015년 5월 / 372쪽
(152*224) / 22,000원

무시선(無時禪)
길도훈 저 / 2015년 4월 / 340쪽(140*195) / 15,000원

유식과 유가행(시리즈 대승불교 7)
가츠라 쇼류 외 저 / 김성철 역 / 2014년 9월 / 292쪽
(152*220) / 20,000원

산스끄리뜨 시형론 금강인문총서 ⑦
찰스 필립 브라운(Charles Philip Brown) 저 / 박영길 역 /
2014년 3월 / 268쪽(신국판) / 20,000원

단전주선(丹田住禪)
길도훈 저 / 2014년 3월 / 320쪽(140*195) / 15,000원

藏外地論宗文獻集成 續集 금강학술총서 ⑱
靑木 隆, 荒牧 典俊, 池田 將則, 金 天鶴, 李 相旼, 山口 弘江 저 /
2013년 10월 / 604쪽(신국판) / 46,000원

인도 불교와 자이나교
김미숙 저 / 2013년 10월 / 372쪽(신국판) / 25,000원

인간 석가모니와 신의 불교
최한수 저 / 2013년 9월 / 312쪽(신국판) / 20,000원

인도 사본학 개론 금강학술총서 ⑬
심재관 지음 / 2013년 8월 / 224쪽(신국판) / 27,000원

의미의 시대와 불교윤리 ※
박병기 저 / 2013년 7월 / 400쪽(신국판) / 22,000원

화엄경의 세계 금강인문총서 ④
권탄준 저 / 2013년 7월 / 288쪽(신국판) / 25,000원

보살의 뇌
오웬 플래나간(Owen Flanagan) 저 / 박병기, 이슬비 역 / 2013년
7월 / 432쪽(신국판) / 25,000원

니체와 불교
박찬국 저 / 2013년 6월 / 344쪽(신국판) / 25,000원

옥 로댄쎄랍의 보성론요의 여래장품 금강학술총서 ⑰
차상엽 역주 / 2013년 5월 / 472쪽(신국판) / 35,000원

불성론 금강학술총서 ⑯
김성철 역주 / 2013년 5월 / 272쪽(신국판) / 27,000원

원측『해심밀경소』「무자성상품」종성론 부분 역주 금강학술총서 ⑮
장규언 역주 / 2013년 5월 / 264쪽(신국판) / 27,000원

대반열반경집해 여래성품 역주 금강학술총서 ⑭
하유진 역주 / 2013년 5월 / 320쪽(신국판) / 30,000원

교감번역 화엄경문답 금강학술총서 ⑫
김상현 옮김 / 2013년 5월 / 288쪽(신국판) / 27,000원

동아시아에 있어서 불성·여래장 사상의 수용과 변용 금강학술총서 ⑪ ※
런민(人民)대학 불교와종교학이론연구소·도요(東洋)대학 동양학연구소·금강대학교 불교문화연구소 공편 / 2013년 5월 / 328쪽(신국판) / 30,000원

석가와 미륵의 경쟁담 금강인문총서 ⑤
김선자, 김헌선, 박종성, 심재관, 이평래, 정진희, 조현설 저 / 2013년 5월 / 288쪽(신국판) / 20,000원

티벳밀교
출팀 깰상(白館 戒雲), 마사키 아키라(正木 晃) 저 / 차상엽 역 / 2013년 5월 / 320쪽(B6 변형판) / 18,000원

삼교지귀 불교연구총서 ⑨
쿠우카이 저 / 정천구 역 / 2012년 12월 / 268쪽(신국판) / 20,000원

上座 슈리라타와 經量部 †
권오민 저 / 2012년 11월 / 1056쪽(신국판) / 60,000원

한자로 읽는 반야심경
황윤식, 윤희조, 전형준 저 / 2012년 10월 / 296쪽(신국판) / 18,000원

불교의 언어관 불교연구총서 ⑧
윤희조 저 / 2012년 10월 / 352쪽(신국판) / 20,000원

화엄경문답을 둘러싼 제문제 금강학술총서 ⑨
금강대학교 불교문화연구소 편 / 2012년 8월 / 224쪽(신국판) / 27,000원

藏外地論宗文獻集成 금강학술총서 ⑧
青木 隆, 方廣錩, 池田 將則, 石井 公成, 山口 弘江 저 / 2012년 6월 / 632쪽(신국판) / 46,000원

꾼달리니
아지뜨 무케르지 저 / 박영길 역 / 2012년 4월 / 192쪽(사륙배판) / 20,000원

중국인의 삶과 불교의 변용
K.S. 케네스 첸 저 / 장은화 역 / 2012년 2월 / 368쪽(사륙배판) / 24,000원

일본영이기
쿄오 카이 저 / 정천구 역 / 2011년 2월 / 384쪽(신국판) / 20,000원

새롭게 다시 쓰는 중국 선의 역사
이부키 아츠시 저 / 최연식 역 / 2011년 10월 / 340쪽(신국판) / 18,000원

티벳문화입문
출팀깰상 구술 / 차상엽 역 / 2011년 3월 / 132쪽(신국판) / 13,000원

인도불교사상
폴 윌리엄스·앤서니 트라이브 저 / 안성두 역 / 2011년 3월 / 410쪽(신국판) / 20,000원

원형석서(하) 불교연구총서 ⑦ †
코칸 시렌 저 / 정천구 역 / 2010년 12월 / 648쪽(신국판) / 32,000원

불교윤리학 입문 ※
피터 하비 저 / 허남결 역 / 2010년 10월 / 840쪽(신국판) / 42,000원

불교의 중국 정복 불교연구총서 ⑥ †
에릭 쥐르허 저 / 최연식 역 / 2010년 9월 / 736쪽(신국판) / 38,000원

무성석 섭대승론 소지의분 역주 금강학술총서 ⑥
김성철, 박창환, 차상엽, 최은영 역 / 2010년 8월 / 454쪽(신국판) / 35,000원

지론사상의 형성과 변용 금강학술총서 ⑤
금강대학교 불교문화연구소 편 / 2010년 8월 / 544쪽(신국판) / 45,000원

고대 동아시아 불교 문헌의 새로운 발견 금강학술총서 ④
금강대학교 불교문화연구 편 / 2010년 8월 / 332쪽(신국판) / 30,000원

원형석서(상) 불교연구총서 ⑤ †
코칸 시렌 저 / 정천구 역 / 2010년 4월 / 760쪽(신국판) / 38,000원

초기불교의 이념과 명상
틸만 페터 저 / 김성철 역 / 2009년 11월 / 230쪽(신국판) / 18,000원

북종선법문 불교연구총서 ④
양증문 편 / 박건주 역 / 2009년 9월 / 218쪽(신국판) / 18,000원

선종과 송대 사대부의 예술정신 불교연구총서 ③ ※
명법 저 / 2009년 4월 / 328쪽(신국판) / 20,000원

하택신회선사 어록 불교연구총서 ②
양증문 편 / 박건주 역 / 2009년 2월 / 354쪽(신국판) / 20,000원

대승불교의 보살
금강선원 간 / 안성두 편 / 2008년 4월 / 296쪽(신국판) / 18,000원